Livraison. 25 cent. la livraison.

BIBLIOTHÈQUE RICHE

LES
FEMMES MYTHOLOGIQUES

MARTINON, LIBRAIRE — RUE DE GRENELLE-SAINT-HONORÉ, 14.

BIBLIOTHÈQUE RICHE

LES FEMMES MYTHOLOGIQUES

MARTINON, LIBRAIRE

G. de GONET, éditeur.

BIBLIOTHÈQUE DU RICHE

En vente le dixième volume.

MUSES ET FÉES

HISTOIRE

DES FEMMES MYTHOLOGIQUES

TEXTE PAR

MÉRY et le comte FŒLIX

ILLUSTRÉ PAR

G. STAAL

PROSPECTUS

Ce volume est un livre où partout se mêlent sans se confondre l'Histoire, la Légende et le Conte, la Sagesse et la Folie, la Fable et la Vérité : réunion nécessairement féconde en merveilles, en drames prodigieux, en féeries de toutes sortes.

Est-il rien de plus brillant, de plus parfumé, de plus splendidement peuplé que ce ciel des Grecs, dont les délicieuses ou terribles divinités ne nous ont guère été révélées jusqu'à ce jour que par de sèches nomenclatures, parfois assaisonnées de fades madrigaux? Quelle mine féconde pour le fantaisiste! Que de beautés cachées jusqu'à ce jour devaient surgir à ses yeux dans cette céleste exploration!

Mais ce n'est pas seulement le ciel des Grecs qu'a voulu parcourir l'auteur; ce sont encore les cieux des Égyptiens, des Indiens, des Slaves, des Scandinaves, et aussi celui de Mahomet, qui a bien son prix : parages antiques et lointains trop peu connus, et sur lesquels la plupart des mythologues n'ont fait que balbutier de courtes et incertaines notions, de sorte qu'à chaque page de ce merveilleux itinéraire se trouvent réunis plaisir, surprise, instruction; aux Muses, aux Nymphes, succèdent les Péris aux blanches ailes, les voluptueuses Houris, l'aérienne Sylphide, les redoutables Willis, les Ondines et les Fées, la Dame Blanche et la Korigan; toutes les beautés, toutes les Grâces, toutes les Séductions, toutes les Passions, tous les Désirs, personnifiés et divinisés.

C'est surtout au gracieux et pudique crayon de M. G. STAAL que nous avons demandé l'image de ces Divinités féeriques; il est parvenu à retracer ces formes séraphiques sans les matérialiser.

CONDITIONS DE LA SOUSCRIPTION :

Les Muses et Fées, Histoire des femmes mythologiques, formant un beau volume grand in-8° de plus de 300 pages d'impression, illustrées de 18 dessins rehaussés d'or et de couleur, sont publiées en 50 livraisons à 25 cent.

Il paraît deux ou trois livraisons par semaine; elle sont composées suivant les exigences de l'impression. Le souscripteur est prié de croire, lorsqu'il recevra un cahier qui ne contiendra qu'un certain nombre de feuilles ou de gravures, qu'il n'en aura pas moins, à la fin de la souscription, l'ouvrage complet composé du nombre de pages et de gravures annoncées ci-dessus. — La souscription est permanente.

Complet : un beau volume grand in-8°, illustré de 18 dessins rehaussés d'or et de couleur; broché, 12 fr. 50
Relié en mosaïque avec plaque spéciale et doré sur tranche, 17 50

La BIBLIOTHÈQUE DU RICHE se compose des volumes suivants, à 12 fr. 50 cent. le volume.

Les Fleurs animées, par J.-J. Grandville; texte par Alphonse Karr et Taxile Delord. 2 vol. 25 fr.
Les Étoiles, par J.-J. Grandville; texte par Méry. 1 vol. 12 fr. 50
Les Drôleries végétales (J.-J. Grandville continué), par Amédée Varin; texte par Eugène Nus et Antony Méray. 1 vol. 12 fr. 50
Les Papillons (J.-J. Grandville continué), par Amédée Varin; texte par Eug. Nus et Antony Méray. 2 vol. 25 fr.

Les Perles et Parures, par Gavarni, texte par Méry et le comte Fœlix. 2 vol. 25 fr.
La Physiologie du goût, par Brillat-Savarin; introduction par Alp. Karr; illustrations par Bertal. 1 vol. 12 fr. 50
Les Femmes mythologiques, par G. Staal; texte par Méry et le comte Fœlix. 1 volume. 12 fr. 50
Les Fêtes du Christianisme, par l'abbé Casimir (curé du diocèse de Paris); illustrations d'après les chefs-d'œuvre de l'art chrétien. 1 vol. 12 fr. 50

Paris.—Librairie MARTINON, rue de Grenelle-S.-Honoré 14.

3002 — Paris, imp. de Ch. Jouaust, rue Saint-Honoré, 338.

MUSES ET FÉES

PARIS, 1861. — IMPRIMERIE CH. JOUAUST, RUE SAINT-HONORÉ, 338.

MUSES ET FÉES

DESSINS PAR G. STAAL
MYTHOLOGIE UNIVERSELLE PAR MÉRY ET LE C.te TOFLIN

G.*e* GONET, ÉDITEUR, 6, RUE DES BEAUX-ARTS

MUSES ET FÉES

HISTOIRE
DES

MYTHOLOGIQUES

DESSINS PAR

G. STAAL

TEXTE PAR

MÉRY ET LE Cte FÉLIX

PARIS
MARTINON, LIBRAIRE, RUE DE GRENELLE-S.-HONORÉ, 14
GABRIEL DE GONET ÉDITEUR

1861

MUSES ET FÉES

INTRODUCTION

Pour les érudits vulgaires, l'histoire des faux dieux est toute renfermée dans l'Olympe grec. C'est une erreur qui contrarie les traditions de presque tous les anciens peuples; mais comme, dans nos colléges, nous n'apprenons que la théogonie d'Homère et d'Ovide, il nous est permis de supposer qu'il n'y a pas d'autres faux dieux, et que l'Olympe seul a été leur berceau et leur ciel. Il est vrai de dire aussi que la mythologie proprement dite est la plus populaire de toutes les fables, et qu'elle forme comme une science à part dans le domaine public de l'instruction.

Les Grecs, doués de cette imagination créatrice que donnent la mer et le soleil, ne pouvaient se contenter, pour vivre, des réalités bourgeoises et des choses humaines; ils donnèrent un peuple invisible à la terre, à la mer, au ciel; ils personnifièrent tout; ils animèrent tout. Comme l'a dit le poëte :

> Ce n'est plus la vapeur qui produit le tonnerre,
> C'est Jupiter armé pour effrayer la terre;
> Un orage terrible aux yeux des matelots,
> C'est Neptune en courroux qui gourmande les flots;
> Echo n'est plus un son qui dans l'air retentisse,
> C'est une nymphe en pleurs qui se plaint de Narcisse.

Lorsque les Grecs entraient dans une forêt sombre, ils éprouvaient une sainte terreur, ce qui n'a rien d'étonnant pour les imaginations froides, car une forêt sombre est toujours terrible; mais ce peuple attribuait cet effroi à la présence des divinités invisibles, et il ne tarda pas à donner une foule de dieux et de déesses aux arbres, aux fontaines, aux sources, aux vallons, aux grottes, et de cette manière la terreur était justifiée par la présence de tant de divinités invisibles : le bois désert était peuplé.

Les hommes, en inventant des dieux, leur prêtèrent les passions, les vices et même les crimes de la terre; beaucoup de ces dieux, dit Jean-Jacques Rousseau, étaient d'abominables gens, et avaient commis de grands forfaits; *mais*, ajoute le même écrivain, *mais le vice armé de l'autorité sacrée descendait en vain du séjour éternel, l'instinct moral le repoussait du cœur de l'homme. En célébrant les débauches de Jupiter, on admirait la continence de Xénocrate; la chaste Lucrèce adorait l'impudique Vénus; l'intrépide Romain sacrifiait à la Peur; il adorait le dieu qui chassa son père et mourait sans murmure de la main du sien. Les plus infâmes divinités furent servies par les plus grands hommes ; la sainte voix de la nature, plus forte que celle des dieux, se faisait respecter sur la terre et semblait reléguer dans le ciel le crime avec les coupables.*

Ainsi Jupiter, le maître du ciel, donnait à la terre les plus fâcheux exemples; mais la terre, tout en l'adorant, ne l'imitait pas. L'homme qui se serait conduit comme ce dieu aurait été couvert d'un mépris général. Junon, femme de Jupiter, était au contraire le modèle des épouses et se résignait vertueusement aux infidélités de son mari, sans en tirer aucune vengeance conjugale. Pluton, dieu des enfers, vivait en bonne intelligence avec Proserpine, et s'occupait sérieusement des soins de son empire souterrain; Neptune, dieu de la mer, menait une conduite fort sage : il apaisait les flots, gourmandait les tempêtes, réprimait les écarts d'Eole et se permettait fort peu de licence dans ses amours. Vulcain dirigeait les forges de Lemnos en bon administrateur, malgré les soucis que lui donnait sa femme, Vénus. Aucun de ces dieux n'imitait les écarts de Jupiter, leur maître, comme pour imposer aux hommes ce sage exemple. Tout semblait permis à Jupiter, excepté la vertu.

Ce monde olympien animait la terre et la réjouissait; les dieux s'associaient aux hommes et confondaient leurs passions avec les leurs. Les temples, les autels, les statues, abondaient; la terre en était couverte. Une fête éternelle se célébrait dans les villes, au bord des mers, au fond des bois, au sommet des monts. Les prêtres ne pouvaient suffire à tant de sacrifices; ils étaient aussi nombreux que les adorateurs. Chaque jour de l'année avait son dieu, sa déesse, son hymne, ses cérémonies.

Puis un moment vint où cette théogonie si amusante, si favorable aux passions, disparut comme par enchantement; le feu de Cybèle s'éteignit; les dieux partirent; les oracles firent silence, et on entendit cette terrible voix qui disait : *Le grand Pan est mort!*

Pan, le dernier venu dans cette nomenclature théogonique, était en revanche le plus puissant, parce qu'il contenait et résumait tous les autres. Il était arrivé après l'Amour, qui est l'esprit de vie ; après le Ciel et la Terre, et le Temps, et la Nuit, et le Destin ; après Vénus, qui, compagne des Grâces et du Désir, agite et anime toute la matière; il était arrivé quand l'homme, ayant prêté toutes ses passions, toutes ses vertus, tous ses vices, à la Divinité, s'est divinisé lui-même dans ses ancêtres ; et s'il vient alors, c'est pour tout embrasser, tout réunir dans une immense divinisation, pour compléter par le dieu TOUT le Dieu multiple et générateur. Et il dure jusqu'à ce que le souffle des réformations le touche à son tour; c'est alors que dans les profondeurs des bois sacrés on entend cette voix grande et lamentable : *Le dieu Pan est mort!*

Les Grecs n'étaient pas les inventeurs de ces théogonies. Leur imagination réaliste se contenta de revêtir de formes brillantes les mythes génésiaques qu'importaient sur la terre hellénique les émigrations orientales, égyptiennes et crétoises. Toujours au berceau des sociétés on rencontre chez l'homme le besoin impérieux d'expliquer les merveilles de la nature et de la création, et les formules ou les symboles explicatifs sont tantôt tirés de la science, tantôt de l'imagination. Une chose surtout le frappe : c'est cette antithèse perpétuelle dans laquelle se complaît la nature, qui sans cesse a mis le bien en regard du mal, le grand en regard du petit, la grâce en regard de la force, sans parler de ces contrastes plus variés encore qui existent entre les couleurs, les formes et les propriétés particulières de tous les objets de la création.

Aussi bien dans la théogonie d'Hésiode et d'Homère que dans celles d'autres peuples plus méditatifs et conséquemment plus métaphysiciens (les Grecs n'ont jamais été de grands philosophes, nonobstant ce qu'en ont dit quelques savants à courte vue), nous trouvons au début des nomenclatures génésiaques le principe de la dualité, du bien et du mal engendrés simultanément, corrélativement, par les mêmes êtres, par les mêmes esprits. Si, quittant la Grèce pour nous enfoncer dans les régions orientales, nous voulions étudier les mythes auxquels les Grecs empruntèrent les leurs, avec ce principe, nous pourrions remonter toute l'Asie, traverser ses hauts plateaux, trouvant sans cesse sous nos pas des traces vivantes de toutes les grandes religions de l'antiquité, et pénétrer ainsi jusque dans cette Inde formidable dans ses imaginations et ses symboles, qui, modifiés suivant les peuples et les législateurs, ont cependant servi de base à toutes les idées religieuses de l'antiquité.

Aujourd'hui le paganisme brillant des Grecs a complètement péri, ou du moins s'est transformé et fusionné de telle sorte, dans les religions postérieures, que ce serait un travail fort long et très fastidieux si l'on voulait rechercher les quelques traces qui peuvent en exister ailleurs que dans les livres.

Il en est de même de l'antique Égypte, de cette terre où chacun venait tour à tour chercher la sagesse et s'initier aux grands mystères d'une religion scientifique et épurée. Le peuple d'Égypte rendait un culte à tous les objets de la nature; son panthéisme grossier confondait dans la même adoration l'ichneumon et l'ibis et le crocodile du Nil, et les légumes du jardin, et les animaux domestiques. Son grand dieu Apis était un bœuf d'une entière blancheur, excepté sur le front, où le croissant de la lune nouvelle devait se dessiner en marques de feu. Mais ces matérialisations de la pensée religieuse n'étaient que pour le peuple : les prêtres, dans leurs sanctuaires, adoraient le Dieu unique, qui, pour créer, a deux principes à son service, le principe du feu et le principe humide, Osiris et Isis. Cette doctrine, les prêtres et les rois, et quelques étrangers seulement, en avaient connaissance; mais par ces étrangers qui venaient dérober aux Pyramides de Gizeh, aux temples d'Héliopolis et de Thèbes, le secret de leurs mystères, cette doctrine pure courait le monde, et, pour n'en pas citer d'autre exemple, formait sous Pythagore toute une école de disciples dans la Grande-Grèce. La science moderne, qui de nos jours a soulevé le voile de pierre qui couvrait le sens caché sous l'écriture hiéroglyphique, a pénétré fort avant dans la connaissance de l'antique sagesse égyptienne, et elle est restée confondue devant tant de grandeur uni à tant de simplicité. Les vieilles fables ont même dès lors perdu tout leur attrait, et, en entrant dans les temples en ruines de Thèbes ou de Memphis, on n'a plus aujourd'hui d'attentions sérieuses que pour les merveilles astronomiques dont les murailles sont recouvertes en guise d'ornements.

Mais, nous le répétons, dans la population on ne trouverait

aucun vestige de ces antiques croyances. Il n'en est point ainsi chez les peuples orientaux de l'Asie. Là, les sectes religieuses ne périssent jamais. Elles peuvent, il est vrai, être menacées d'oppression et de ruine, et dès lors se tenir plus ou moins dans une ombre prudente; mais, dès qu'on apporte dans son investigation quelque soin et quelque constance, on est toujours sûr d'arriver à d'heureux résultats et d'être récompensé de ses efforts. C'est ainsi qu'en parcourant les montagnes de l'Asie-Mineure, les lieux où furent Tyr et Sidon, un voyageur moderne est parvenu à se faire initier à des mystères que nul Européen n'avait connus avant lui, et dans ces mystères il a retrouvé le culte génésiaque de la grande Astarté, la déesse protectrice des grandes cités phéniciennes. C'est la même que les Grecs empruntèrent plus tard aux Phéniciens; ils la firent naître du sang du ciel et de l'écume de la mer, l'appelèrent Vénus Aphrodite et la fêtèrent dans les temples magnifiques de Paphos, de Cythère et d'Amathonte. La religion retrouvée dans ces montagnes est sans doute la même que celle des Sidoniens, au temps de la gloire et de la splendeur de leur ville; et après tant de siècles écoulés, n'est-on pas, en présence de cette virtualité, en droit de dire que ce culte ne saurait périr?

Quittons les rives de la mer azurée et les chaînes libyques, et enfonçons-nous dans l'Asie-Majeure. Les premières se présentent à nous Ninive et Babylone, avec leurs symboles et leurs signes extérieurs, qui semblent la reproduction et l'amplification des symboles et des signes égyptiens. Comme en Égypte aussi, nous retrouverions ici une croyance pour le peuple, et une autre pour la science sacerdotale et la puissance couronnée. La masse entière de la population avait connaissance des féconds hyménées de Baal-Phégor et de la grande et jalouse Omarca; tous les esprits populaires, guerriers et sacerdotaux, rendaient le même hommage, honoraient du même culte ces générations puissantes; mais seuls les prêtres et quelques privilégiés connaissaient le sens caché sous les voiles de ces mythes génésiaques.

Ainsi en fut-il encore dans l'antique Perse, qui si longtemps, avec les frontières indiennes, borna pour les Occidentaux les horizons asiatiques. Nous n'irons pas, avec quelques savants aventureux, nous asseoir sur les ruines incertaines de Persépolis, et exhumer pour les esprits trop crédules un monde fantastique et disparu. Ici, les vieilles sectes religieuses n'ont jamais péri. Elles ont pu, il est vrai, à des époques diverses, les unes plus rapprochées, les autres plus éloignées de nous, être frappées d'oppression et menacées de mort, et dès lors se tenir plus ou moins dans l'ombre; mais l'oppression a usé ses forces et ses rigueurs contre la fidélité tenace des populations aux croyances paternelles, et aujourd'hui encore le voyageur qui quitte les bords de la mer Caspienne pour visiter Téhéran, Cérasis, Ispahan, et surtout les fertiles vallées de Tauris et de Schyraz, retrouve partout de grands débris des vieux sectateurs de Zoroastre et des adorateurs du feu. Entre le culte mithrique et les mythes des fables grecques, il y a des analogies qui doivent de primesaut frapper tous les esprits et tous les yeux.

Zoroastre, ou plutôt Zerdust, comme disait l'antique langue sacrée des Persans, est une espèce de Prométhée qui a rapporté du ciel le feu sacré, la flamme symbolique qu'on alimentera éternellement, car elle ne doit jamais s'éteindre. Il y a cependant une variante, et qui a son importance. Prométhée dérobe ce symbole de l'âme humaine, de l'esprit vivant. Zerdust le reçoit en don ainsi que le livre sacré, le Zend-Avesta, dans une entrevue qu'il a avec Ormuzd sur la Montagne sainte, après avoir passé sans encombre sur le Pont des Justes. Cette vision du Grand-Esprit rappelle, quoique de loin, Moïse voyant Jéhovah dans un buisson ardent.

Par sa naissance, Zerdust nous rappelle Hercule. Dès le berceau, il a à triompher de monstres et d'obstacles sans nombre qui lui sont suscités par les Mobèdes, anciens mages, possédés des esprits malfaisants qui ont été frappés de stupeur et de crainte en apprenant qu'une lumière étincelante avait accompagné la venue au monde de ce nouveau sectateur des Amschaspands. Ces embûches renaissent partout sur ses pas dans l'Aderbaïdjan, qu'il habite jusqu'à l'âge de trente ans. A cette époque, il quitte son pays pour aller dans l'Iran, et il accomplit ce voyage d'une façon miraculeuse, traversant à pied sec les fleuves et la mer. Retiré dans les montagnes, il médite et approfondit la sagesse antique, et c'est alors que Bahman, l'esprit chéri d'Ormuzd, l'emmène à travers les anges jusqu'au pied du trône éternel, la main droite couverte d'un voile. Son retour dans l'Iran marque l'ère de son apostolat, et son premier disciple fut le roi Gustasp, qu'il convertit après de nombreux prodiges, et après avoir soutenu de nombreuses luttes contre les mages et contre les esprits de ténèbres. Ce prince fit partout bâtir des atechgâhs ou temples de feu. Mais les Mobèdes, jaloux de l'influence de Zerdust, lui dressèrent un piége dans lequel il périt misérablement. Brodez ce canevas avec la fantaisie brillante et l'intarissable imagination des Grecs, et vous retrouverez dans le Zerdust-Namah la source des fables les plus intéressantes de la mythologie olympienne. Pour le fond des doctrines, quand on a lu le Zend-Avesta, cette observation vous frappe également. Zervane-Akérène est le principe unique, immuable, suprême, universel, espace, temps, vérité, sagesse et vie de tous les êtres qui n'existent qu'en lui et que par lui. C'est la rayonnante et glorieuse base de la diade militante, génératrice et modératrice des puissances qui ont créé et gouvernent le monde, d'Ormuzd et d'Ahriman : le premier, auteur de tous les biens; le second, auteur de tous les désastres et de tous les crimes. Et au-dessous de ces deux grands génies, les six Amschaspands, esprits du bien, et la foule innombrable des esprits du mal, Izads, Jervers, Dives, etc., etc., toujours en lutte, toujours en guerre, et pour champ de bataille ayant le monde et l'humanité.

Au reste, le culte du feu est un des plus beaux et des plus splendides qui aient jamais existé. Au lever de l'aurore les mâges chantaient un hymne d'amour et de triomphe à la Divinité; au déclin du jour leur voix plaintive ne faisait entendre que des accents de tristesse et de deuil. Les représentations zoomorphiques n'étaient pas, comme on l'a prétendu à tort, exclues de leur temples. Les atechgâhs seuls, édifices sans toitures, étaient spécialement consacrés au culte du feu.

Partout ailleurs on voyait les animaux symboliques, et dans une fête remarquable on tuait le serpent et les créatures d'Ahriman. Chaque jour avait sa solennité, et Herder a pu dire : *La religion d'Ivan était comme une fête perpétuelle célébrée en l'honneur de l'œuvre divin.*

Eh bien, nonobstant les nombreuses dominations qui ont pesé sur la Perse, depuis Zerdust, ce culte et cette croyance sont encore debout. Ni Alexandre-le-Grand, ni l'Islam, n'ont pu, malgré leurs efforts obstinés, les détruire. Les tribus Guèbres et Parsis se transmettent, de générations en générations, la tradition sainte ; et c'est à cette filiation pieuse que nous devons la conservation, jusqu'à nos jours, de deux des plus antiques langues humaines, le zend et le pelhvi.

Si, des vertes vallées de la Perse, nous nous mettons à la suite des grandes hordes nomades qui plantent en tous sens leurs tentes vagabondes sur le sable aride des déserts de la Haute-Asie, nous trouverons encore des observations à faire dignes de l'attention de tous les esprits religieux. Ces bandes de Tatars, comme les a appelés la civilisation européenne, qui les connaît à peine, se croisent et s'entre-croisent sans cesse dans ces steppes immenses qui se prolongent en des horizons infinis.

On les dirait étrangères les unes aux autres. Cependant, à de certains jours, toutes, et celles venues des points extrêmes du désert et celles venues des zones plus rapprochées, se rassemblent en un seul point dans la grande Oasis, et là se célèbrent les solennités religieuses et se tiennent les hauts conseils politiques. Le culte de ces populations est fort simple et primitif comme elles. Un vieillard vénérable est grand prêtre ; il est toujours choisi parmi les plus anciens chefs de tribu, parmi ceux qui se sont fait remarquer par leur sagesse dans les conseils et leur justice sous la tente. A son aspect tous s'inclinent, et quand les fronts se relèvent, le sable du désert y a marqué la trace de leur respectueuse adoration. Ce vieillard a seul le droit de découvrir les livres saints des voiles qui les cachent aux regards vulgaires ; seul il les ouvre et les lit à la foule attentive. Ces livres remontent à la plus haute antiquité ; nul ne saurait même assigner une date précise à leur apparition. Comme tous les livres sacrés, ils contiennent une cosmogonie, une explication génésiaque. Celle qu'ils donnent est simple et sage. L'esprit de vie s'est emparé de la matière et l'a animée. Leur première création a été la lumière, et avec la lumière la nature entière est sortie de son sommeil et des désordres du chaos.

Les autres livres saints contiennent les lois et règlements qui régissent les familles du désert. Le grand prêtre en donne à tous entière connaissance ; et quand sa lecture est terminée et que les livres ont été recouverts de leurs voiles mystiques, les cérémonies, c'est-à-dire les fêtes et les offrandes, commencent. Chaque tribu, chaque famille, offre ses prémices, qui sont ensuite servies sur la table des chefs de horde qui tiennent conseil ; et pendant que ceux-ci veillent et pensent aux intérêts de tous, les tribus se mêlent, fraternisent, dansent ensemble tous en rond ou s'attablent en des agapes familières.

Nous n'irons pas plus nous asseoir sur les ruines de Bactres que sur celles de Persépolis. Puisque nous sommes au désert, avec les grandes hordes, suivons les tribus nomades des Kirgis, des Kalmucks, des Mongols, des Mandchoux, nous arriverons jusqu'au pied de la grande muraille de la Chine et nous envahirons le Céleste-Empire.

La terre chinoise est si vaste, la domination du *Fils du Ciel* s'étend sur tant de pays et de peuples divers, ces contrées immenses n'ont été jusqu'à ce jour explorées par les voyageurs et la science que d'une manière si imparfaite, qu'il est assez difficile de tracer un tableau exact, net et précis des mœurs et des coutumes religieuses d'un État où l'on rencontre à la fois et côte à côte le polythéisme, le panthéisme et le déisme le plus pur. On pourrait croire que toutes les croyances, tous les symboles, tous les cultes, se sont donné là rendez-vous pour y vivre dans une tolérance, dans une communion fraternelle.

Le Ti-en ou Xan-ti est la plus ancienne divinité des Chinois. Quand, pour faire pénétrer un peu de jour dans les fables obscures qui forment toute la doctrine de ce vieux culte, on fouille l'écorce symbolique de ces superstitions et de ces idolâtries dont la tradition est fidèlement conservée dans un nombre infini de pagodes et de *miaos*, ce n'est pas sans étonnement que l'on découvre bientôt sous ces mythes ténébreux les phases diverses d'une religion astrale. Comme dans les rites de l'antique Égypte, comme dans tous les cultes au berceau, le soleil, la lune, les signes du zodiaque, quelques étoiles, jouent les principaux rôles dans la religion de Xan-ti. Elle était loin d'être aussi épurée que l'adoration du feu dans les atechgâhs de

Zerdust. Quand la science européenne a franchi le seuil des vieux sanctuaires du Céleste-Empire, elle a découvert des trésors artistiques et religieux qui laissent bien loin derrière eux les vieilles symboliques de Grèce, d'Egypte, de Phénicie. Les bas-reliefs de l'Attique, la frise du Parthénon, le coffre de Cypsélus, les souvenirs de Thessalie et de Thrace, les merveilles de Tentyrah et des pyramides de Giseh, les ruines des temples de Memphis, de Thèbes, de Baalbeck, pâlissent devan le luxe de cette imagination infatigable qui trouve sans cesse dans l'architecture, dans la sculpture, dans la peinture, de nouvelles formes, de nouvelles combinaisons, pour célébrer les prodiges accomplis par la divinité qu'elle veut honorer. Nan-King, Fout-Cheou, Pékin, Dché-Zoel, Canton, toutes les grandes cités chinoises, sont peuplées de ces constructions merveilleuses; les portiques sont sans cesse inondés d'adorateurs fervents; le calendrier chinois est une fête perpétuelle. Seulement, comme l'antique Rome, qui, à chaque victoire, à chaque conquête nouvelle, faisait entrer dans son Panthéon les dieux des nations vaincues et subjuguées, le Céleste-Empire a souvent modifié, épuré ses croyances, entant sur d'antiques symboles des doctrines nouvelles, plus scientifiques, plus hautes, plus nobles, surtout d'une morale et d'une métaphysique plus austères.

C'est ainsi que le culte primitif des astres a subi une foule de modifications, de transformations successives; de telle sorte que les dogmes primordiaux ont à peu près disparu. Sous la forme antique d'autres dogmes se sont abrités, et les anciens ont passé à l'état d'allégorie. Et au fur et à mesure que pour le vulgaire est dévoilé le sens caché sous le mythe, la religion devient plus abstraite, plus scientifique, plus morale, et en même temps plus humaine, c'est-à-dire qu'elle remplit d'une façon plus large sa haute mission, qui est l'amélioration permanente et continue de l'humanité.

Au premier rang de ces réformateurs marchent Koung-Sée, Kong-Feu-Tsée, ou, comme nous avons dit avec notre manie de donner une désinence latine aux noms étrangers, Confucius. Savant et austère, ce sage prouva sa science en rassemblant et publiant en six livres les Kings, monuments écrits de la vieille religion, par son austérité, par une vie exempte de fautes et remplie d'abnégations et de bonnes œuvres. « Celui qui a offensé Dieu, disait-il souvent, n'a plus de protecteur. » Guidé par ce principe, il s'appliqua constamment à rendre les hommes sages et vertueux. Il fut persécuté comme Socrate. « Mais, disait-il encore, l'ingratitude de mes concitoyens ne m'empêchera pas de leur faire tout le bien qui sera en mon pouvoir, et si mes leçons restent infructueuses, j'aurai du moins la pensée consolante d'avoir rempli ma tâche avec conscience. » Ses livres, et notamment le *Ta-Hio ou la Grande Science*, le *Tchong-Yong ou le Juste Milieu*, le *Tchun-Tsieou*, le *Chou-King*, respirent la morale la plus pure, et, à vingt-cinq siècles de distance, nous frappent encore par leur profondeur, leur simplicité, leur bon sens exquis. Dans l'un d'eux, il recommande aux hommes la pratique constante de cinq vertus capitales, qui sont :

L'humanité ;

La justice ;

L'exacte observation des cérémonies et des usages établis;

La droiture, c'est-à-dire cette rectitude d'esprit et de cœur qui fait qu'on recherche toujours le vrai;

Enfin la sincérité ou la bonne foi.

Dans un autre endroit, il dit : « Ma doctrine est celle de Yao et de Chun (deux hommes vénérés pour leur sagesse, et que la tradition chinoise fait remonter à la plus haute antiquité); quant à ma manière d'enseigner, elle est fort simple. Je cite pour exemple la conduite des anciens; je conseille la lecture des Kings, dépositaires de leurs sages pensées, et je demande qu'on s'accoutume à réfléchir sur les maximes qu'on y trouve. »

La doctrine de Confucius est celle que professent les lettrés de la Chine. Sa mémoire est en grande vénération; ses descendants jouissent de privilèges qu'ils ne partagent qu'avec le sublime empereur. Celui-ci est le pontife suprême de cette religion épurée qui a des temples dans les palais mêmes de Pékin et de Dché-Zoll. Dans ces temples, à certaines époques de l'année, on offre des sacrifices sanglants, et ces sacrifices sont offerts pour la purification du Céleste-Empire.

Nous ne ferons que mentionner Lao-Tseu, qui vint après Confucius. Il se donna pour une incarnation de Tao dans le sein de la vierge bleue, et écrivit le *Tao-te-King*, livre de métaphysique obscure qui paraît ne s'adresser qu'aux adeptes, et ne pouvoir être compris parfaitement qu'après une longue et pénible initiation.

La majeure partie de la population chinoise est aujourd'hui

INTRODUCTION.

attachée à la religion de Foe-hi ou par abréviation Fo. C'est le Bouddah des Indiens.

Nous nous en occuperons longuement quand nous parlerons du Thibet.

La vieille religion du Tien compte surtout parmi ses fidèles des Mandchoux, des Toungouses, des Soyotes; elle a ses plus antiques sanctuaires dans l'île d'Haï-nan et dans une portion presque inexplorée de l'île de Formose. Mais, comme nous l'avons déjà dit, les autres cultes ne sont qu'une épuration des anciens dogmes; les mêmes rites ont été conservés et leur observation est encore scrupuleuse de nos jours.

C'est ainsi que dans le palais même du fils du Ciel à Pékin, à côté des Thaî-miao, temples élevés aux ancêtres des empereurs mandchoux, nous trouvons les trois sanctuaires de Che-tsu-than-thiao, où l'on rend hommage à l'esprit qui fertilise la terre; celui de Ti-than, où l'empereur en personne, comme grand pontife, sacrifie à la vertu de la Terre, et celui de Sian-nong-than, construit en l'honneur de l'inventeur de l'agriculture, où l'empereur, toutes les années, vient, au printemps, de ses augustes mains, tracer un sillon dans le sol, avec une charrue d'or étincelante de pierreries.

Dans une autre partie du Houang-tchin, quand on a traversé le pont en jaspe noir, tout d'une pièce et représentant un dragon ailé, qui a été célébré par tous les voyageurs, l'on rencontre le temple du Ciel, le Thian-tan. Chaque année, après un séjour dans le Tchi-koung, palais spécial de retraite et de pénitence, après trois jours de jeûne, au solstice d'hiver, l'empereur offre un sacrifice solennel devant la tablette de Xan-ti. Ces temples sont des merveilles architecturales. L'imagination chinoise s'y est donné libre carrière, et la plume doit renoncer à décrire ces caprices, ces fantaisies qui renaissent sans cesse et partout sous une forme toujours nouvelle, et sous lesquelles l'artiste a su cacher les symboles de la Divinité. Ces constructions sont des mondes dans lesquels la maçonnerie n'est que l'accessoire de la nature. Il en est ainsi dans toutes les résidences impériales, et dans le Tchning-tetcheo, palais de chasse, où l'empereur passe la plus grande partie de la saison d'été, le Thou-hottroung-ching-miao ne le cède en rien aux plus beaux temples de Pékin.

Les ancêtres sont en grande vénération à la Chine; ceux des empereurs ont des temples (Tiwang-miao), de même que Confucius, et c'est l'empereur qui y sacrifie de ses mains, comme dans ceux de la Terre et du Ciel.

En quittant ses premiers limbes symboliques, la religion chinoise pénétra plus avant dans le domaine moral. Elle se fit abstraite, et de brillantes pagodes furent élevées aux diverses vertus qui constituent la sagesse de l'homme et celle des nations. A cette époque, comme aux précédentes, l'art se mit au service de la pensée religieuse, et créa des merveilles. Rien n'égale la splendeur du temple de la Reconnaissance à Nan-king, lePao-ngen-tzée. Sa tour à neuf étages est célèbre dans le monde entier, et n'est cependant qu'une des moindres curiosités de cette magnifique construction religieuse. Les bosquets, les labyrinthes, les jardins, les kiosques, les colonnades aux prolongements infinis, les obélisques d'une sveltesse idéale, les statues, les bas-reliefs, les peintures qui partout couvrent la nudité des murailles de créations où sans cesse la grâce, la distinction, l'élégance, s'allient au grotesque, au bizarre, au difforme, et pardessus tout ces innombrables innovations dans la forme des choses les plus vulgaires que l'imagination inépuisable des Chinois a seule su inventer dans son indépendance artistique, font du Pao-ngen-tsée de Nan-king un des monuments les plus étonnants, les plus prodigieux, du génie de l'homme.

Si la Chine a admis dans son panthéon les dieux des nations agrégées à l'empire, il n'en est pas de même du Japon. La religion officielle des Sintos est tout humaine : c'est l'apothéose des héros et des grands hommes qui ont bien mérité de la patrie. Ce culte national est des plus farouches et des plus jaloux. Il se défie des dieux étrangers et les persécute. Ce qui n'empêche pas les sectateurs de Fo de compter de nombreux prosélytes sur la terre japonaise et d'avoir des temples jusque dans Yeddo, la capitale.

Ceci nous ramène au Bouddhisme.

Bouddah, ou plus exactement Gaoutama-Bouddah, selon la légende indoue, que nous rapporterons sans chercher par des commentaires à percer l'obscurité de ses mythes confus, est né de Mâyâ, épouse de Soudhadanas, roi de Magadha. Or, Bouddah n'était pas le premier-né de Mâyâ, et cependant elle n'avait rien perdu de sa virginité, et par un privilége spécial elle restera éternellement immaculée. Des prodiges accompagnèrent sa naissance, et les devins consultés prédirent le plus bel avenir à cet enfant royal. Mais, à l'âge qu'ils avaient fixé pour l'accomplissement de ses hautes destinées, Bouddah prit le chemin du désert et visita successivement Dehli, Bénarès, Badjepour, Kachemyr et autres villes saintes pour les sectateurs de Vischnou et de Krischna. Il était sage, et l'aspect des superstitions et des pratiques monstrueuses auxquelles se livraient les Indiens le transporta d'indignation. Il résolut de réformer et d'épurer la religion des Brahmes, et il se mit immédiatement et résolument à l'œuvre. Il prêcha une doctrine dont les préceptes fondamentaux peuvent se résumer dans quelques commandements. Les voici tels qu'on les trouve dans les Dharmakhanda ou livres religieux :

« Tu ne tueras personne ;

« Tu n'accompliras pas de sacrifice sanglant ;

« Tu ne seras ni menteur ni calomniateur ;

« Tu ne jureras pas et ne parleras pas légèrement ;

« Tu ne seras pas égoïste ;

« Tu ne tromperas personne et ne léseras pas les autres, car tous les hommes sont nos frères. »

Ces préceptes règlent la morale ; quant à la métaphysique, voici comment M. Ahrens (de Gœttingue) résume les idées bouddhiques sur la création et la destinée humaine :

« Pour les bouddhistes, de l'éternité à l'éternité il y a un espace rempli de matière de mondes dans lesquels les mondes naissent et périssent d'après des lois éternelles et immuables. C'est ainsi que le monde actuel, qui est l'avant-dernier, sortira au milieu d'orages terribles par le mélange des atômes

(Paramanou). Le monde est un esprit qui s'individualise par la matière sous des formes innombrables, mais qui lui-même est en repos continuellement sans se mêler de régir le monde, car cela a été déterminé par un destin infini (Damatam). Cependant chaque homme reste libre de diriger son sort; et, après sa mort, il est jugé d'après ses œuvres. »

Bouddah fit de nombreux prosélytes; il enseignait jetant sa parole à tous les vents de l'horizon, et de tous côtés l'on arrivait pour l'entendre. Il n'a laissé aucun monument écrit de sa doctrine, mais ses disciples la recueillaient pieusement, et après sa mort, arrivée en 542 avant notre ère, ils l'ont consignée dans les Dharmahkanda. Avant de mourir, Bouddah voulut rentrer en lui-même et rendre un compte sévère à sa conscience et à sa raison. Il monta sur un arbre, et médita dans ce silence et cette solitude suprêmes pendant deux mois et demi, au bout desquels il mourut d'inanition. Ses disciples se répandirent partout semant la science nouvelle, et bientôt elle domina dans les deux presqu'îles de l'Inde, au Peygou, au Siam, au Thibet, dans la Tartarie, la Chine, et dans toutes les îles des archipels indiens.

L'abolition des sacrifices sanglants, et leur remplacement par des offrandes de fruits et de fleurs, marqua une grande révolution religieuse dans ces hautes régions orientales. Le culte bouddhique n'en est que plus pompeux. Au Thibet, par exemple, ses cérémonies sont célébrées avec une splendeur inouïe.

C'est là que réside à H'hassa le Dalaï-Lama, pontife suprême et vénéré de tous, même des dissidents, qui ne reconnaissent point son autorité. Un phénomène singulier attire d'abord l'attention de ceux qui s'occupent de ces peuples lointains. Laissons parler M. Abel de Rémusat :

« Il n'est personne, dit-il dans un de ses plus beaux ouvrages, qui n'ait été frappé de la ressemblance surprenante qui existe entre les institutions, les pratiques et les cérémonies qui constituent la forme extérieure du culte du grand Lama et celle de l'Église romaine. Chez les Tartares, en effet, on retrouve un pontife, des patriarches chargés du gouvernement spirituel des provinces, un conseil de Lamas suprêmes qui se réunissent en conclave pour élire un pontife, et dont les insignes même ressemblent à ceux de nos cardinaux, des couvents de moines et de religieuses, des prières pour les morts et les agonisants, la confession auriculaire, l'intercession des saints, le jeûne, le baisement des pieds, les litanies, les processions, l'eau lustrale. Tous ces rapprochements embarrassent peu ceux qui sont persuadés que le christianisme a été autrefois répandu dans la Tartarie... L'explication est un peu plus difficile dans le système contraire. »

Nous n'entrons point dans ces discussions scientifiques ; nous nous bornons à constater le fait, laissant aux autres le soin de l'éclaircir.

Quoi qu'il en soit, le Dalaï-Lama réside à H'hassa, ou plutôt dans le couvent magnifique de Potala. Tout ce que l'art oriental a de ressources pour créer des merveilles, il l'a prodigué à Potala pour rendre ce monastère digne par sa splendeur de l'auguste pontife qui l'habite, entouré d'une cour sacerdotale où l'on ne compte pas moins de trois à quatre mille dignitaires. H'hassa est, en même temps que la ville sainte, la ville savante pour les fidèles bouddhistes. Là s'élaborent, se discutent, se règlent les points de discipline et de dogme qui intéressent la foi. La rivale de H'hassa, comme Constantinople le fut de Rome, est Sikadge, où siége le Bantchan-Lama, le premier patriarche du lamisme. Il a, comme le Dalaï, pour résidence un couvent, le Djachi-Loumbo, dont nous ne pouvons guère nous faire une idée qu'en reconstruisant par la pensée ces gigantesques abbayes où, pendant les tourmentes du moyen âge, étaient, à l'ombre de la croix et dans le silence du cloître, venus se réfugier toute science, tout art, toute intelligence.

Parmi les superstitions qui ont survécu à ces idées réformatrices, nous ne citerons que pour mémoire le culte de la divinité femelle Dordjipanco, qu'on adore à Bhaldi, dans le Thibet. Nous avons hâte d'aborder la grande religion de Brahma.

Aujourd'hui, la science a percé à jour les sanctuaires et les mythes de la double presqu'île de l'Inde et de l'île de Ceylan.

Tout le monde connaît l'histoire de l'œuf de Brahma flottant sur les eaux qui couvrent le monde et les douze incarnations et métamorphoses de ce grand dieu, ses luttes, ses combats, ses victoires ; on connaît Vischnou, et quelques-uns prétendent même avoir trouvé l'explication de tous les attributs et symboles dont l'a doté la prodigieuse fécondité des Indous ; on a décrit pièce à pièce et l'on a trouvé la clef de l'architecture idéale et merveilleuse des temples souterrains d'Éléphanta et d'Élora, cette architecture de rêves et de visions sublimes ; des voyageurs sans nombre ont visité les pagodes de Vilnour et de Ten-Tauli ; et à Paris, à Londres, à Berlin, on a dressé des chaires où les savants parlent des mystères brahmaniques, comme dans les siècles antérieurs on parlait des mystères d'Eleusis, des oracles de Delphes et de l'antre sacré de Trophonius.

Nous ne nous arrêterons donc pas dans l'Inde ; aussi bien notre tâche touche à sa fin, et si l'espace ne nous manquait, nous voudrions encore traverser les océans, et, près des grands lacs de l'Amérique, nous asseyant sur les ruines récemment découvertes des temples de Nicaragua, évoquer les fantômes de ces religions disparues. Les antiquités transatlantiques ont jusqu'à nous trouvé peu d'explorateurs ; mais chaque jour le domaine de la science est agrandi par de hardis pionniers de l'avenir.

Nous espérons avoir donné à nos lecteurs, par cette introduction, le désir de connaître plus complétement tous ces cultes. Nous cédons la plume à M. le comte Fœlix, qui, sous la facilité et l'élégance de son style, sait si bien voiler l'aridité de la science. La forme n'enlève rien au fond, et avec lui l'érudition sait se montrer aimable et gracieuse. Le crayon charmant, spirituel et pudique de Staal secondera M. le comte Fœlix, et achèvera de rendre cette œuvre digne en tout de ses aînées.

LES VESTALES

MUSES ET FÉES

HISTOIRE

DES

MYTHOLOGIQUES

ET

MYTHOLOGIE UNIVERSELLE

—o✳●✳o—

EXPOSITION

Un spirituel observateur a dit qu'il n'y a de choses neuves que les vieilles.

Bien que nous reconnaissions la justesse de cette proposition, ce n'est pas sans éprouver une crainte assez vive que nous nous sommes résignés à commencer ce livre par une histoire renouvelée des Grecs.

Toutefois, à voir de quelle tristesse amère les événements de notre monde sont si souvent empreints, nous avons pensé que peut-être, Lecteurs et Lectrices, votre esprit, pour un temps, se réfugierait volontiers vers le ciel, d'autant mieux que ce ne saurait être pour lui une émigration, mais seulement un retour passager dans sa primitive patrie.

Et puis, il y a ciel et ciel, et c'est par le plus brillant, le plus parfumé, le plus splendidement peuplé, le plus riche en merveilles, en drames prodigieux, en féeries de toutes sortes, que nous vous proposons de commencer le voyage.

Presque à chaque pas, dans cette pérégrination, Mesdames, vous vous trouverez en pays de connaissance : Déesses et Muses, Houris et Péris, vous accueilleront en sœurs longtemps absentes, et peut-être apprendrez-vous d'elles beaucoup de choses encore ignorées ou à peine soupçonnées.

Tout n'a pas été dit sur ces régions éthérées; qui sait combien de charmants secrets n'ont été gardés que faute d'occasion pour en dire quelque chose? La discrétion n'est pas la vertu dominante dans les cieux, témoin la ceinture de Vénus où se montraient sans scrupule l'Amour, l'Espérance, les Aveux, les Plaisirs, les Désirs, les Charmes, la Volupté, les Transports, la Langueur, les Soupirs, les Serments, les Caprices, etc., etc. Or, si tant de choses se montrent à la surface, que d'autres peuvent se tenir cachées dans les plis, n'attendant, pour en sortir, que le moment favorable !

Nous ne voulons pas nier qu'en ces parages on puisse être exposé à de mauvaises rencontres; si la vertu y court les grands chemins, les mauvaises passions ne s'y cachent guère plus;

mais à leur aspect, Mesdames, vous en serez quittes pour détourner les yeux ou baisser votre voile.

La croyance à un univers *créé* est certainement une des plus anciennes et des plus générales; cependant, comme cette création suppose une puissance préexistante, et que l'esprit humain est impuissant à comprendre l'infini et le vide absolu, il a nécessairement fallu, aux temps primitifs, donner à ces abstractions une forme matérielle.

Les Grecs, vains, légers, voluptueux et crédules, étaient à coup sûr, sous ce rapport, le peuple le plus propre à soumettre sa raison à son imagination brillante, au relâchement de ses mœurs, aux exigences de son orgueil. Aussi, non-seulement ce peuple se donna-t-il une multitude de dieux, mais encore il admit en grand nombre ceux des Égyptiens, des Phéniciens, des Syriens, etc. En même temps il établit parmi ces puissances célestes un ordre chronologique et un ordre de puissance d'autant plus indispensable, que, la religion latine étant venue se fondre dans la religion grecque, il en résultait une masse de plus de trente mille divinités, république monstrueuse qu'il fallait à tout prix discipliner.

Les Grecs donc, attendu que le vide ou le néant ne présentait pas de sens à l'esprit humain, reconnurent d'abord une nature primordiale qu'ils appelèrent *chaos*, de laquelle un être supérieur avait tiré les éléments. Puis ils inventèrent le Destin, divinité aveugle et suprême à laquelle ils soumirent tous les dieux de l'Olympe, depuis Cœlus, reconnu avant eux, jusqu'à la plus infime de ces puissances, nées d'une imagination prodigieuse qui fait encore aujourd'hui l'admiration du monde...

Rassurez-vous, Mesdames, nous ne vous parlerons que de ceux qu'il est indispensable de connaître, et pour ce faire, nous suivrons l'exemple de ces Grecs, à la fois si fous et si sages, qui, fort embarrassés d'un si grand nombre de divinités, les divisèrent en trois classes. Ceux de la première étaient placés au ciel ou tenaient le premier rang sur la terre, dans la mer et aux enfers; les principaux étaient Saturne, Jupiter, Cybèle, Junon, Apollon, Diane, Bacchus, Mercure, Vénus, Mars, Neptune, Amphitrite, Pluton, Proserpine, etc.

En tête des divinités de la seconde classe, étaient Flore et Pomone, les Nymphes, les Tritons, les Dryades, les Hamadryades, les Dieux familiers.

La troisième classe se composait des héros ou demi-dieux, nés d'une mortelle et d'un dieu, ou d'un mortel et d'une déesse; tels étaient Persée, Hercule, Thésée, Castor et Pollux, Jason, Orphée, Cadmus, Achille, etc.

Mais ce n'est pas seulement, Mesdames, le ciel des Grecs que nous vous proposons d'explorer; ce sont encore les cieux des Égyptiens, des Indiens, des Slaves, des Scandinaves, et un peu aussi le ciel de Mahomet...

Nous vous dirons l'histoire de ces belles Houris, dont les Ottomans ont peuplé le ciel, en vue de récompenser les élus, ne comprenant rien de plus séduisant, de plus attractif, de plus irrésistible, que la beauté, les grâces et la volupté.

Car, en vérité, c'est bien injustement que l'on a traité de

barbare le créateur de l'islamisme. Que cette épithète soit appliquée aux dieux du nord, à ces divinités terribles, impitoyables, qui ne respirent que la guerre, le sang et le carnage, à la bonne heure; mais appeler barbare ce grand prophète dont la religion a pour principe et pour foi l'amour, c'est par trop injuste. Mahomet n'était pas seulement un homme fortement trempé, un grand conquérant; c'était un génie transcendant, qui connaissait le cœur humain et le menait par les chemins où il se complaît.

Nous vous raconterons les mœurs mystérieuses, les amours secrètes des Ondines, cachant leurs charmes au fond des eaux; des Sylphides, des Péris aux blanches ailes, qui se nourrissent du parfum des fleurs.

Nous vous transporterons au pays des Fées, ces Reines du monde invisible, qui parcourent les airs sur des chars de feu, traînés par des dragons, des colombes, des aigles, des chauves-souris, etc., sans autre secours que leur baguette divine, et vont en un instant d'un pôle à l'autre avec une promptitude plus merveilleuse cent fois que celle de l'électricité.

Car, voyez-vous, Mesdames, c'est en vain que l'esprit lutte depuis le commencement du monde contre l'imagination : l'esprit enfante des merveilles, sans doute; il a inventé l'aérostation, les machines à vapeur, les chemins de fer; il a vaincu la foudre; il a fait du diamant; il a créé une foule d'autres choses qui peuvent passer pour prodigieuses; mais qu'est-ce que tout cela auprès de ce que l'on trouve dans le royaume des Fées?

C'est là certes un voyage bien autrement intéressant que ceux entrepris par les plus intrépides touristes; car ces derniers ne sauraient sortir de cette vieille terre où tout est devenu trivial à force d'être évident; et c'est dans le domaine de l'infini que nous voulons vous conduire.

Rassurez-vous toutefois; nous ne ferons en chaque lieu qu'un court séjour; et puis on ne vieillit pas au pays des dieux.

VOYAGE AU CIEL DES GRECS

PREMIÈRE JOURNÉE

Le Destin. — Le Ciel. — Cybèle ou Vesta. — Titan. — Saturne. — Rhée ou Rhéa.

S'il fallait prendre leur histoire au pied de la lettre, les plus anciens de ces dieux, qui ont si longtemps trôné dans le ciel, seraient gens d'assez mauvaise compagnie : c'est un fils qui détrône son père, un père qui dévore ses enfants, des frères qui se font une guerre impie, et une foule d'autres peccadilles du même genre.

Mais il ne faut pas perdre de vue que ces imputations ne sont, pour la plupart, que des allégories plus ou moins transparentes. Et puis on n'est pas immortel pour rien, et le métier de dieu peut avoir des nécessités que des mortels ne sauraient convenablement apprécier.

C'est donc sans scrupule que nous ferons le récit des faits et gestes de ces éminents personnages, à mesure que nous les rencontrerons sur notre chemin.

Parlons d'abord de Cœlus ou le Ciel, que nous avons nommé plus haut. Ce dieu vénérable et son frère le Destin n'étaient pas sortis seuls du chaos; la main ignorée et puissante qui les en avait tirés en avait fait naître en même temps la déesse Vesta, appelée aussi Cybèle ou la Terre.

Tout occupé du sort des humains et de la rédaction de ses irrévocables arrêts, le Destin s'accommoda promptement de sa position; mais il n'en fut pas de même des deux autres, Cœlus et Vesta. Ces infortunés, ainsi jetés dans l'immensité, ne tardèrent pas à trouver bien monotone leur inutile grandeur. Le Ciel s'ennuyait, Vesta soupirait; tous deux souffraient d'un même mal. Cette conformité d'humeur, la solitude, le besoin de distraction, et qui sait? peut-être aussi le diable un peu les tentant, ils devinrent époux. Nous n'oserions affirmer qu'ils eussent au préalable sollicité et obtenu les dispenses nécessaires, mais le mode de leur naissance semblait légitimer jusqu'à un certain point cette union. Et puis il fallait bien que le Destin l'eût voulu.

Quoi qu'il en soit, cette union fut prodigieusement féconde; parmi les nombreux enfants qui en naquirent, on cite particulièrement Titan, Saturne, l'Océan, les Cyclopes, Cérès, Thétis et Rhée. Il paraît que cette dernière, enfant gâté de Vesta, avait les passions vives; car elle était bien jeune encore lorsqu'elle s'éprit violemment de son frère Saturne, à peine âgé de vingt ans. Compatissante aux maux qu'elle avait soufferts, la tendre Vesta unit ces deux enfants; pour dot, elle associa Rhée à l'empire de la terre, qui lui appartenait, et voulut qu'elle portât, comme elle, le nom de Cybèle.

Si dès lors l'inceste était, au ciel, chose sans conséquence, il n'en était pas de même du droit d'aînesse. Titan était l'aîné de tous les fils de Cœlus et de Vesta; Saturne n'était que ce que l'on a nommé depuis un cadet de famille, n'ayant que la cape et l'épée. Quelques deux mille ans plus tard, on l'eût fait moine, chartreux ou mousquetaire; mais cette ressource manquait alors, et on l'avait marié, ne pouvant faire mieux ou pis. L'honnête garçon, toutefois, semblait très satisfait de son sort. Sa femme, au contraire, peu après la lune de miel, commença à se repentir de son choix; l'amour déjà avait fait place à l'ambition, et elle regrettait de n'avoir pas préféré à Saturne son frère Titan, qui seul pouvait prétendre à la toute-puissance. Par malheur, les lois célestes étaient encore bien incomplètes, et le divorce n'était pas établi.

On n'est pas femme et déesse pour s'arrêter au premier obstacle; ne pouvant vaincre la difficulté, la jeune Cybèle la tourna. Le front penché, les yeux humides, elle se présenta devant sa mère.

« Déjà des chagrins, pauvre enfant! s'écrie Vesta. Hélas! je te l'avais bien dit : ce n'est pas tout roses que d'être en ménage! Que n'en as-tu cru ma vieille expérience!

— Ah! ma mère, plût au Destin que je n'eusse pas plus que vous sujet de me plaindre! La puissance de votre époux, mon père, n'a point de rivale; tandis que mon mari ne serait qu'un pauvre dieu sans feu ni lieu, si vous ne lui aviez pas fait l'aumône de ma dot... Et j'ai pu consentir à vous voir dépouiller ainsi!... Ah! maintenant j'en suis au désespoir!

— Cette chère petite!

— Non, non, les choses ne peuvent demeurer ainsi; car, enfin, si Saturne n'est pas un aigle, il a l'esprit de sa femme pour suppléer à celui qui lui manque, et il n'y a chez nous qu'une volonté, la mienne... Qu'est-ce, je vous prie, ma bonne mère, que la capacité de ce brutal de Titan, qui ne sait que frapper du pied pour faire trembler le monde? Bien certainement mon père Cœlus comprendrait cela si vous vouliez le lui démontrer... dans un moment opportun, de ce ton si doux qui vous est naturel, avec ce regard qui fait taire toutes les volontés. Alors il n'aura qu'à ordonner pour que Titan cède son droit d'aînesse à l'époux que vous m'avez donné, et je serai si heureuse de vous devoir cet immense bienfait! »

Comment résister à cela? Les mères sont si faibles et les filles si fines! Voilà donc Vesta s'évertuant à démontrer à Cœlus que son fils cadet devait nécessairement avoir les droits de l'aîné, et *vice versa*. Or, ce que femme veut, Dieu le veut, et il en était déjà ainsi dans ce temps-là apparemment; car le vieux dieu trouva les prétentions de sa fille et de sa femme très rationnelles, et il ordonna incontinent à Titan de céder ses droits à Saturne. Titan n'osa résister à la volonté de son père; mais il imposa à son cadet la condition de ne pas élever d'enfant mâle, afin que la suprême puissance pût lui revenir par héritage. Cela certes n'était pas d'un sot et suffisait à prouver que Cybèle avait quelque peu calomnié son beau-frère, *pour les besoins de la cause*, comme on dit au Palais.

Mais voyez comme il est dangereux de mettre le pied dans une mauvaise voie, et combien la pente du mal est rapide! Vesta, qui jusqu'alors avait été une très honnête déesse, se souvint tout à coup de quelques griefs qu'elle avait contre son mari Cœlus : d'abord il était excessivement vieux, ce qui dans ce temps-là, comme de nos jours, était le plus grand tort qu'un mari pût avoir aux yeux de sa femme. « Les dieux ne vieillissent point, » dira-t-on ; sans doute ils ne vieillissent pas à notre manière, ils sont toujours les mêmes; mais cela n'arrête pas la marche du temps, et il devient fort ennuyeux, à la longue, d'entendre toujours la même voix, de voir sans cesse le même visage. Vesta éprouvait plus que jamais un irrésistible besoin de distraction, et Cœlus était aussi immuable que son frère le Destin; il paraissait convaincu qu'un mari est toujours assez aimable pour sa femme, croyance funeste qui eut dans tous les temps les plus fâcheuses conséquences.

N'est-ce rien que tout cela? Vesta, elle, pensa que c'était beaucoup, que c'était trop, et elle songea à s'emparer du pouvoir suprême, afin de contraindre ensuite Cœlus à se comporter autrement.

Pour venir à ses fins, la rancuneuse déesse avait besoin d'aide; peut-être avait-elle un peu songé à cela avant de prendre si chaleureusement les intérêts de Saturne; car ce fut à lui qu'elle s'ouvrit tout d'abord de son projet.

« Service pour service, lui dit-elle : vous me devez le droit d'aînesse; je veux vous devoir le pouvoir suprême, que je vous remettrai un jour.

— Qu'est-ce à dire? fit le dieu.

— C'est-à-dire, mon fils, que Cœlus est un tyran qui abuse de son autorité.

— Je m'en doutais!

— Vous savez que toute sa puissance vient de la faux, qui est son sceptre?

— Je le sais.

— Eh bien! emparons-nous de ce sceptre, et partageons le pouvoir.

Saturne accepta; mais dès que le sceptre fut entre ses mains, il ne voulut rien partager, et Vesta fut punie par où elle avait péché. Quant à Cœlus, on lui laissa une ombre d'autorité, afin de ne pas trop initier les gens à ces querelles de ménage.

Dès lors Saturne régna sans opposition, chose non moins rare dans l'empyrée que sur la terre. Une chose contrariait pourtant ce souverain auguste, c'était la condition de ne pas élever d'héritier direct; il s'y conformait néanmoins, et pour qu'on n'eût rien à lui reprocher sur ce point, il dévorait scrupuleusement tous les enfants mâles que sa femme lui donnait. Mais, plus adroite et moins scrupuleuse, Cybèle, en acceptant cette même condition, avait fait des restrictions mentales qui devaient avoir des conséquences prodigieuses. Étant accouchée de Jupiter, elle fit cacher l'enfant et prétendit n'avoir mis au monde qu'une pierre. La bouchée peut aujourd'hui paraître un peu forte; Saturne, lui, n'y trouva rien à redire; seulement, pour l'acquit de sa conscience, il avala le caillou. La même chose se répéta lors de la naissance de Neptune et de Pluton ; le maître du monde avala deux nouvelles pierres sans soupçonner la supercherie, et il ne s'en porta pas plus mal.

Peut-être, Mesdames, serez-vous tentées de prendre tout cela pour un conte fantastique ou pour l'œuvre de quelque fantaisiste mal éveillé : n'en faites rien, je vous prie; car c'est bien réellement de l'histoire écrite par deux des plus grands hommes de l'antiquité, Homère et Hésiode, auxquels cette œuvre a mérité le titre de *Pères du paganisme*. Regardons, en effet, les choses de plus près, en soulevant le voile diaphane qui les couvre. Cœlus et Vesta, c'est-à-dire le Ciel et la Terre, sont tirés du chaos par une main puissante et inconnue; Vesta porte sur sa tête des tours et des chapiteaux, et dans ses mains les clés des principales forteresses de son empire : cela n'est-il pas caractéristique aussi bien que l'urne que porte l'immuable Destin? De l'union du Ciel et de la Terre naît Saturne, c'est-à-dire le Temps : il porte des ailes; il est armé de la faux meurtrière à laquelle rien n'échappe, et il dévore ses propres enfants. Quoi de plus clair et de plus vrai? Cybèle, fille de la Terre, est fécondée par Saturne (le Temps); elle est toujours jeune et belle; elle tient les vents impétueux enfermés dans une outre. Les Saisons et les Nymphes, Flore, Pomone, Cérès, forment sa suite et jettent des fleurs sur ses puissantes mamelles, qui nourrissent le genre humain. Jamais allégorie fut-elle plus transparente et plus gracieuse?

Nous ne prétendons pas que la même clarté règne dans toutes les parties de cette grande histoire ; il s'y trouve certainement beaucoup de choses qui peuvent être interprétées de diverses manières ; mais désormais ces multiples interprétations seront votre tâche, Mesdames. Heureux si notre récit éveille suffisamment vos pensées pour qu'à la fin de chaque journée vous ayez quelque plaisir à formuler vos impressions de voyage.

DEUXIÈME JOURNÉE

Saturne. — Cybèle. — Jupiter. — Les Titans. — Les Vestales. — Janus.

Cybèle, afin de soustraire son fils Jupiter à la consciencieuse voracité de Saturne, l'avait fait transporter au sommet du mont Ida, dans l'île de Crète, où il fut allaité par une chèvre nommée Amalthée, et entouré des tendres soins que lui prodiguait une foule de Nymphes qui se tenaient près du berceau de fleurs dans lequel il reposait. Mais, quoi qu'on pût faire pour lui plaire, le jeune Dieu était colère et bruyant ; la moindre contrariété le mettait en fureur, et il poussait alors des cris perçants. Cette intempérance de verbe lui aurait sûrement été funeste, si une troupe de prêtres, nommés Corybantes, qui probablement avaient deviné les grandes destinées de cet enfant mutin, n'eussent imaginé de danser autour de lui pendant ses accès de colère, en s'entre-frappant avec des boucliers d'airain. Le bruit de cette danse, appelée dactyle, empêchait que les cris du petit dieu fussent entendus de son père et de son oncle, Saturne et Titan.

La fraude pourtant finit par être découverte, et Titan, furieux de ce manque de foi, somma son frère de lui rendre l'empire du monde ; comme si, en pareille matière, il suffisait d'avoir pour soi la raison et le droit. Soumise au conseil, la prétention fut repoussée par un ordre du jour pur et simple, et les époux usurpateurs continuèrent à dormir sur les deux oreilles : l'oreiller du pouvoir est une si douce chose !

Mais Titan, lui, ne s'endormit point ; il leva une puissante armée et marcha contre son frère, qu'il vainquit et qu'il fit prisonnier, ainsi que Cybèle, principale cause de ce désastre, et tous deux furent enfermés dans le Tartare.

Heureusement pour ces derniers, Jupiter, déjà grand, était parvenu à se sauver. Quoiqu'il fût alors fort ami des plaisirs et peu soucieux des affaires, ce futur maître des dieux, sentant que son avenir dépendait d'une prompte restauration, songea à l'accomplir ; il promet monts et merveilles à ceux qui voudront le seconder en cette périlleuse entreprise. Les promesses, on le sait de reste, sont une monnaie dont les prétendants sont toujours très prodigues. Vienne le succès et autant en emporte le vent, ce qui n'empêche pas les niais de s'y laisser toujours prendre ; mais Jupiter s'adressait à des gens plus défiants que les mortels ; aussi ne parvint-il à réunir qu'un petit nombre de partisans, parmi lesquels étaient ses deux frères Neptune et Pluton. Sans se laisser intimider par ce peu de succès, le jeune héros se met à la tête de ces quelques dévoués, et il pénètre audacieusement dans l'empire céleste.

On assure que, chez nous, pauvres humains, en pareilles circonstances, les dieux sont toujours du côté des plus gros bataillons, ce qui a fait penser à quelques philosophes que la raison du plus fort était non-seulement la meilleure, mais la seule vraie. Ici, les choses étaient différentes : il y avait des dieux des deux côtés, et les bataillons étaient presque égaux ; aussi la victoire fut-elle longtemps indécise. On se portait de part et d'autre des coups d'autant plus terribles qu'ils ne pouvaient être mortels, et cela ne décidait rien. Enfin Jupiter, qui avait à gagner ses éperons, fit un effort désespéré, et parvint à expulser du ciel Titan et les frères de ce dernier, et à rétablir dans leur autorité Saturne et Cybèle, qu'il avait préalablement tirés de leur prison.

Le vainqueur, en se montrant bon fils, faisait en même temps un acte de sage politique... Saturne lui en sut gré d'abord, et se félicita d'autant plus sincèrement de ne pas l'avoir avalé tout cru, que probablement le caillou qu'il avait accepté en échange était depuis longtemps digéré. Mais ces bons sentiments durèrent peu : le malheur avait rendu Saturne défiant. Il se rappela fort mal à propos avoir lu un jour dans le livre du Destin, son frère, qu'un de ses enfants deviendrait son maître ; cela l'inquiétait, surtout maintenant qu'il savait à quoi s'en tenir sur la valeur et la capacité du jeune héros qui avait brisé ses fers ; et comme si ce n'eût été assez de ces inquiétudes pour troubler son repos, il entreprit de lutter contre le Destin lui-même en tendant des embûches à ce fils.

Jupiter ne poussa pas la piété filiale jusqu'à pardonner cet excès d'ingratitude ; il s'empara de nouveau du ciel et chassa sans pitié son père et sa mère, qui se réfugièrent en Italie, dans le pays Latin. Ils y furent parfaitement accueillis par Janus, roi de cette contrée ; et le dieu exilé se montra reconnaissant de cet accueil en douant ce souverain de la faculté de ne point oublier le passé et de lire dans l'avenir.

Rendu sage par le malheur, Saturne vécut dès lors, non plus en dieu jaloux et inquiet, mais en véritable philosophe, ce qui valait peut-être un peu mieux et lui réussit parfaitement : il s'occupa spécialement d'agriculture, de l'amélioration des mœurs, du bonheur des peuples, et mérita ainsi qu'on donnât à cette époque de sa vie le nom d'*âge d'or*. Par analogie, on donna le nom d'*âge d'argent* au siècle qui suivit, parce que, disent les poëtes, la terre devenait moins féconde à mesure que les hommes s'écartaient davantage de leur innocence primitive. L'*âge d'airain* suivit ce dernier de près ; puis enfin on appela *âge de fer* l'époque où la terre, souillée par toutes sortes de crimes, ne produisait presque plus rien.

Quant à Cybèle, en femme devenue sage, elle faisait maintenant fort peu parler d'elle. Bien reçue en Italie, elle y était accouchée d'une fille à laquelle la vieille Vesta avait voulu donner son nom. C'est en l'honneur de cette Vesta, troisième du nom, et déesse de la virginité, que fut élevé à Rome, sous le règne de Numa Pompilius, second roi des Romains, un temple où de jeunes prêtresses appelées vestales entretenaient le feu sacré. Ces prêtresses faisaient vœu de virginité, et celles qui avaient le malheur de se parjurer étaient enterrées toutes vives. Rapprochement étrange ! la même chose se pratiquait au

Pérou et au Mexique pour les prêtresses du soleil, dans le même temps et plus de deux mille ans avant que, sur notre vieux continent, on eût connaissance du Nouveau-Monde. Que conclure de là, sinon que le fanatisme est inhérent à notre nature, et que nous sommes aussi ingénieux à nous créer des maux qu'à inventer des plaisirs?... Heureusement ce temps est loin de nous, et les vestales aujourd'hui respirent librement et à ciel ouvert alors même qu'elles ont laissé éteindre le feu sacré.

Un mot de Janus avant de quitter l'Italie : les bons procédés de ce prince envers Saturne et Cybèle lui valurent le titre de dieu ; on lui éleva, à Rome, un temple dont les portes étaient fermées pendant la paix et ouvertes pendant la guerre, et dans lequel il était représenté avec deux visages, un qui regardait le passé et l'autre l'avenir.

Cependant Jupiter, devenu maître de l'empire céleste, montrait une grande activité pour l'organisation du gouvernement, la conduite des affaires, et pour l'accomplissement d'une foule de petits devoirs que les princes oublient volontiers. D'abord il métamorphosa en constellation et plaça au ciel la chèvre Amalthée, qui l'avait allaité ; mais avant de faire de cette bonne nourrice un assemblage de brillantes étoiles, il s'était emparé d'une de ses cornes, et l'avait donnée aux Nymphes qui avaient soigné son enfance, après en avoir fait ce qu'on a appelé depuis la corne d'abondance, talisman merveilleux d'où sortaient tous les objets que ces Nymphes formaient le désir de posséder.

Bien que Jupiter fût encore jeune à cette époque, il avait eu déjà plus d'une aventure galante, et pour faire cesser les mauvais propos qu'à ce sujet on tenait sur son compte, il songeait à se marier, lorsque les Titans, ses oncles, formèrent une puissante coalition pour le renverser. C'était une vieille querelle qui se ravivait. Au fond, Jupiter pouvait bien ne pas avoir pour lui ce qu'on est convenu d'appeler le droit : d'après les idées reçues, il pouvait être considéré comme fils d'usurpateur et usurpateur lui-même ; mais il pouvait alléguer la puissance des faits accomplis, et cette raison sans réplique que ce qui est bon à prendre est bon à garder. On dira que c'est un peu la morale des voleurs : eh mon Dieu ! qui est-ce qui n'a pas été un peu voleur dans sa vie ! Le mot pourtant est bien vif pour être appliqué à un dieu ; appelons celui-ci conquérant, afin de dire la chose en esquivant le mot. Donc ce conquérant voulait garder sa conquête ; ils sont tous de cette humeur, et les Titans, de leur côté, prétendaient recouvrer le trône de leur père.

Or, c'étaient de terribles gens que ces Titans ; on remarquait surtout parmi eux le terrible Encelade, dont la force était si prodigieuse qu'il pouvait briser des montagnes et en lancer les débris jusqu'au ciel ; le puissant Briarée, qui avait cent bras, dont chacun eût suffi pour battre en brèche les plus imprenables forteresses ; l'épouvantable Typhée, moitié homme et moitié serpent, et qui faisait trembler la terre en la frappant de sa queue, tandis que sa tête s'élevait jusqu'au ciel ; il y avait encore Othus, Éphialtes, Mimas, Eurythe et une foule d'autres, tous géants d'une force surhumaine.

La formidable armée de ces guerriers s'assembla dans les

champs de la Thessalie, et tous commencèrent à entasser des montagnes les unes sur les autres pour escalader le ciel. Jupiter, de son côté, s'était mis en état de défense. Il comptait aussi sur les autres dieux pour le seconder; mais ces derniers, à la vue de leurs terribles ennemis, furent saisis d'une si grande frayeur, qu'ils prirent la fuite et allèrent se réfugier en Égypte, où, pour plus de sûreté, ils se changèrent en quadrupèdes, en oiseaux, en arbres, en légumes, en fleurs, etc. Certes le trait n'est pas beau; pourtant il faut convenir que le courage ne se commande pas, et qu'aux reproches qu'on pourrait adresser à ces pauvres dieux poltrons ils seraient parfaitement autorisés à répondre : « Pourquoi nous a-t-on faits ainsi? »

La guerre dura dix ans; bien qu'à peu près seul contre tous, Jupiter la soutint avec une grande valeur, et il la termina par un coup de tonnerre, grâce à la foudre que Vulcain était parvenu à lui forger, avec le concours des Cyclopes, autres géants qui n'avaient qu'un œil au milieu du front. Avec cette arme terrible, le maître des dieux terrassa les Titans et les ensevelit sous les montagnes qu'ils avaient entassées afin d'arriver jusqu'à lui. Cela fait, le maître du monde, sans rancune contre les fuyards qui l'avaient abandonné, alla les chercher en Égypte et les ramena dans le ciel.

La paix ainsi rétablie, Jupiter, qu'on peut désormais appeler le maître du tonnerre, reprit ses projets de mariage, et il épousa sa sœur Junon : l'inceste était un péché de famille, et peut-être ce grand vainqueur se crut-il autorisé à faire ce qu'avaient fait ses pères.

D'abord les deux époux vécurent en bonne intelligence; mais Junon était jalouse, et Jupiter était galant : la discorde ne pouvait manquer de s'introduire dans le ménage par cette double voie. Le père des Dieux eut bientôt des chagrins domestiques; et, il faut bien le dire, il fut ainsi puni par où il avait beaucoup péché... Un si grand vainqueur!... un dieu si puissant! Il est donc bien vrai que la tête la plus auguste. . . . . Oui, Mesdames, je vous comprends parfaitement : vous avez besoin de repos, et il doit vous être permis de méditer sur une si grande infortune.

TROISIÈME JOURNÉE

Jupiter. — Pandore. — Épiméthée. — Danaé. — Antiope. — Léda. — Ganymède. — Hébé.

Pour se distraire des chagrins que lui causait Junon, dont pourtant plusieurs mythologues vantent la sagesse, Jupiter s'occupa de créer des hommes. C'était en effet un passe-temps digne d'un dieu, et le souverain de l'Empyrée s'y livrait avec ardeur, lorsqu'il apprit qu'un certain Prométhée avait la prétention de l'imiter et de l'égaler en cela.

Ce Prométhée était un des Titans, qui, au lieu de prendre parti contre le maître des dieux dans la longue et terrible guerre dont nous avons parlé, s'était rangé de son côté et lui avait rendu en cette circonstance de grands services; mais il paraît que les rois de la terre ne sont pas seuls d'illustres ingrats; car Jupiter, après avoir, à la suite de sa victoire, réinstallé les dieux dans le ciel, au-dessus du mont Olympe, s'était offensé de rencontrer Prométhée en ce lieu, l'en avait chassé honteusement, et l'avait précipité sur la terre.

Si la vengeance est le plaisir des dieux, elle pouvait bien être quelque peu celui de ce Titan, qui était certainement d'origine divine : c'était donc pour se venger qu'il se posait ainsi en rival de Jupiter. D'abord il prend un bloc d'argile et lui donne la forme d'un homme ; puis, protégé par Minerve, il pénètre furtivement dans le ciel et dérobe au soleil une étincelle avec laquelle il anime sa statue. Jupiter, indigné, fait saisir cet audacieux, et ordonne de l'attacher sur le mont Caucase, où un vautour doit lui ronger les entrailles. La sentence fut exécutée ; mais le supplice eut une fin : plus tard, Hercule tua le vautour et délivra le condamné.

Bientôt les autres dieux s'offensèrent à leur tour que Jupiter eût la prétention de peupler la terre à lui seul ; ils s'associèrent pour faire une femme parfaite. Au point de vue de l'humanité, l'entreprise était certainement louable. Chacun y mit du sien : Vulcain fit le corps, l'anima, et obtint ainsi une fort jolie personne qui reçut le nom de Pandore, et fut dotée par tous les autres dieux et déesses ; Vénus lui donna la beauté, Minerve la sagesse, Mercure l'éloquence, etc. Par malheur, il ne vint à personne l'idée de lui donner la discrétion. Jupiter, qui dissimulait en ce moment comme un traître de mélodrame, s'aperçut de cette omission ; il dit qu'il voulait faire aussi son présent à cette beauté nouvelle dont l'Olympe entier se montrait si justement épris. Tirant alors des plis de son manteau de pourpre une riche boîte soigneusement fermée, il la remit à

MUSES ET FÉES

la jeune fille, en lui recommandant expressément de ne point l'ouvrir et de la porter à Épiméthée, dont elle devait devenir la femme, et qui n'était autre que l'homme fabriqué par Prométhée.

Pandore se retira bien joyeuse ; sans doute cette boîte contenait un présent de noces, puisqu'elle devait la remettre à son futur mari ; or, que devait être un présent de cette nature, offert par le maître du monde !... Épiméthée, dans l'esprit de la jeune fiancée, était sûrement un très honnête homme, à la bonne heure ; mais n'est-il donc pas naturel de savoir au juste à quoi s'en tenir sur la valeur des objets qu'on apporte à la communauté ?

Voilà ce que se disait Pandore en cheminant vers son fiancé ; elle se dit même très probablement beaucoup d'autres choses et beaucoup plus éloquemment que nous ne saurions les rapporter, tourmentée qu'elle était par l'impérieux désir de voir l'intérieur de cette mystérieuse boîte. Elle fit si bien, usa avec tant d'avantage de sa logique intuitive surexcitée par le violent désir dont elle était tourmentée, qu'elle finit par se persuader que la défense que lui avait faite le maître des dieux était une mauvaise plaisanterie. La pauvre enfant était vaincue ; son visage est en feu, son cœur bat avec violence, et sa main tremblante lève le couvercle de la boîte : aussitôt s'en échappent, sous la forme d'une brume épaisse, tous les maux et tous les crimes qui devaient désormais attrister la terre ; l'espérance seule reste au fond, après avoir vainement tenté de cacher sous ses ailes les plus terribles de ses compagnons.

Pandore éperdue court vers Épiméthée et lui avoue sa

faute. Ce dernier, quoique bien jeune encore, avait beaucoup d'expérience ; il comprit que Jupiter n'avait recommandé la discrétion à sa fiancée que pour la faire plus sûrement succomber à la tentation, et après avoir vainement essayé de faire rentrer les maux dans leur prison, il pardonna à Pandore, et l'épousa pour achever de la consoler.

Certes, dans toute cette affaire, le beau rôle ne fut pas pour le roi des cieux ; mais à ceux qui lui auraient reproché sa conduite il aurait pu répondre qu'il fallait s'en prendre au Destin, attendu qu'il s'était soumis lui-même à cette puissance primitive. Entre nous cette soumission était un acte un peu bien cauteleux, une excuse préparée en vue de commettre la faute ; et s'il avait été de mode alors de crier au jésuite, l'épithète lui en eût été infailliblement appliquée.

On pardonne plus facilement à Jupiter les nombreuses infidélités qu'il fit à Junon, à cause de la jalousie et du mauvais caractère de cette dernière, dont nous parlerons plus amplement lorsque nous nous occuperons de son histoire. Dans ces circonstances le souverain de l'Olympe aimait à garder l'incognito, et il prenait toutes sortes de déguisements pour arriver à ses fins. Comme nous sommes par-dessus tout ennemis du scandale, nous ne rappellerons que quelques-unes de ses aventures et les plus avérées. Par exemple tout le monde sait qu'il se changea en pluie d'or pour séduire Danaé. Le moyen ne demandait pas de grands efforts d'imagination, et il est encore employé aujourd'hui par une foule de gens qui ont la bourse mieux garnie que l'esprit ; mais s'il est simple, il est, hélas ! presque toujours infaillible, et les affaires de cœur ne sont plus que des questions de chiffres.

Plus tard, ce grand séducteur se métamorphosa successivement en satyre, pour séduire Antiope; en taureau, pour enlever Europe; en cygne, pour tromper Léda; enfin il prit la forme d'un aigle pour enlever Ganymède, fils de Tros, roi de Troie, dont il fit son échanson, ce qui altéra singulièrement la bonne opinion que les dames avaient de lui. Jusqu'alors les fonctions d'échanson avaient été remplies par la jeune et fraiche Hébé, déesse de la jeunesse, à laquelle le maître de l'Olympe ôta sa charge, sous le prétexte qu'en versant le nectar elle s'était laissée tomber si malheureusement que les dieux assis à sa table avaient été saisis d'un rire homérique, tandis que les déesses avaient pudiquement détourné les yeux.

C'est ici le lieu de dire qu'il n'y avait au ciel d'autre table que celle de Jupiter; on y servait l'ambroisie, mets exquis dont il suffisait de goûter une seule fois pour devenir immortel, et le nectar, boisson ordinaire des dieux, et si délicieuse, qu'aucun d'eux n'eût eu assez de résolution pour y renoncer.

Jupiter avait reçu des Grecs et des Latins un grand nombre de surnoms : il y avait Jupiter-*Tonnens* ou le Tonnant, Jupiter-*Ammon* ou maître des Déserts, Jupiter-*Stator*, Jupiter-*Capitolin*, Jupiter-*Tarpéien*, Jupiter-*Vengeur*, etc., etc. De tous ces surnoms, le plus illustre était celui d'*Olympien* que lui avaient donné les Grecs, parce qu'ils prétendaient que le mont Olympe, situé entre la Thessalie et la Macédoine, était le séjour de prédilection de ce maître du monde; de là vint qu'on donnait le nom d'Olympe au ciel quand on le considérait comme la demeure des dieux; de là vinrent aussi les jeux Olympiens qui se célébraient en son honneur tous les cinq ans, et qui servaient d'époque pour la chronologie ; ainsi l'on disait la première année, la deuxième année de la cinquième, de la sixième Olympiade, etc.

Nous aurions, Mesdames, bien d'autres choses à vous dire de ce dieu si puissant, si nous ne devions continuer notre voyage; mais il nous reste une longue route à parcourir ; nous avons un grand nombre d'aventures à vous raconter sur les habitants des contrées célestes, et nous tâcherons de le faire de manière à ce que l'histoire des uns se complète par l'histoire des autres, afin d'éviter les répétitions, choses désastreuses pour un historien, alors même qu'il n'a à parler que de merveilles. Qu'il nous suffise donc de vous donner une idée de l'aspect formidable de ce dieu tout-puissant. Ses adorateurs le représentaient assis sur un trône d'or ou sur un aigle majestueux, tenant son sceptre d'une main et la foudre de l'autre ; son front était chargé de nuages ; de ses yeux partaient les éclairs qui précédaient la foudre ; un seul froncement de ses noirs sourcils faisait trembler le ciel et la terre. Son entourage était peu nombreux et choisi : il se composait des Vertus, qui siégeaient à ses côtés.

Entre nous on pourrait se demander ce que faisaient là ces saintes filles. Heureusement il est permis de croire qu'elles ne s'y plaçaient que dans de certaines occasions, pour les grandes réceptions, par exemple, et qu'elles s'abstenaient de suivre ce maître terrible dans ses expéditions de toutes sortes. Et puis, si, comme on le dit, l'enfer est pavé de bonnes intentions, peut-être n'est-il pas impossible qu'il s'en trouve quelque peu dans le ciel ; or la charité commande de croire que le maître des dieux n'avait que de ces intentions-là, et cette vertu par excellence devait nécessairement rassurer les autres.

Ne sait-on pas, d'ailleurs, combien les actes sont modifiés par la qualité des individus. Sans doute, les notions du bien et du mal sont innées dans le cœur de l'homme ; mais le bien et le mal ne sont que relatifs, et l'absolu n'est qu'un mot ; c'est pour cela qu'en bonne justice, on ne doit être jugé que par ses pairs.

Ne jugeons donc pas le maître du monde, qui est si loin de nous ; car nous serions exposés à lui imputer à crime les actes qui ont fait sa gloire. Certes, ses métamorphoses et leurs motifs nous paraissent peu louables au premier aspect ; mais pourrions-nous dire ce qui serait arrivé si elles n'avaient pas eu lieu?

Et puis, qui est-ce qui a jamais entendu les plaignantes? S'il a séduit Danaé, Léda, Europe, etc., peut-être était-ce pour les sauver d'un plus grand péril ; et, en y songeant un peu, nous ne serions pas éloigné de croire que les plaintes, s'il y en eut, vinrent moins des belles trompées que de celles qui auraient voulu l'être.

N'est pas qui veut la victime d'un dieu, et peut-être ces jolies martyres riraient bien si elles savaient que de bonnes et candides âmes s'apitoient sur leurs prétendues infortunes.

En résumé, Jupiter fut grand, fort, puissant, implacable souvent, jaloux de son autorité; mais en supposant qu'il se fût rendu coupable d'autant de perfidies qu'on lui en attribue, ce serait le cas de lui appliquer ces belles paroles :

<blockquote>Il lui sera beaucoup pardonné, parce qu'il a beaucoup aimé.</blockquote>

QUATRIÈME JOURNÉE.

Junon. — Io. — Argus. — Latone. — Niobé.

Ainsi-que nous l'avons dit, Mesdames, Jupiter eut un grand nombre de maîtresses; les historiens ou mythologues parlent de quarante-cinq; mais les historiens ne savent pas tout, et, le plus souvent, ils ne disent que la moitié de la vérité. Quoi qu'il en soit, cela ne doit être considéré que comme erreurs de jeunesse; car il ne faut pas oublier que Jupiter était déjà grand garçon un an après sa naissance, et l'on comprend qu'il ait pu commettre des fautes dans un âge aussi tendre, à raison des passions vives dont le Destin l'avait doué. En outre, il faut considérer que ce puissant personnage n'eut pas moins de six femmes légitimes ou réputées telles, ce qui établit une sorte de compensation.

De ces six épouses la plus légitime fut incontestablement sa sœur Junon, qui avait au moins droit de priorité.

Malgré quelques peccadilles auxquelles nous avons fait allusion, et dont nous parlerons tout à l'heure, Junon était réputée sage; mais il faut bien le dire, elle avait tout ce qu'il fallait pour rendre la sagesse détestable : elle était jalouse, querelleuse, implacable. Cela s'accommodait mal avec l'humeur galante du jeune dieu. « Junon, dit un académicien mythologue, ne fixa pas longtemps auprès d'elle le maître des Dieux, qui pour se distraire des gentillesses aigres-douces de sa digne épouse, fut alors de temps en temps compter fleurette aux diverses belles de l'Olympe et de la terre. » Ne perdez pas de vue, Mesdames, que ce n'est pas nous qui disons cela; nous ne faisons que compulser les pièces du procès. Toujours est-il que Junon se fâcha, se crispa, se scandalisa; qu'elle cria, tempêta, menaça, et finit par aller bouder dans l'île de Samos.

Mon Dieu, Mesdames, nous savons bien que la bouderie est un des plus puissants moyens d'influence conjugale; mais il en est de cela comme des plus excellentes choses; l'usage en est favorable et l'abus dangereux. Or Junon eut le malheur de ne se pas assez pénétrer de cette vérité : non-seulement elle bouda, mais elle quitta le domicile conjugal.

C'était une faute grave, et bien en prit à l'imprudente déesse de ne pas la commettre sous l'empire du Code civil; car Jupiter eût pu invoquer ministère public et gendarmes, huissiers et commissaires, pour lui faire réintégrer ledit domicile. Mais les choses, dans l'Olympe, se passaient autrement et beaucoup moins bourgeoisement. Jupiter voulut éviter le bruit, et il ne se plaignit point, sachant bien que dans cette circonstance, comme dans une autre non moins grave,

Le bruit est pour le fat, la plainte est pour le sot.

Il se tut donc sur cette infortune domestique; seulement, après avoir laissé à la boudeuse le temps de la réflexion, il publia qu'il allait épouser Platée, fille du fleuve Asope. Junon devient furieuse; elle court à la nouvelle fiancée, et lui arrache avec fureur les somptueux vêtements qui la couvrent; mais sous ces tissus d'or et de soie elle ne trouve qu'un tronc d'arbre grossièrement façonné. Honteuse de sa violence, Junon reconnaît ses torts; les époux se rapprochent, et Vulcain est le fruit de cette réconciliation.

Ah! vous nous arrêtez ici! bien; vous voulez avoir raison de cet anachronisme, et vous demandez comment il se fait que Vulcain, qui a forgé la foudre, ne soit né que longtemps près la victoire que Jupiter remporta sur les Titans, grâce à cette arme terrible?... En pareille matière, Mesdames, il y a un mot qui répond à tout; ce mot, le voici : *C'est un mystère!*

Après cette réconciliation sincère, complète, Junon ne se montra pas moins jalouse, ni Jupiter plus fidèle. Cette nouvelle lune de miel fut courte, et bientôt le maître du monde devint éperdument amoureux d'une simple mortelle, la belle Io, fille du roi Inachus. On comprend qu'en pareille circonstance un dieu ne saurait soupirer en vain; Jupiter fut heureux. Furieuse de cette nouvelle infidélité, Junon quitte le ciel et se dirige vers la retraite de sa rivale, espérant surprendre les coupables; mais Jupiter avait deviné son dessein, et lorsqu'elle arriva, au lieu d'une jolie fille, elle ne trouva qu'une belle génisse qui paissait tranquillement.

Alors les deux époux font assaut de ruses. Junon, devinant que Jupiter avait ainsi métamorphosé sa maîtresse, dissimule de son mieux, et elle prie le maître du monde de lui donner cette jolie bête, dont elle promet d'avoir le plus grand soin. Jupiter y consent, se proposant bien de saisir le moment favorable pour rendre à Io sa première forme. La chose devait être moins facile qu'il ne le pensait. Au nombre des espions que Junon payait largement, et qui la servaient en conséquence, était un sieur Argus, homme évidemment fait exprès pour l'honnête métier auquel il était destiné; car il avait cent yeux, et il ne dormait jamais qu'à moitié, c'est-à-dire que cinquante de ses yeux étaient ouverts pendant que les cinquante autres étaient fermés. C'est à ce personnage que la déesse confia la garde de sa génisse.

Jupiter ne se tient pas pour battu; il appelle Mercure, son serviteur dévoué, lui raconte l'aventure et le charge d'arranger cette affaire et de lui rendre sa maîtresse.

Ce Mercure, Mesdames, était un maître fourbe dont nous aurons à vous parler ailleurs; c'était un fin matois qui avait mille tours dans son sac, qu'on ne trouvait jamais au dépourvu, et qui prenait de toutes mains, qualités précieuses qui avaient engagé le maître du monde à en faire le dieu des voleurs et des marchands.

Mercure donc se rend près d'Argus et parvient à l'endormir. On n'est pas d'accord sur le moyen dont il se servit pour obtenir ce résultat : les uns affirment qu'il obligea ce fidèle gardien à écouter la lecture d'un drame en cinq actes et en vers; d'autres prétendent qu'il lui chanta tout un opéra. Un savant de nos jours pense qu'il fit adroitement usage de chloroforme, et plusieurs autres n'hésitent pas à croire que le magnétisme a été pour quelque chose dans cette affaire. Toujours est-il qu'Argus s'endormit comme s'il eût été en pleine Académie, et que Mercure profita de son sommeil pour lui couper la tête; mais avant qu'il pût s'emparer d'Io, Junon avait livré aux Furies cette infortunée, qui, transportée d'une aveugle fureur, se précipita dans la Méditerranée, la traversa, et arriva en Égypte, où Jupiter put enfin lui rendre sa première forme.

De son côté Junon métamorphosait Argus en paon et conservait les yeux du personnage sur le plumage de l'oiseau. C'est en mémoire de cet événement qu'elle voulut que son char fût traîné par deux paons; Argus en était un.

A cette époque, Junon devient enceinte; Jupiter s'en étonne et fronce le sourcil : c'était s'accuser implicitement de torts bien graves; mais la colère est mauvaise conseillère, et il paraît que les dieux eux-mêmes ne pensaient pas à tout. Junon toutefois s'émut peu de cet emportement hors de saison; elle affirma que le parfum d'une certaine fleur qu'elle avait trouvée dans les champs d'Olène avait suffi pour la rendre mère.

C'est probablement depuis cette époque qu'il est si dangereux pour les jeunes filles de courir les prés et les bois sous le prétexte d'y cueillir des fleurs : l'aventure de Junon est un exemple qui devrait les retenir. Soyons indulgents pourtant, et ne nous étonnons point que là où la divinité succomba, l'humanité puisse chanceler.

Junon, cette fois, donna le jour à Mars ; mais elle ne s'en tint pas là, et de nouveau bientôt sa taille s'arrondit. Nouvelle colère du maître des dieux :

— Quel est donc ce mystère?

Junon répond ingénument que rien n'est plus simple et que l'accident n'a d'autre cause que des laitues sauvages qu'Apollon lui a fait manger.

— A la bonne heure! dit Jupiter.

Et il s'occupa d'autre chose.

Le résultat de cette seconde aventure fut la naissance d'Hébé, déesse de la jeunesse, que Jupiter chargea de verser le nectar aux dieux, et qu'il remplaça plus tard par Ganymède.

La puissance de Junon était grande ; elle avait en partage tous les royaumes et toutes les richesses de la terre. Son principal temple était situé dans la ville d'Argos, près d'une fontaine dont les eaux rendaient la jeunesse et la virginité..... Hélas! Argos existe encore ; on y voit les débris du temple ; mais la fontaine a disparu : les jolies pécheresses de la Grèce l'ont tarie. Il est vrai que celles de Paris n'auraient pas fait mieux.

Junon, qu'on appelait aussi la mère des Dieux, présidait

DIANE

aux mariages et surtout aux naissances sous le nom de Lucine, et l'on célébrait à Rome, en son honneur, des fêtes appelées *Lupercales*, pendant lesquelles des esclaves frappaient les femmes enceintes avec une peau de chèvre, pour les préserver de tout accident.

On représentait cette déesse montée sur un char attelé de deux paons; près d'elle était Iris, sa messagère et sa confidente, qu'elle avait métamorphosée en arc-en-ciel pour la récompenser de lui avoir apporté d'heureuses nouvelles.

Junon, nous l'avons déjà dit, était implacable dans ses vengeances; elle persécuta cruellement tous les enfants que Jupiter avait eus de ses maîtresses, et particulièrement Hercule, fils de Jupiter et d'Alcmène. Elle ne pardonna jamais à Pâris de ne pas lui avoir décerné le prix de la beauté, qu'elle avait disputé à Pallas et à Vénus; la guerre et la ruine de Troie n'eurent point d'autre cause. Latone, mère d'Apollon et de Diane, fut une des maîtresses de Jupiter qui eurent le plus à souffrir de sa colère.

Cette Latone était fille du titan Cœus. Un jour qu'elle se promenait sur le bord de la mer avec sa sœur Astérie, elles furent rencontrées par Jupiter, qui cherchait probablement aventure ce jour-là. Bien qu'il voyageât incognito, les deux sœurs le reconnurent sur-le-champ. Astérie prit la fuite, et tomba dans la mer, où elle se noya. Latone, qui était restée, fit aussi un faux pas; mais les suites, quoique graves, en furent moins funestes, et le résultat de l'aventure fut la naissance de Diane et d'Apollon. Mais avant d'en être arrivée à ce résultat, l'infortunée jeune fille eut cruellement à souffrir de la colère de Junon, qui mit à sa poursuite le serpent Python, et qui fit jurer à la Terre de ne pas donner d'asile à sa rivale.

Poursuivie sans relâche par ce monstre épouvantable, né du limon de la terre après le déluge de Deucalion, Latone était arrivée au bord de la mer; elle allait se précipiter dans les flots. Heureusement Jupiter ne l'avait pas entièrement oubliée, et, en prévision de ce qui pouvait arriver, il avait recommandé à Neptune de la secourir. Ce dernier, touché du désespoir de la pauvre enfant, s'empressa de métamorphoser en île flottante le corps d'Astérie, qui flottait à la surface des eaux ; cette île, qu'il appela Délos, s'approcha de la terre ferme, reçut la belle fugitive et s'éloigna aussitôt.

L'infortunée Latone put enfin respirer ; protégée par Neptune, entourée des nymphes de la mer, qui lui prodiguaient les plus tendres soins, elle attendit sans trop le redouter le moment où elle pourrait presser sur son sein de jeune mère le fruit de son amour pour l'ingrat Jupiter, venu si tardivement à son aide, et qui l'oubliait dans de faciles et nouvelles amours. Ce moment arriva, et sur un lit de mousses et de roseaux, assistée par les nymphes les plus expérimentées, et il y en avait beaucoup, si l'on doit s'en rapporter aux chroniques du temps, elle donna le jour à Apollon et à Diane.

Les douces joies de la maternité commençaient à faire oublier à Latone les chagrins de l'amour, lorsque de nouvelles persécutions lui rendirent le sentiment de son infortune :

Junon avait enfin découvert sa retraite ; furieuse, elle s'adresse à Neptune, lui reproche amèrement la protection qu'il accorde à cette fille qui a tenté de lui enlever le cœur de son époux, et le somme de chasser de ses États cette petite coureuse d'aventures qu'il a eu la faiblesse de traiter en princesse.

Neptune n'était pas méchant ; il eût bien voulu pouvoir ménager tout le monde, et obéir à Jupiter sans désobéir à Junon ; mais il n'avait pas l'esprit inventif, et, craignant de compromettre sa puissance, il annonça à la jeune mère qu'elle devait se préparer à retourner sur le continent.

Cette nouvelle mit Latone au désespoir. « Me forcer à quitter cet asile, dit-elle, c'est me vouer, moi et mes enfants, aux tourments les plus affreux ; c'est nous livrer à cet horrible Python qui allait me mettre en pièces lorsque vous m'avez secourue. »

Neptune lui affirma que le monstre était endormi et ne devait se réveiller de sitôt, et il insista pour qu'elle sortît au plus tôt de son empire. Il fallut bien se résigner : l'île de Délos s'approcha de nouveau du continent, et la jeune mère, ses deux enfants dans les bras, se mit en chemin pour retourner chez son père Cœus.

Latone était douce avant son aventure ; mais le malheur lui avait aigri le caractère à ce point que, usant du pouvoir que lui donnait son origine divine, elle changea en grenouilles de malheureux paysans qui avaient refusé de lui donner de l'eau alors qu'étant sur le bord d'un marais, elle n'avait qu'à se baisser pour en prendre. Plus tard elle fit tuer à coups de flèche, par Diane et Apollon, tous les enfants et le mari de

Niobé, sous le prétexte que cette dernière, reine de Thèbes, avait osé dire que ses enfants étaient plus beaux que ceux de Latone. Niobé mourut de désespoir et fut changée en un marbre qui versait des pleurs.

Voilà pourtant jusqu'où peut pousser l'orgueil maternel, tant il est vrai qu'il faut se défier des entraînements, même les plus nobles. Cela est peut-être trivial à force d'être vrai ; mais toute fable a sa moralité.

CINQUIÈME JOURNÉE.

Apollon. — Esculape. — Daphné. — Clytie. — Leucothoé. — Hyacinthe. — Perséis. — Bolina. — Laomédon. — La Sibylle de Cumes. — Cassandre.

La journée sera chaude, Mesdames, car nous voici près du soleil. Ce beau jeune homme blond et sans barbe qui conduit le char de la lumière, c'est le fils de Latone, Apollon, dont nous avons raconté la naissance.

Présenté, bien jeune encore, à la cour céleste, Apollon y fut favorablement accueilli : Jupiter le reconnut pour son fils, et Junon, qui avait peut-être à se faire pardonner quelque faute comme celle du parfum de la fleur mystérieuse et des laitues sauvages, saisit l'occasion de flatter son mari en se montrant bonne pour ce fruit d'un amour peu légitime. On songea donc à pourvoir le nouveau venu d'un apanage convenable, et il fut fait dieu de la lumière et des beaux-arts. Il prit alors le nom de Phœbus.

Bien que l'emploi fût beau et glorieux, l'activité du nouveau dieu était telle qu'il ne put s'en contenter, et, dans ses moments perdus, il s'avisa d'inventer la médecine. Pour un homme de goût, c'eût été un singulier passe-temps; pour un immortel, c'était pis encore : au lieu de travailler à guérir les malades, que ne supprimait-il les maladies? Cela eût été à la fois plus expéditif et plus rationnel; mais Apollon avait un fils à pourvoir, et il était peu disposé à détacher en sa faveur quelques parties de ses domaines; or, en faisant de ce fils, nommé Esculape, le dieu de la médecine, il se tirait d'affaire sans bourse délier; ce serait là une raison sans réplique pour les heureux de nos jours, qui n'ont, hélas! que trop de ressemblance avec les dieux de ce temps-là.

Esculape ne pouvait être un médecin comme un autre; il devait nécessairement avoir la science infuse; il l'avait en effet; mais il n'en usa pas avec assez de circonspection, et cela devait lui être funeste. Qu'il eût guéri les malades, cela eût été déjà un peu bien excentrique, et très suffisant pour que la Faculté lui demandât compte de ses faits et gestes; ce fut bien autre chose quand on sut qu'il s'amusait à ressusciter les morts. En effet, Esculape, touché de la douleur de Thésée, dont le fils Hippolyte venait de mourir, avait rendu la vie à ce dernier. Aussitôt une conspiration est ourdie par les gens vivant des maux de l'humanité; Jupiter est circonvenu; on lui représente que cet insolent médecin usurpe le pouvoir suprême ; que c'est là un exemple dangereux, qui, s'il était suivi, aurait les plus graves conséquences ; enfin la cabale fit si bien que le maître du monde, voulant à tout prix faire cesser ces criailleries importunes, saisit la foudre et en frappa mortellement Esculape.

Apollon, désespéré de la mort de son fils, en fit un astre qu'il mit au ciel ; puis, voulant se venger, et n'osant s'en prendre directement à Jupiter, il pénètre dans les antres de Vulcain, et tue à coups de flèche les Cyclopes qui avaient forgé la foudre.

Vulcain, furieux à son tour, se rend dans le ciel, où il fait un bruit d'enfer. Apollon, dit-il, n'est qu'un bâtard, et ce bâtard a osé l'insulter, lui, seul fils légitime du maître des dieux ; Vénus, sa femme, fait chorus, et renchérit encore sur les griefs de son mari ; Junon se met de la partie, et se range naturellement du côté de son fils aîné. C'est un bruit à ne pas entendre Jupiter tonner ; mais ce n'était pas le cas d'avoir recours à la foudre ; ce moyen avait trop mal réussi au début de cette affaire.

Le roi du ciel déclare qu'il va assembler le conseil. Dès lors la cause d'Apollon était perdue ; l'orage grondait trop fort pour que l'accusé trouvât des défenseurs près de cet auguste tribunal ; aussi fut-il, à l'unanimité, condamné à l'exil.

Chassé du ciel, Apollon se montra plus que jamais digne de la place qu'il y avait occupée. Il supporta dignement le malheur, et, s'étant retiré en Thessalie, il obtint d'Admète, roi de cette contrée, la garde des troupeaux de ce prince. Là, à défaut des grandeurs, les beaux-arts lui vinrent en aide ; et que sont les grandeurs, les biens matériels et de convention, en comparaison des nobles et délicieux plaisirs de l'esprit ?

Poëte et musicien par excellence, le divin exilé fit des vers, les chanta, et pour accompagner sa voix, il inventa la lyre. Admète était le roi de la Thessalie, Apollon devint le roi des bergers de cet empire, et ce fut son plus heureux temps. Il est vrai qu'à cette vie champêtre l'amour était venu ajouter ses charmes. Le dieu du jour, en parcourant les champs, avait rencontré Daphné, fille du fleuve Pénée, et s'était vivement épris de cette jeune beauté. Mais si l'on a vu des rois épouser des bergères, la vérité historique oblige à dire que l'on a vu infiniment peu de bergers épouser des princesses ; et puis Daphné avait une autre raison pour ne pas se montrer sensible à la flamme du pasteur divin ; elle aimait ailleurs..... Mon Dieu, nous savons bien que ce n'est pas là une raison sans réplique, et que de nos jours il est rare qu'on désespère les gens pour si peu : il est si doux de se laisser aimer, et si facile de faire croire que l'on aime ! Mais Daphné était une nature d'élite qui poussait loin la délicatesse. Cependant, pour plus de sûreté, elle se promit d'éviter la rencontre du beau berger : l'occasion rend quelquefois si faible !

Apollon ne voyant plus Daphné, la chercha, et l'ayant aperçue de loin, il courut vers elle ; la jeune fille, effrayée, prit la fuite ; le dieu la poursuivit ; il allait l'atteindre lorsque, haletante, éperdue, elle invoque Jupiter, qui la métamorphose en laurier. Il était temps ! Le dieu déjà étendait les bras : il ne saisit que les branches de l'arbuste, dont il se fit une couronne pour se consoler.

Le dieu du jour, il faut en convenir, donnait là un bien mauvais exemple, qui ne fut que trop suivi : combien de gens, depuis, se sont donné des airs victorieux après une défaite ! et que de lauriers menteurs ont été achetés à beaux deniers comptants pour faire croire à des conquêtes !

Le chagrin d'Apollon dura peu ; il venait de s'asseoir à l'ombre du laurier, lorsqu'il aperçut la fille du roi de Babylone, la belle Clytie, qui se promenait dans la campagne. Les filles de roi, vous le voyez, Mesdames, étaient assez mal gardées dans ce temps-là ; on en use bien autrement aujourd'hui, et l'on ne souffre guère que les princesses marchent seules : s'en fait-il moins de faux pas ? c'est ce que nous n'oserions affirmer.

A la vue du beau berger, Clytie rougit. Cette timidité parut être de bon augure à Apollon, qui s'avança vers la belle ingénue. Ce qu'il lui dit, l'histoire ne le rapporte pas ; il est pourtant permis de croire qu'il fut très éloquent ; car, bien qu'on ne fût alors qu'au milieu de la journée, Clytie, assise dans un bosquet près du berger, l'écoutait encore quand le soleil se coucha. Il fallut se quitter ; mais ce ne fut pas sans se donner rendez vous en ce même lieu, qui avait maintenant pour eux un charme tout particulier.

La nuit porte conseil : Clytie se repentit de la promesse qu'elle avait faite. C'était un peu tard, bien que louable au fond. Pourtant elle avait donné sa parole, une parole de princesse ! Pour lever la difficulté, elle imagina, le lendemain, de se faire accompagner de sa sœur, nommée Leucothoé. La veille, c'eût été sage ; le lendemain, c'était imprudent.

Leucothoé était vive, sémillante, peu craintive ; Apollon lui plut, et deux jours après elle alla seule au rendez-vous. C'était, nous en conviendrons, un bien mauvais procédé : hélas ! on n'est trahi que par les siens, en amour comme en guerre ; c'est là une vérité de tous les temps.

Clytie, étonnée de l'absence de sa sœur, et l'ayant vainement cherchée, se décida à sortir sans elle. Ce n'est pas sans une bien vive émotion qu'elle s'avance vers le bosquet ; mais à cette douce crainte succède bientôt l'indignation : elle venait, après s'être approchée sans bruit, d'entendre les perfides se jurer un amour éternel. L'infortunée allait éclater ; le désir de la vengeance la retint : elle s'éloigne, court près de son père, le roi Orchame, et lui révèle le déshonneur de Leucothoé.

Orchame entre en fureur. Depuis le commencement du monde, les pères sont ainsi faits : tous oublient qu'ils ont été amoureux, et quand ils s'en souviennent, ils n'en sont pas plus sages. Orchame était de ceux qui ne se souviennent point : il ordonne à Clytie de le conduire au bosquet qui recèle les coupables, et arrive assez tôt pour être témoin de leurs tendres adieux. Dès lors sa fureur n'a point de bornes : ne pouvant saisir Apollon, qui venait de s'éloigner sans se douter que le mystère fût découvert, ce roi terrible, ce père sans entrailles, appelle ses gardes et fait enterrer toute vive l'infortunée Leucothoé au pied du laurier dont l'ombrage lui avait été si doux quelques instants auparavant.

Le lendemain, Apollon retourne au bosquet; il attend, puis il appelle; alors la voix de Leucothoé s'élève du sein de la terre et lui apprend l'affreux trépas de celle qu'il cherche vainement. Profondément affligé, le dieu berger verse des larmes qui mouillent la terre, et il a alors la consolation de voir renaître sa maîtresse sous la forme d'un arbuste qui exhale le plus doux parfum.

Clytie arrive en ce moment; Apollon, dont les yeux sont encore humides, la trouve laide et s'éloigne sans lui adresser une parole. Comprenant alors toute l'étendue de sa faute et de son malheur, la jeune princesse est saisie d'une douleur si violente qu'elle expire aux yeux de son amant. Par un reste de pitié, le dieu la métamorphosa en tournesol, et voilà pourquoi cette fleur suit le cours du soleil en s'inclinant vers lui.

On ne peut s'empêcher de remarquer que l'amour d'Apollon était bien fatal aux filles de roi; voilà de compte fait trois princesses mortes pour avoir été aimées de ce dieu. Nous allons voir que, près de lui, ses amis ne couraient pas moins de dangers que ses maîtresses. Pour se distraire et adoucir ses regrets, il s'était lié d'une étroite amitié avec un jeune homme nommé Hyacinthe, qui était déjà l'ami d'un autre dieu nommé Zéphyre. Ce dernier ne vit pas sans jalousie la préférence que Hyacinthe accordait à Apollon; il résolut de s'en venger : un jour que ces nouveaux amis jouaient au disque, espèce de palet fort lourd qu'on lançait au loin, Zéphyre souffla méchamment sur le disque qu'Apollon venait de lancer, et le dirigea vers la tête d'Hyacinthe, qui, mortellement atteint, expira peu d'instants après. Du sang de ce jeune homme naquit la fleur qui porte son nom.

Apollon pleura son ami comme il avait pleuré ses maîtresses; mais les douleurs les plus violentes ne sont pas celles qui durent le plus longtemps, et le dieu, d'humeur galante, se consola bientôt dans les bras de la belle nymphe Perséis, fille de l'Océan, qu'il abandonna peu de temps après pour une autre nymphe nommée Bolina. Cette dernière était bien jeune encore; les transports du dieu l'effrayèrent; elle prit la fuite, et, se voyant poursuivie, elle se précipita dans l'Océan. Elle fut sauvée par Amphitrite, qui l'admit au nombre des nymphes de sa suite, et l'inconstant berger était retourné à Perséis lorsque les parents d'Hyacinthe lui demandèrent compte de la mort de ce dernier.

Redoutant les suites de cette affaire, Apollon prit la fuite. Peut-être au fond n'était-il pas fâché de l'aventure : Perséis était devenue mère, et les gens du caractère de ce dieu ont en général assez peu de goût pour les joies de la vie de ménage. Quoi qu'il en soit, il se réfugia dans la Troade, où il rencontra Neptune, qui, comme lui, avait encouru la disgrâce de Jupiter. Il fallait vivre, et nos dieux sans emploi ne savaient aucun métier; pressés par le besoin, ils s'offrirent comme manœuvres au roi Laomédon, qui bâtissait en ce moment les murs de Troie, et qui accepta leurs services.

Ce n'était pas le cas de dire au dieu des vers :

> Soyez plutôt maçon, si c'est votre métier.

mais on eût pu justement retourner le conseil : car, bien qu'il ne soit pas difficile de mettre des pierres les unes sur les autres, les travailleurs de fraîche date n'y réussissaient guère. Heureusement des dieux doivent avoir plus d'un moyen de se tirer d'embarras : Apollon en trouva un très simple, ce fut d'ordonner aux pierres de se mouvoir toutes seules et de se superposer régulièrement. Pour éviter le désordre, la confusion, il chantait en s'accompagnant sur sa lyre, composée de sept cordes tendues sur une écaille de tortue. Aux accents de cette voix divine, aux sons mélodieux tirés de l'instrument, les pierres commencèrent à se mouvoir en cadence, et les murs s'élevèrent par enchantement. De nos jours que ne chante-t-on ainsi, non pour animer des pierres, mais pour attendrir le cœur des heureux de la terre ! Il est vrai que ce serait un prodige plus grand que l'autre, et puis nos Apollons ont l'haleine courte.

Cependant Laomédon voyant que les deux manœuvres se tenaient les bras croisés, ou à peu près, refusa de leur donner le prix convenu. Certes, il fallait être bien maladroit pour en agir ainsi, et ce Laomédon eût dû comprendre que des gens qui bâtissent des murailles par un tel procédé doivent être capables de mettre à la raison les plus mauvais débiteurs ; mais l'avarice et la mauvaise foi ne raisonnent point. Neptune, pour le ramener à d'autres sentiments, inonda le pays, et Apollon le ravagea par la peste.

Le dieu du jour commençait à trouver que la terre était un séjour passablement maussade ; il s'ennuyait horriblement, et il songeait aux moyens d'en finir avec cette vie misérable, lorsqu'il reçut la visite de la sibylle de Cumes, qui était une des plus jolies femmes de ce temps. Elle venait tout exprès pour lui donner des consolations et lui annoncer un avenir meilleur que sa profession lui permettait de prévoir. Peut-être venait-elle encore pour autre chose; mais Apollon était trop abattu pour s'en apercevoir; à peine répondit-il à la jolie visiteuse.

« Eh quoi! lui dit-elle, vos maux seraient-ils donc de ceux que rien ne peut guérir? S'il en est ainsi, je veux souffrir avec vous; mes larmes se mêleront aux vôtres : j'ai ouï dire qu'il y avait une sorte de charme dans certaines souffrances. »

Surpris de ces douces paroles, le dieu lève enfin les yeux sur la consolatrice, et il est ébloui de l'éclat de sa beauté.

« Il serait vrai? dit-il; vous consentiriez à rester près de moi?

— Oui, tant que vous serez malheureux.

— Alors je voudrais l'être toujours. »

Il se fit un instant de silence; les yeux de la jolie sibylle étaient humides, non de douleur, mais de plaisir, et son écharpe dissimulait mal l'agitation de son sein. Apollon lui prit la main, l'attira doucement près de lui, et voulut sceller la convention par un baiser qu'on lui laissa prendre, ce qui lui rendit comme par enchantement toute son éloquence. Bien qu'il eût déjà beaucoup obtenu, il lui restait encore beaucoup à obtenir, et la sibylle ne voulait plus rien *donner*. Ils se comprenaient parfaitement.

« Vous me faites aimer la vie, reprit le dieu; que ne dépend-il de moi de vous ouvrir les portes du ciel !

— Mes vœux ne vont pas si loin, répondit-elle en s'efforçant de rougir; promettez-moi seulement d'allonger ma vie d'autant d'années que ma main pourra contenir de grains de sable. Ce n'est pas qu'une longue vie me paraisse en elle-même chose désirable; mais l'assurance de ne vous quitter que le plus tard possible suffirait à mon bonheur.

— Il en sera ainsi, s'écria Apollon, et j'en jure par le Styx ! »

Or, le Styx était un fleuve qui faisait sept fois le tour des enfers; quand les dieux avaient juré par ses eaux, ils n'osaient point être parjures, et si quelqu'un d'eux révoquait ce serment, il était privé de la divinité pendant cent ans. On pourrait donc croire que la sibylle et le dieu étaient de bonne foi dans cette affaire. Eh bien, Mesdames, je n'en sais rien; mais j'affirme que tous deux mentaient. Bien certainement Apollon avait trop d'expérience touchant la fragilité des affaires de cœur pour accorder, alors même qu'il l'eût pu, l'immortalité à sa trentième maîtresse, et celle-ci avait trop de plaisir à être admirée pour vouloir vivre dans la retraite. Ils se trompaient réciproquement, et le plus adroit des deux n'était pas Apollon; car il avait juré, et la sibylle n'avait fait que promettre. Ce n'était qu'un marché comme tous les autres marchés, où les contractants, après s'être efforcés de se tromper mutuellement, se résument en une dupe et un fripon. Cela est si vrai que, avant que six semaines se fussent écoulées, tous deux en étaient aux expédients pour se quitter le plus décemment possible.

Toutefois, le serment d'Apollon devait *sortir effet,* comme disent nos légistes dans leur beau style de procureur, et il en fut ainsi ; mais combien la sibylle eut à se repentir de son vœu indiscret! Vieille et ridée, la tête branlante, les cheveux blancs, les dents absentes, pendant des siècles elle implora de la pitié des dieux la mort qui ne pouvait l'atteindre.

Quant à Apollon, il avait d'abord remplacé la belle sibylle par une princesse très renommée à cause de son savoir; elle se nommait Cassandre et était fille de Priam. Celle-ci, qui savait probablement quelque chose de l'histoire de la beauté à laquelle elle succédait dans le cœur du dieu, eut l'esprit de se tenir sur ses gardes ; elle se montra d'abord insensible aux feux qu'elle avait allumés.

« Je sais, lui dit-elle, combien s'éteignent vite ces grandes passions improvisées, et le nombre de vos conquêtes est trop grand pour que je sois tentée de l'augmenter.

— Ah! princesse, dit le dieu, si je vous avais vue la première, je n'eusse jamais aimé que vous!

— Propos de séducteur.

— Si vous pouviez lire dans mon cœur !...

— J'y lirais *trahison*.

— Non, mais *amour éternel*.

— Mais je suis mortelle, moi.

— Eh bien! je vous ferai un don qui vous rendra l'égale d'une déesse.

— Accordez-moi donc le don de la divination.

— Et vous m'aimerez ? »

La princesse répondit par un regard et un sourire qui équivalaient aux plus doux serments.

C'était un traité en règle ; Apollon en accepta les clauses, et le don fut accordé avec l'accompagnement obligé du serment irrévocable ; mais à peine l'eut-il prononcé que Cassandre lui tourna le dos en éclatant de rire. Apollon se fâche ; il réclame hautement le bien qu'il vient de payer si cher.

« Fi donc ! lui dit la princesse en le regardant par-dessus l'épaule ; nous prenez-vous, Messire, pour une bourgeoise ? »

Le pauvre amoureux demeura muet :

Honteux comme un renard qu'une poule aurait pris.

Il se retira l'oreille basse et le cœur ulcéré.

« Eh bien, oui ! s'écria-t-il après quelques instants de réflexion, tu devineras l'avenir, tu le prédiras ; mais j'ajoute à ce don que jamais personne n'aura foi en tes paroles. »

Il en fut ainsi, et Cassandre, qui ne disait que la vérité, eut pendant toute sa vie le chagrin de s'entendre accuser d'imposture.

Apollon n'en était pas moins pour ses frais ; et, vous en conviendrez, Mesdames, il ne l'avait pas volé. D'ailleurs il eût eu tort de s'en plaindre : car cela lui avait redonné le goût des aventures, tout en l'affranchissant du danger de prendre l'amour au sérieux, faiblesse qui, selon les apparences, n'a pas été jusqu'à ce jour moins funeste aux dieux qu'aux simples mortels.

Mais il se fait tard, Mesdames ; le dieu de la lumière, dont nous vous racontons les aventures, nous donne le signal de la retraite. Faisons donc halte, et permettez que nous vous laissions à vos méditations. Si nous ne nous trompons, le champ est vaste, et votre imagination doit y tracer plus d'un sillon nouveau. Donnez donc carrière à cette folle du logis qui façonne tant de jolies choses, et, en vous occupant du conte, puissiez-vous ne pas oublier tout à fait le conteur.

SIXIÈME JOURNÉE.

Apollon. — Clymène. — Castalie. — Les Muses. — Marsyas. — Midas. — Phaéton.

O dieux immortels! que ne sommes-nous un poëte de l'ancien régime ou de l'Empire, voire même de la Restauration! Qu'avons-nous fait, célestes puissances, pour être privé de cet avantage, et que n'avons-nous pas fait pour mériter cet honneur? Que de phrases melliflues, que de madrigaux à l'eau rose, de périodes poudrées à frimas, de malices à talons rouges, de gentillesses en habit à la française, seraient en ce moment au service de notre plume!... Puissances de l'Olympe et autres lieux, vous ne l'avez pas voulu! Eh bien, tant pis pour vous! Vos louanges, que nous chantons si consciencieusement, nous auraient valu un fauteuil que nous n'aurons point, et ce sera bien fait! Vous auriez été historiographées par les hauts barons de la littérature; vous ne le serez que par des hommes de rien. Nous sommes bien aise de vous dire cela, parce que nous aimons les positions nettes. Mais ce grief ne saurait nous dispenser de remplir nos engagements ; souffrez donc que nous reprenions notre récit où nous l'avons laissé : la probité avant tout.

Nous vous avons dit, Mesdames, qu'Apollon avait repris goût aux aventures, et vous avez deviné sans peine qu'il était devenu plus inconstant que jamais. En effet, après avoir oublié Cassandre dans les bras de la nymphe Clymène, dont il eut un fils nommé Phaéton, il se prit à courir le monde en enfant gâté de la fortune et des belles. Cela lui réussit, non pas tout d'abord, car la nymphe Castalie, dont il s'était épris à la première vue et comme un homme qui n'a pas de temps à perdre, lui échappa en prenant la fuite, et fut métamorphosée en fontaine au moment où il allait l'atteindre, au pied du mont Parnasse.

En dieu bien appris, Apollon se penche au bord de cette fontaine pour lui dire en beaux termes son amour et ses regrets; c'était une sorte d'oraison funèbre qui n'engageait à rien, et qui avait l'avantage de donner un certain relief à l'esprit de son auteur. En outre, la douleur s'exhalant ainsi ne pouvait plus empêcher de dormir, et cela est si vrai que l'amant si profondément affligé dormait à poings fermés, lorsqu'il fut réveillé par une mélodie toute divine qui semblait venir du haut de la montagne du Parnasse, au pied de laquelle il était couché.

« Qu'est-ce? dit-il en ouvrant les yeux ; suis-je retourné au ciel? Ne sont-ce pas les déesses qui chantent la gloire du maître des dieux? »

Il écoute; les chants continuent; il se lève, et, guidé par cette musique céleste, il suit un sentier qui le conduit sur le haut de la montagne. Alors un spectacle délicieux s'offre à ses regards : sur la lisière d'un bois, à l'ombre d'arbres séculaires, neuf jeunes filles aux traits divins formaient un cercle enchanteur.

Ces charmantes filles étaient les Muses, qui faisaient un concert pour passer le temps. Le dieu reconnut promptement qu'il avait cette fois affaire à des immortelles. Cette découverte n'était pas de nature à l'intimider; caché dans le feuillage et profitant d'un instant de silence, il chante lui-même en s'accompagnant sur sa lyre. Les Muses, surprises et quelque peu effrayées d'abord, veulent prendre la fuite; mais la voix d'Apollon est une puissance qui les retient malgré elles : il a cessé de chanter qu'elles écoutent encore. S'avançant alors vers elles :

« Ne craignez rien, Mesdames, leur dit-il; vous cultivez les beaux-arts, et j'en suis le dieu. Je soupçonne même qu'il doit exister entre nous quelque autre lien. »

Les Muses lui répondirent qu'elles étaient filles de Jupiter et de Mnémosine.

« Et moi, reprit-il, je suis fils de Jupiter et de Latone. Chères sœurs, je bénis le hasard qui m'a conduit au milieu de vous, et si vous partagez mes sentiments, nous ne nous quitterons plus. »

Il les embrassa toutes, et elles le laissèrent faire : car elles l'avaient cru sur parole. Et puis il était si beau, il faisait de si jolis vers, et il les chantait si bien! Peut-on être un trompeur quand on possède de si grandes qualités?

Plusieurs jours se passèrent en fêtes : les Muses étaient filles trop bien élevées pour ne pas faire à leur frère une réception convenable, surtout alors que ce frère était un dieu, et que ce dieu était le plus beau de l'Olympe; mais, quelque bien né que l'on soit, on ne saurait toujours chanter, danser et banqueter. Apollon fut le premier à reconnaître cette vérité; et comme, après la vie aventureuse qu'il avait menée, il commençait à ressentir une sorte de besoin d'ordre et de tranquilles travaux, il songea à régler l'emploi du temps.

« Mes sœurs, dit-il aux Muses rassemblées, je suis convaincu qu'on ne saurait faire également bien plusieurs choses à la fois; c'est pourquoi, après avoir reconnu vos heureuses dispositions, j'ai résolu de vous partager mon empire, tout en m'en réservant la direction suprême.

« A vous, Calliope, qui aimez le langage pompeux et dédaignez les choses simples et ordinaires, je donne le département de la poésie héroïque. Vous aurez souvent à entendre les invocations des poëtes épiques, et j'avoue que cela est souvent très fatigant; mais on chantera vos louanges en longs vers alignés dans de gros volumes, et c'est chose assez glorieuse pour faire passer sur quelques légers inconvénients; et puis vous ne serez pas obligée de lire les poëmes que vous aurez inspirés, ce qui est encore à prendre en considération.

« Vous, Clio, qui racontez si bien, vous présiderez à l'histoire. Je ne vous dissimulerai point que vos sujets ne seront pas tous également estimables : les menteurs pullulent dans ce département; il n'y a guère de ces Messieurs qui ne soient toujours parfaitement disposés à arrondir une période au prix du plus gros et du plus impudent mensonge. A ceux-là, donnez sans pitié sur les doigts ; en cas de récidive, faites-les marquer au front. Vous aurez aussi des pillards assez nombreux ; à ces derniers, vous serez indulgente, parce que, en général, on ne vole que les riches. C'est d'ailleurs un assez grand honneur que d'être volable en cette matière, et il faut que tout le monde vive.

« Vous, gentille Erato, qui tournez si bien le madrigal, je vous donne le gouvernement de la poésie galante ; vous porterez une couronne de myrte, et tous les récits d'exploits amoureux seront de votre domaine ; mais défiez-vous des poëtes langoureux qui n'ont à leur service que des larmes et des pleurs, et chassez-les sans pitié ; ces insupportables pleureurs seraient capables de faire déserter le plus beau des empires.

« Railleuse Thalie, la comédie est votre lot légitime. Raillez avec votre esprit si vif, si incisif, les méchants et les sots ; ménagez les petits et n'épargnez pas le sarcasme aux grands. Vous aurez sous vos lois deux sortes de gens bien difficiles à gouverner : les auteurs et les comédiens. Aux bons, montrez-vous favorable ; soyez impitoyable pour les mauvais, et tenez la bride serrée aux faiseurs d'alexandrins. Je vous recommande particulièrement ces histrions qui tiennent ce qu'ils appellent *école de déclamation*, et qui, parce que certains gouvernements leur font l'aumône, se croient autorisés à traiter de princes à ministres les gens d'esprit qui les font vivre. Faites taire autant que possible ces gens-là, car ils ne savent que gâter ce qu'ils disent.

« Lugubre Melpomène, vous aimez à pleurer ; je ne m'en plains pas : tous les goûts sont dans la nature, et puis on n'a pas besoin d'être gai pour gouverner les États que je vous destine. Vous présiderez à la tragédie : il est bon d'être seul pour pleurer, et la foule, je vous le promets, ne troublera guère vos sublimes douleurs. Dispensez-vous de faire aiguiser vos poignards de fer-blanc ; vous aurez bien assez des œuvres de vos auteurs pour assommer les gens.

« Que puis-je mieux faire, agile Terpsichore, que de vous donner le département de la danse, dont les gens ont tant d'esprit dans les jambes ? Vous serez là dans votre élément, ma toute gracieuse sœur, pourvu toutefois que vous ne vous laissiez pas circonvenir par les chorégraphes et les faiseurs de ballets, animaux stupides, compassés, qui sont aux danseurs ce que les professeurs de déclamation sont aux comédiens.

« Vous, Euterpe, vous gouvernerez la musique, et vous aurez à défendre vos domaines contre les attaques incessantes des faiseurs d'opéras ; il n'est pas de sottises, d'âneries, de platitudes, que ces gens ne s'efforcent de produire, sous le prétexte que ce qui ne vaut pas la peine d'être dit peut être chanté.

« A vous, Polymnie, qui possédez à un si haut degré l'art de bien dire, je donne le département de la rhétorique ; bien entendu qu'en protégeant les beaux diseurs, vous sévirez justement contre ces avocassiers et ces ennuyeux tribuns qui font un si déplorable usage de la parole, et qui se fourrent partout; c'est là une lèpre dont je veux à tout prix débarrasser mon empire, et contre laquelle vous n'aurez jamais assez de rigueurs.

« Quant à vous, savante Uranie, l'astronomie sera votre partage. Vous ferez à votre gré la pluie et le beau temps; vous donnerez des lois aux planètes, et les étoiles formeront votre cour, où vous ferez sagement de ne pas admettre les faiseurs d'almanachs. »

Les neuf sœurs se montrèrent reconnaissantes de la générosité du dieu, et toutes, fidèles aux sages recommandations qu'il leur avait faites, travaillèrent de concert à étendre l'empire des beaux-arts.

Apollon n'était plus ce dieu vagabond réduit à garder des troupeaux ou à faire le métier de manœuvre; les progrès des beaux-arts le faisaient maintenant rechercher, ainsi que ses sœurs, par les plus puissants souverains. Il n'y avait pas de belles fêtes dans les cours les plus brillantes où ils ne fussent invités; mais il leur fallait souvent parcourir de grandes distances, et les moyens de transport leur manquaient. Apollon se promenait un jour sur le Parnasse en songeant à remédier à cet inconvénient, lorsqu'il aperçut un cheval ailé se désaltérant dans une fontaine qu'il venait de faire naître d'un coup de pied, et qu'on appela depuis l'Hippocrène. Le dieu reconnut ce cheval : c'était Pégase, que Neptune avait fait naître d'un coup de son trident en joutant avec Minerve à qui produirait sur-le-champ la chose la plus belle et la plus utile. Docile à la voix d'Apollon, Pégase se laissa monter par ce dieu, qui, prenant ses neuf sœurs en croupe, put désormais les transporter partout où il leur plut de se rendre.

Un jour que cette docte et charmante famille s'était rendue à la cour de Bacchus, elle y rencontra le satyre Marsyas, musicien célèbre qui avait fait la musique de plusieurs hymnes composés en l'honneur des dieux. Enflé de ses succès, il prétendait à la palme du chant, et il osa défier Apollon devant toute la cour.

Le défi était d'autant plus imprudent que la beauté du dieu du jour avait fait une vive impression sur toutes les dames dont le suffrage devait décider de la victoire; mais le satyre avait aussi son prix, et la plupart de ces dames en savaient quelque chose. La victoire pouvait être douteuse; elle ne le fut pas : jamais la voix d'Apollon n'avait eu plus de charme; jamais sa lyre n'avait fait entendre d'accords plus divins. L'auditoire, transporté de plaisir et d'admiration, déclara tout d'une voix le satyre vaincu.

Jusque-là, Apollon s'était comporté en dieu. Il ne fut plus qu'un affreux cannibale lorsque, après avoir vaincu, il écorcha tout vif de ses propres mains l'infortuné Marsyas. Plus humain dans une circonstance à peu près semblable, il se contenta de donner des oreilles d'âne au roi Midas, qui avait osé dire que le berger Pan lui était supérieur dans l'art de la musique. C'est peut-être pour cela que, de nos jours encore, on appelle nos académiciens *les gros bonnets* des sciences et belles-lettres. Ce n'est là, au reste, qu'une conjecture, et nous n'oserions affirmer qu'il y ait de longues oreilles sous tous les gros bonnets.

Tout cela avait singulièrement étendu la réputation d'Apollon; le bruit de ses hauts faits arriva jusqu'au ciel, et les dieux, regrettant d'avoir si maltraité un collègue de ce mérite, s'empressèrent de le rappeler et de lui rendre son emploi.

C'est alors que le dieu du jour reçut la visite de son fils Phaéton. Quelques jaloux ayant nié l'origine divine de ce dernier, il venait prier son père de lui laisser conduire le char du Soleil et de donner ainsi un éclatant démenti à ses calomniateurs.

« Mon fils, lui dit Apollon, contentez-vous de l'engagement que je prends de confondre et de punir vos ennemis. Il faut, pour conduire le char qui éclaire l'univers, une expérience que vous acquerrez peut-être, mais qui vous manque maintenant.

— Non, répondit Phaéton, il faut que je les confonde moi-même, ou ma vie ne sera qu'un long supplice. Je ne demande à tenir votre place que pendant vingt-quatre heures seulement; vous ne pouvez refuser cette grâce à un fils qui vous chérit et qui proclame partout votre gloire. »

Le dieu eut la faiblesse de céder. Phaéton s'élança sur le char, saisit les rênes des resplendissants coursiers; mais sa main fut impuissante à les contenir : il fit fausse route, et après avoir mis le feu dans le ciel, il faillit incendier la terre.

Jupiter furieux frappa l'imprudent de la foudre et le précipita dans l'Éridan. Les dieux parfois étaient barbares, c'est là une fâcheuse vérité que nous sommes fatalement obligés de constater à chaque page de cette histoire, de peur qu'on ne nous applique ce proverbe : *A beau mentir qui vient de loin.*

Un dernier mot sur Apollon : il était non-seulement le dieu du jour et des beaux-arts, mais c'était aussi celui des oracles ; il avait une foule de temples dont les prêtresses prédisaient l'avenir ; le plus célèbre était celui de Delphes.

Et maintenant, Mesdames, vous pouvez juger ce dieu. Ne soyez pas trop sévères toutefois, car s'il n'est pas le meilleur des bons, il est encore le moins mauvais des pires.

SEPTIÈME JOURNÉE.

Diane. — Endymion. — Bacchus. — Silène. — Les filles de Minée. — Mercure. — Androgyne. — Vénus. — Les Heures. — Vulcain.

Vous vous rappelez sans doute, Mesdames, la naissance de Diane, fille de Jupiter et de Latone, sœur jumelle d'Apollon. Effrayée de la triste destinée de sa mère, cette déesse, dès qu'elle eut atteint l'âge de raison, fit vœu de virginité, et l'on convient assez généralement qu'elle fut toujours la plus chaste, la plus pudique des immortelles.

Cela est certainement très louable; mais, s'il faut de la vertu, pas trop n'en faut; il y a des gens dont le rigorisme gourmé ferait haïr la sagesse elle-même, et que l'on déteste presque autant pour les qualités qu'ils ont que pour celles qui leur manquent. Eh bien, entre nous, Diane était un peu de ces gens-là.

Voulant sans doute faire oublier les torts qu'il avait eus envers la mère (Latone), Jupiter traita magnifiquement sa fille : il en fit tout d'abord la déesse de la lune et de la chasse, et lui donna un arc et des traits divins avec un cortége de soixante nymphes ; puis, sous le nom d'Hécate, il en fit une divinité des enfers, et enfin, approuvant le vœu de virginité qu'elle avait fait, il voulut qu'elle fût la déesse de la chasteté et de la jeunesse sans tache.

Diane, si bien dotée, eût dû compatir aux maux et être indulgente aux faiblesses de ceux que le destin avait moins favorisés ; il est si facile et si doux d'être bon quand on est heureux ! La déesse, au contraire, ne sut se montrer que sévère toujours, et souvent impitoyable. Un jour que, accompagnée seulement de la nymphe Calisto, elle avait longtemps couru à travers les bois et les montagnes, il lui prit l'envie de se baigner ; elle invite la nymphe à la suivre dans l'eau ; Calisto rougit, hésite ; Diane étonnée jette alors un regard inquisiteur sur les contours de la taille de sa compagne. Il n'en fallut pas davantage pour que la vérité lui fût révélée. La rougeur lui monte au front, et, d'une voix aiguisée par la colère, elle demande quel est le coupable.

« Déesse, répond l'infortunée Calisto, je m'étais endormie pendant la chaleur du jour sur le bord d'une fontaine. Je rêvais que Jupiter daignait me trouver belle .. A mon réveil, j'étais dans les bras de ce dieu, votre père et le maître du monde ! »

La pauvre enfant était tombée à genoux ; de ses beaux yeux s'échappaient des larmes qui roulaient comme autant de diamants sur l'albâtre de son sein agité, tandis que ses jolies mains se tenaient croisées sur sa taille arrondie. Un cœur de tigresse eût été attendri. Diane, inflexible, chassa cette infortunée et la livra aux fureurs jalouses de Junon, qui la changea en ourse après qu'elle eut donné le jour à Arcas ; puis elle fit de ce dernier un chasseur redoutable qu'elle mit à la poursuite de sa mère ; il allait l'atteindre et la percer d'un de ses traits, lorsque, pour éviter ce parricide, Jupiter les changea en constellations, que l'on appelle encore aujourd'hui la grande et la petite Ourse.

Plus tard, cette déesse implacable changea le chasseur Actéon en cerf pour le punir de l'avoir surprise au bain ; elle fit subir les plus horribles tortures à Althée, épouse d'OEnée, roi de Calydon, parce que cette reine avait osé trouver ses filles plus belles que la déesse, et elle fit brûler Méléagre, fils d'Althée, qui n'avait d'autre tort que d'avoir secouru sa mère.

Vous en conviendrez, Mesdames, si l'on ne pouvait être chaste qu'au prix de tant de cruauté, cette vertu si précieuse serait bien difficile à pratiquer pour de simples mortelles, et quoi qu'on en puisse dire, nous aimons mieux croire, par respect pour les bonnes mœurs, qu'il y avait là plus d'hypocrisie que de vertu... Ma foi, tant pis ! le mot est lâché, il ne s'agit plus que de le justifier ; eh bien, voici :

Il y avait, dans ce temps-là, un certain berger très égrillard, nommé Endymion, qui n'avait pas seulement la prétention d'épouser des princesses, mais qui ne se gênait point pour pénétrer nuitamment, frauduleusement, peut-être même avec effraction, dans l'appartement des déesses, si bien qu'un beau jour, ou une belle nuit, Jupiter le trouva endormi dans la chambre à coucher de Junon... Vous savez, cette Junon, la chaste, elle aussi, Junon la pure, Junon l'immaculée... Il dormait, cet outrecuidant pasteur, et il fallait qu'il eût un très grand besoin de repos, puisque l'arrivée nécessairement bruyante du maître du monde ne l'avait pas réveillé. Heureusement Jupiter, moins impitoyable que Diane, ne torturait pas les gens pour si peu ; en outre, il savait le proverbe : Ne réveillez pas le chat qui dort ; en véritable mari modèle qu'il était, il se contenta de condamner le dormeur à ne se réveiller qu'au bout de trente ans ; et, pour que rien ne troublât son sommeil, il le fit transporter dans une vallée ombreuse que respectaient les ardeurs du soleil et où la lune seule pouvait faire pénétrer ses chastes rayons.

Or, Mesdames, c'est ici le lieu de vous dire que cet Endymion était beau comme l'Amour ; peut-être l'aviez-vous déjà deviné en songeant au lieu où le maître des dieux l'avait trouvé, mais notre devoir d'historien nous oblige à mentionner le fait, absolument comme si vous n'en saviez rien.

Nous venons de dire que les rayons de la lune pouvaient seuls pénétrer dans le vallon où dormait ce beau pasteur ; mais nous avions dit précédemment que la lune et Diane était une même chose, ou plutôt une seule déesse ; eh bien ! chaque nuit, cette vertu si farouche ralentissait les coursiers attelés au char de l'astre nocturne quand ses rayons commençaient à atteindre le beau dormeur ; certains mythologues affirment même qu'elle avait soin alors de s'envelopper d'un sombre nuage à l'abri duquel elle mettait pied à terre sans trop s'inquiéter du qu'en dira-t-on ; enfin, le dirai-je ? un de ces historiens célèbres qui ont amassé les matériaux qui nous servent à écrire ces éternelles vérités, Pausanias, s'il faut l'appeler par son nom, n'hésite pas à dire que, par suite de ses nombreuses visites au beau berger, la déesse devint successivement mère de cinquante filles et de plusieurs fils bien constitués !... C'était, ma foi, bien la peine de faire tant de bruit à propos du rêve d'une pauvre jeune fille ou de la curiosité naïve d'un jouvenceau !...

Diane avait un grand nombre de temples; le plus célèbre était celui qu'on avait élevé à Éphèse, et qui était placé au nombre des sept merveilles du monde. Cette déesse est ordinairement représentée vêtue d'une légère tunique, portant un carquois sur ses épaules, un arc à la main ; une biche est près d'elle, et, lorsqu'on la représente comme déesse de la lune ou Phébé, elle porte sur son front un croissant lumineux.

De Diane la chaste à l'intempérant Bacchus il n'y a pas si loin qu'on se l'imagine communément, car ils sont enfants du même père, Jupiter.

Le maître des dieux, Mesdames, était un grand séducteur, et plus d'une fois encore nous aurons à mentionner quelqu'une de ses galantes aventures. Parlons d'abord de Sémélé. Elle était fille de Cadmus, roi d'Athènes, et c'était, selon les apparences, une très séduisante princesse, car Jupiter, à la première vue, en fut vivement épris. Déjà la trop faible princesse portait dans son sein le fruit de cet amour, lorsque, à l'instigation de Junon, elle pria son redoutable amant de se montrer à elle dans tout l'éclat de sa majesté divine ; Jupiter y consentit, et ce que la jalouse Junon avait prévu arriva : éblouie par l'immensité et la vivacité de la lumière qui environnait le Dieu, Sémélé s'évanouit, et peu d'instants après elle fut réduite en cendres par la foudre que portait Jupiter. Cependant, alors qu'elle n'était encore qu'évanouie, elle avait donné le jour à un fils : l'enfant n'étant pas né à terme, Jupiter le prit et l'enferma dans une de ses cuisses, d'où il sortit à l'époque voulue pour être élevé par un satyre nommé Silène. Cet enfant, c'était Bacchus.

Voilà, certes, une naissance merveilleuse s'il en fut. Bacchus ne démentit point son illustre origine : dès qu'il fut devenu grand, il commença par étouffer un serpent à deux têtes que Junon avait envoyé contre lui ; il se rendit ensuite près de son père, et il fut le seul dieu qui eut le courage de combattre à ses côtés pendant la guerre des géants. Plus tard, il revint sur la terre, fit la conquête des Indes, et enseigna aux hommes à cultiver la vigne, d'où lui vint le titre de dieu du vin et des buveurs. Il est pourtant certain que, dans cette circonstance, il n'avait fait que de mettre en pratique les leçons de son père nourricier, le vieux Silène, qui, toujours ivre et joyeux, l'avait suivi, monté sur un âne, dans ses lointaines expéditions.

On pense bien que Silène, qui avait enseigné tant de choses à son élève, n'avait pas négligé de lui apprendre à boire, lui qui déjà avait résolu le grand problème du mouvement sans fin au moyen d'une coupe qui n'était jamais ni pleine ni vide, par la raison qu'il la vidait et la remplissait sans cesse. Mais si Bacchus buvait comme un homme, il était magnifique comme un dieu. Voulant un jour récompenser le roi Midas, qui avait délivré Silène tombé entre les mains de l'ennemi, il lui accorda le don de changer en or tout ce qu'il toucherait. Malheureusement, il n'avait pas prévu toutes les conséquences de ce don, et Midas en fut bientôt justement effrayé lorsqu'il vit se changer en métal les aliments qu'il portait à sa bouche : le régime pouvait passer pour brillant, mais il était trop rude. Midas le trouva tel, et il obtint la faculté de se débarrasser de ce don funeste en se lavant les mains dans le Pactole ; c'est depuis lors que ce fleuve roule ses flots sur un lit de sable d'or.

Ce n'est pas sans raison qu'on a dit que la vengeance est le plaisir des dieux ; les dieux grecs et latins surtout étaient très avides de ce cruel plaisir, qui tient une grande place dans l'histoire de chacun d'eux. Ainsi, Penthée, roi de Thèbes, fut mis en pièces par sa propre mère et ses tantes, sur l'ordre de Bacchus, parce qu'il avait refusé de prendre part aux fêtes de ce dieu, qu'on appelait Bacchanales, et qui se célébraient par des orgies. Lycurgue, roi de Thrace, eut les yeux crevés en punition de la même faute.

Le sort des filles de Minée ne fut pas moins affreux. « Ces trois sœurs, dit un savant mythologue, étaient filles d'un roi d'Orchomène, en Béotie ; elles se nommaient Iris, Climène et Alcithoé. Habiles à broder et à faire de la tapisserie, elles cherchaient dans le travail leur plus douce récréation. La fête solennelle de Bacchus étant arrivée, toute la population d'Orchomène y prenait part. Les Minéides seules, qui méprisent un culte extravagant, ne veulent quitter ni leurs navettes ni leurs fuseaux, pressent leurs esclaves plus que de coutume, et, se moquant de l'accoutrement des Bacchantes (prêtresses de Bacchus), elles tournent en ridicule les peaux dont elles se couvrent, le thyrse qu'elles agitent, les couronnes qui ombragent leurs fronts. Ni les conseils de leurs parents, ni les avertissements des prêtres, ni les menaces faites au nom de Bacchus, ne fléchissent leur résolution ; elles s'obstinent à travailler, et, sous prétexte de plaire à Minerve, déesse des arts, elles ravissent à Bacchus les heures qui lui sont destinées.

« Tout à coup, sans voir personne, elles entendent un bruit confus de tambours, de flûtes et de trompettes ; elles respirent une odeur de myrrhe et de safran ; la toile qu'elles ourdissaient se couvre de verdure ; un cep de vigne s'élève de leurs métiers ; le palais frémit et s'ébranle ; elles croient voir briller dans leurs appartements des torches allumées et entendre hurler des bêtes féroces. Effrayées de ce prodige et enveloppées de fumée, elles veulent fuir ; mais, pendant qu'elles cherchent, pour s'y cacher, l'endroit le plus secret du palais, une peau déliée s'étend sur leurs membres, des ailes minces couvrent leurs bras. Sans avoir de plumes, elles se soutiennent en l'air ; elles s'efforcent de parler, un cri est la seule voix qui leur reste. Elles sont devenues chauves-souris. »

Sans doute la plupart de ces faits, accomplis pendant les Bacchanales, peuvent être attribués à l'ivresse ; mais l'ivresse n'est pas une excuse ; c'est même, dans certains cas, une circonstance aggravante, et Bacchus eût pu apprendre cela du plus mince jurisconsulte, s'il n'eût eu autant horreur des hommes noirs que des buveurs d'eau.

Après ce dieu d'assez mauvaise compagnie, nous arrivons, Mesdames, à un autre qui ne vaut guère mieux. Il se nomme Mercure, et c'est un fieffé voleur; aussi son père, Jupiter, qui en avait fait son courrier ordinaire, à cause de son extrême agilité, n'hésita-t-il point, quand il eut connu tous ses mérites, à en faire le dieu des marchands, ainsi que nous croyons vous l'avoir dit déjà à propos de la vache Io et d'Argus, le géant aux cent yeux. Plus tard, il en fit encore le dieu des voleurs, et il le méritait bien, car en très peu de temps il avait volé les flèches d'Apollon, les troupeaux d'Admète, confiés à la garde de ce dieu, le carquois de Cupidon, le trident de Neptune, les tenailles de Vulcain, l'épée de Mars; enfin, dans certaines circonstances dont on ne saurait dire les détails, attendu que cela se passait sans témoins, il vola la ceinture de Vénus; puis tandis que Jupiter, à qui il racontait ce dernier exploit, en riait de tout son cœur, il lui volait son sceptre, et tentait de lui dérober la foudre; mais la brûlure qu'il se fit en y touchant lui ayant arraché un cri de douleur, Jupiter s'aperçut du méfait, et il exila sur la terre le maître fripon.

C'était là un triste présent que le maître des dieux faisait aux hommes. Ces derniers toutefois ne s'en plaignirent point; ils s'empressèrent au contraire de profiter des leçons de cet habile prestidigitateur, et comme à une prodigieuse adresse il joignait une élocution facile, une parole insinuante, persuasive, ils le reconnurent pour dieu de l'éloquence.

Rappelé dans le ciel, Mercure s'efforça d'obtenir de Vénus le pardon du larcin qu'il lui avait fait; il l'obtint, et la récon-

MUSES ET FÉES

LES MUSES

L'appareil était même plus simple encore, car Vénus ne venait pas de s'éveiller, elle venait de naître.

Zéphyre fut le premier qui l'aperçut ; il s'empressa de la placer sur une conque marine, et il la conduisit dans l'île de Chypre, où elle fut très bien accueillie par les Heures, filles de Jupiter et de Thétis, qui se chargèrent de faire son éducation. La jeune déesse profita si bien de leurs leçons que bientôt elle n'eut plus rien à apprendre, et que la renommée de ses talents se répandit en même temps que celle de sa beauté. Cette renommée grandissant tous les jours, et les dieux voulant juger par eux-mêmes d'un si grand mérite, ordonnèrent aux Heures d'amener leur élève à la cour céleste.

Il s'agissait de faire une toilette convenable pour le jour de la présentation, et grand était l'embarras, car la charmante enfant n'avait point de trousseau. Heureusement la nature lui vint en aide en lui faisant présent d'une ceinture, tissu divin et mystérieux qui avait le don de faire aimer la personne qui le portait de tous ceux qui la voyaient. Vénus s'en para aussitôt, et les Grâces, qui devaient l'accompagner, la trouvèrent si belle avec ce seul ornement qu'elles n'y voulurent rien ajouter.

Vous pensez bien, Mesdames, qu'il y eut grande rumeur ce jour-là à la cour de Jupiter : à l'aspect de tant de charmes, les dieux étaient demeurés en extase ; les déesses se mordaient les lèvres et enrageaient de grand cœur, et peu s'en fallut qu'il n'éclatât une insurrection lorsque l'on vit le maître du monde aller au devant de l'enchanteresse, la prendre par la main et lui poser une couronne de myrte. Ce fut encore bien pis lorsqu'on entendit ce dieu lui dire que, ne pouvant lui offrir de partager avec lui le trône du ciel, puisque Junon l'occupait, il lui donnait celui de la beauté. Junon s'évanouit de dépit; les autres se groupèrent autour d'elle, sous le prétexte de la secourir, et toutes se mirent à déchirer à belles dents la nouvelle venue.

Pendant ce temps, les dieux se disputaient la possession de Vénus; la querelle même commençait à s'envenimer, lorsque Jupiter y mit fin en déclarant qu'il donnait la main de la jeune déesse à son fils Vulcain.

En habile politique et en mauvais père, le maître des dieux sacrifiait ainsi la pauvre petite à la raison d'État. Il n'ignorait pas les inconvénients de cette union; car Vulcain était le plus laid de ses enfants, bien qu'il fût le seul légitime; mais il redoutait les rivalités entre ses grands vassaux, et il lui importait de conserver la paix.

Il faut bien dire un mot du triste époux donné à la plus belle des immortelles. Jupiter, lorsqu'il naquit, le trouva si laid que, d'un coup de pied, il le précipita du ciel sur la terre. Vulcain, en tombant, se cassa la cuisse et demeura boiteux, ce qui ne l'embellit pas; mais le pauvre dieu était doué d'un bon naturel, et cela suffit pour le faire bien accueillir par les nymphes de l'île de Lemnos, où il était tombé; elles le soignèrent, le guérirent, et pourvurent à ses besoins jusqu'à ce qu'il fût assez fort pour faire quelque chose. Cela arriva bientôt. Vulcain ayant découvert de riches mines dans les montagnes de Lemnos, y établit des forges immenses; puis il réunit les

Cyclopes, géants d'une force prodigieuse, qui n'avaient qu'un œil placé au milieu du front, et, avec leur concours, il parvint à forger la foudre qu'il offrit à Jupiter. Ce dernier, voulant se montrer reconnaissant, rappela Vulcain dans le ciel et le fit dieu du feu.

Ce dieu, malgré sa laideur, avait les passions vives : la première fois qu'il vit Minerve, déesse de la sagesse, il s'en éprit si violemment que, sans autre préambule, il la demanda en mariage. Un peu étourdie par ce coup imprévu, la déesse balbutia d'abord ; mais elle se remit bientôt, et déclara qu'elle avait fait vœu de virginité. Cela était-il vrai ? Il est permis d'en douter ; car Jupiter lui-même déclara, ou à peu près, qu'il n'en croyait rien. Vulcain, de son côté, jura ses grands dieux que de ce vœu, vrai ou faux, il ne tiendrait aucun compte ; et comme il avait été assez mal élevé, et qu'il avait un peu les mœurs et les formes de son métier de forgeron, il saisit la déesse dans ses bras et l'emporta. — Où ? l'histoire ne le dit pas ; mais quel que fût le lieu, il paraît que la belle Minerve ne s'y déplut pas trop, car elle y passa quelque temps, et lorsqu'elle reparut personne ne l'entendit se plaindre de son ravisseur. Toutefois, le mariage n'eut pas lieu, ce qui n'empêcha pas Minerve de donner le jour à un enfant dont le corps d'homme finissait par une queue de serpent, et qui reçut le nom d'Érichthon. Ce fut cet enfant qui, devenu grand, inventa les chars, afin de cacher la difformité de la partie inférieure de son corps.

Pour dédommager Vulcain de ses disgrâces, Jupiter voulut

qu'on lui élevât des temples, qu'on célébrât des fêtes en son honneur, et que son culte s'étendît sur toute la terre ; peut-être même fut-ce un peu à titre de dédommagement qu'il lui donna Vénus ; mais en disposant ainsi de la main de cette belle, il n'avait pu disposer de son cœur ; et des époux si mal assortis ne pouvaient faire bon ménage. Nous verrons demain ce qu'il en fut, en nous occupant de Mars, qui, dès le lendemain des noces, rôdait autour du domicile de la nouvelle mariée.

HUITIÈME JOURNÉE

Mars. — Vénus. — Apollon. — Adonis. — Proserpine. — Thémis. — Gallus. — Vulcain. — L'Amour. — L'Hymen. — Thétis et Pélée. — Sémélé. — Ariane.

Nous avons vu, dans l'histoire de Junon, comment cette déesse était devenue mère pour avoir respiré le parfum de certaine fleur. L'enfant qu'elle avait si mystérieusement conçu reçut le nom de Mars et devint le dieu de la guerre. Il était un de ceux qui avaient demandé la main de Vénus, et Jupiter, ayant surpris certains regards échangés entre la belle fiancée et le brillant guerrier, avait jugé prudent d'envoyer ce dernier guerroyer contre les Titans, le jour même du mariage de Vulcain. Mais Mars avait remis son départ au lendemain. Il part, en effet, revêtu de sa brillante armure, coiffé d'un casque d'or, et monté sur un char d'airain dont le fracas retentit au loin ; mais bientôt il s'arrête, quitte son char, et, revenant seul sur ses pas, il arrive près de Vénus qui venait de quitter la couche nuptiale. Quant à Vulcain, on entendait déjà le bruit de son marteau qui retentissait dans les montagnes.

Vénus avait pleuré ; ses yeux étaient encore rouges et humides. La pauvre enfant avait grand besoin de consolation ; pourtant ce ne fut pas sans éprouver un peu d'effroi qu'elle vit le dieu de la guerre dans tout l'éclat de sa force et de sa mâle beauté. Mars s'empressa de la rassurer.

« — Et moi aussi je souffre, lui dit-il ; je souffre, car je vous aime, et un ordre suprême m'éloigne de ces lieux. Partir sans vous avoir vue, sans avoir entendu un mot d'adieu de votre bouche, cela était au-dessus de mes forces, et j'ai, pour vous voir, bravé la colère du maître du monde. »

Il lui prit la main. Vénus tremblait encore, mais elle n'avait plus peur. Ils échangèrent un soupir, puis un baiser... En ce moment le marteau de Vulcain cessa de se faire entendre ; Mars s'éloigna, mais il était un peu consolé et Vénus n'avait plus envie de pleurer.

Jupiter, en même temps qu'il éloignait Mars, avait rappelé Apollon. Il y avait donc grand concert ce jour-là à la cour céleste, et comme le dieu du jour et la déesse de la beauté ne s'étaient pas encore vus, il fallut les présenter l'un à l'autre. Vulcain fit la grimace au premier coup d'œil qu'ils échangèrent ; Apollon le vit bien, et cela, au lieu de l'effrayer, lui parut d'un heureux augure : s'apercevant, quand on fut à table, que le boiteux était fort échauffé, il lui fit verser force nectar, de sorte qu'au dessert le pauvre mari avait la vue trouble et la parole quelque peu difficile; enfin il s'endormit sur son siége, et il ronflait en vrai mari pendant que tous les autres dieux faisaient une promenade dans l'Olympe, afin d'aider à la digestion.

Cependant Apollon n'avait pas manqué d'offrir son bras à la jeune mariée, et bien qu'on ne sache pas un mot de ce qu'ils se dirent, il est certain que le dieu des beaux vers se montra très éloquent, puisque, avant le réveil du forgeron, il avait obtenu un rendez-vous pour le lendemain.... Oh! cela est bien mal! A Dieu ne plaise que nous tentions d'excuser une pareille légèreté. Seulement, Mesdames, nous vous prions de ne pas oublier que Vénus était bien jeune, qu'elle avait peu d'expérience, qu'on l'avait mariée malgré elle, que son mari était laid, maussade, grand dormeur, et que Mars, en ce moment, était à la guerre.

Le lendemain, selon sa coutume, Vulcain, dès le point du jour, frappait sur son enclume; bientôt les rayons du soleil pénètrent dans l'alcôve de Vénus et réveillent la déesse en se jouant doucement dans sa chevelure. Ce sont les coursiers d'Apollon; ils annoncent l'approche du dieu du jour, qui apparaît bientôt dans toute sa splendeur. Vénus, enlevée dans un tourbillon de lumière, est mollement déposée sur le char du soleil, près d'Apollon, qui, tenant d'une main les rênes de ses ardents coursiers, arrondit un bras sur la taille de la déesse et la presse contre son cœur. Vers le soir, ils arrivèrent à l'île de Rhodes ou *des Roses*, et mirent pied à terre sur un moelleux gazon au milieu d'un bosquet parfumé. La course avait été longue, et tout invitait au repos dans cette retraite délicieuse; ils s'assirent donc sur la mousse, et ils y étaient encore lorsque l'aurore parut : ils avaient eu tant de choses à se dire!

Apollon, non sans regret, quitta le bosquet pour remonter sur son char de lumière; Vénus appela sa planète, qui allait disparaître à l'horizon, et lui ordonna de la transporter au domicile conjugal. Vulcain, en l'apercevant, entra tout d'abord dans une grande colère; mais la nouvelle mariée était déjà beaucoup moins craintive. Les raisons de son absence étaient d'ailleurs fort plausibles : n'avait-elle point des devoirs à remplir? Ne fallait-il pas qu'elle visitât son empire? Et si monsieur passait seize heures chaque jour dans ses forges, madame n'en pouvait-elle passer huit dans ses domaines? Vulcain, quoi qu'il en soit, ne parut pas très satisfait de ces explications; mais comme il n'était pas aussi méchant qu'il voulait en avoir l'air, il ne laissa pas de se calmer assez promptement, et la paix se rétablit dans le ménage.

Cette aventure avait donné à Vénus du goût pour les voyages, et comme Apollon ne pouvait se dispenser de suivre toujours le même chemin, elle ne tarda pas à trouver cet itinéraire un peu monotone. Rien, d'ailleurs, ne pouvait désormais l'empêcher de courir le monde : le premier pas était fait, et celui-là seul est difficile. Adieu donc l'île de Rhodes, ses frais ombrages, ses bosquets de roses et son doux gazon; c'est vers d'autres contrées que va s'égarer la déesse de la beauté : la voici parcourant vallées, forêts, plaines et montagnes. Dire le nombre et l'importance des rencontres qu'elle fit dans ces aventureuses pérégrinations serait difficile et surtout fort long.

Ce fut alors que Vénus fit la connaissance d'Adonis, jeune et beau chasseur, de naissance mystérieuse, ayant le cœur tendre, le regard enflammé, mais fort timide, à cause de son défaut d'expérience. C'était une éducation à faire, et Vénus était maintenant assez savante pour l'entreprendre. Ainsi fit-elle, et les espérances qu'avait données l'élève s'étaient complétement réalisées, lorsque Mars revint dans l'Olympe prendre ses quartiers d'hiver. Parmi les déesses qui l'entourent pour le féliciter, le fier guerrier s'étonne de ne pas voir Vénus ; et voilà que l'on s'empresse à qui mieux mieux de lui raconter les escapades de la dame de ses pensées.

Mars entre dans une fureur inexprimable. Qu'on trompe son mari, à la bonne heure ; mais tromper son amant..... quand cet amant s'appelle Mars ! Vengeance ! vengeance ! guerre à mort à l'audacieux !... Mars ne s'y prit pas à deux fois ; il se changea en sanglier et alla s'offrir aux coups du jeune chasseur ; Adonis le perce d'un trait ; le dieu se retourne aussitôt, et de ses terribles défenses il déchire son jeune rival, dont le dernier soupir est porté à Vénus sur l'aile de Zéphyre. L'amoureuse déesse accourt éperdue, et pour arrêter le sang qui sort des blessures d'Adonis, elle le change en anémone. Elle-même, en accourant, a blessé ses jolis pieds sur les rochers, parmi les ronces ; son sang a teint les roses sauvages, qui de blanches qu'elles étaient doivent garder désormais la tendre couleur de chair que ce sang précieux leur a donnée.

Vénus ne s'en tient pas là; elle se rend aux enfers pour réclamer l'âme de son amant; mais Proserpine, déesse du lieu, s'était déjà tellement attendrie en faveur du jeune infortuné, qu'elle ne pouvait se résoudre à le laisser sortir de l'empire qu'elle partageait avec Pluton. Ce dernier eût été sans doute de meilleure composition sur ce point; on ne le consulta pas, et les deux prétendantes convinrent de s'en rapporter à Thémis, déesse de la justice, laquelle décida qu'Adonis passerait désormais l'hiver près de Proserpine et l'été près de Vénus.

Cette décision mit Vénus au désespoir; le lendemain elle n'y pensait plus : Mars, dans l'intervalle, avait su se faire pardonner.

Ces diverses aventures étaient connues de l'Olympe tout entier; on en riait; les sarcasmes, les épigrammes, tombaient comme grêle : Vulcain seul ne savait absolument rien de tout ce qui se passait, lorsque, par charité, et peut-être un peu par jalousie, Apollon s'avisa de dessiller les yeux de cet infortuné mari. C'est alors que Vulcain fabriqua ces fameux filets dont vous avez sans doute entendu parler, Mesdames, ne fût-ce qu'à cause de l'innombrable quantité de mauvais vers que ce sujet a inspirés aux poëtes, et du cataclysme de croûtes qu'il a fait produire aux peintres. Vulcain, donc, grâce à ses filets, parvint à tromper la surveillance de Gallus, sentinelle qui avait toute la confiance de Mars; du même coup il prit en flagrant délit de criminelle conversation les deux coupables, et il les traîna ainsi devant l'Olympe tout entier, afin qu'il fût bien constaté qu'il était à la fois le plus fortuné des forgerons et le plus sot des maris.

Jupiter, voulant faire cesser le scandale, ordonna à Vulcain de pardonner aux deux pécheurs et de leur rendre la liberté, dont Mars profita pour se réfugier dans les montagnes de la Thrace, tandis que Vénus, très confuse et peu repentante, se retirait dans l'île de Chypre. Sans doute la jolie pécheresse ne se proposait pas de passer un long séjour dans cette retraite; mais à peine y était-elle depuis quelques jours, lorsqu'elle s'aperçut que sa ceinture devenait insuffisante : la déesse se trouvait dans cet état de santé que les Anglais, nos pudibonds voisins, ont imaginé d'appeler *une position intéressante,* position d'où elle ne sortit qu'en donnant naissance à l'Amour.

Que vous dire, Mesdames, de ce jeune dieu, que vous ne sachiez mieux que nous? Jupiter, lui aussi, savait bien à quoi s'en tenir sur l'avenir de ce nouveau membre de la famille divine; aussi commença-t-il par lui interdire l'accès de l'Olympe; mais plus tard le maître du monde, qui lui-même n'était pas exempt de faiblesse, consentit à reconnaître les droits de ce divin enfant : ce fut à l'occasion des noces de Thétis et de Pélée, auxquelles assistaient tous les dieux et toutes les déesses, à l'exception de la Discorde, qui, pour se venger de cet oubli, jeta sur la table, à la fin du repas, une pomme d'or portant cette inscription : *A la plus belle!* Là l'Amour fit connaissance avec l'Hymen ; mais leur liaison fut de courte durée; là aussi Bacchus raconta l'histoire de sa mère Sémélé et de sa maîtresse Ariane. Vénus s'émut à ce récit —Pourquoi?— Bacchus contait si bien!....

Si vous le voulez bien, Mesdames, nous ne ferons point un pas de plus sur ce terrain : pour que les mystères conservent leur charme, il convient de ne pas forcer les portes du temple où on les célèbre.

Vénus, il faut lui rendre cette justice, n'aima jamais son mari ; mais en revanche elle prodigua ses faveurs à un grand nombre d'amants, et elle devint mère d'une foule de charmants enfants, parmi lesquels on remarque particulièrement Cupidon ou l'Amour, l'Hymen, les Ris, les Jeux, les Plaisirs, les Grâces. Cette déesse avait des temples dans le monde entier ; les plus beaux étaient ceux d'Amathonte, de Lesbos, de Paphos, de Gnide et de Cythère ; l'île de Chypre lui était aussi particulièrement consacrée, et dans ces divers lieux on la représentait sur un char traîné par des colombes.

Vénus, si jolie, si gracieuse, si sensible, avait pourtant ses mauvais jours, et, comme les autres dieux, elle aimait parfois à savourer les douceurs de la vengeance. C'est ainsi qu'elle persécuta cruellement la charmante Psyché sous le prétexte que cette belle et timide enfant avait séduit Cupidon et le détournait de ses devoirs.

Menacée par un oracle de devenir la proie d'un monstre terrible, Psyché s'était résignée à son sort ; l'Amour la vit, et au lieu du monstre qu'elle attendait pendant la nuit, ce fut lui qui vint partager sa couche jusqu'alors solitaire. La pauvre enfant eut grand'peur d'abord, car l'obscurité était profonde ; cela dura peu, et elle ne tarda pas à être complétement rassurée : le monstre avait la voix si douce, et il lui avait dit de si jolies choses, qu'elle se mourait d'envie de le voir, ne pouvant croire qu'on pût être laid quand on était si aimable ; mais avant le point du jour ce mystérieux époux avait disparu. Psyché, la nuit suivante, le pria de permettre qu'elle le vît pendant le jour, lui promettant de ne jamais cesser de l'aimer, quelque disgracié de la nature qu'il pût être.

« Douce amie, lui dit l'Amour, renoncez, je vous en conjure, à satisfaire cette fatale curiosité : il en résulterait pour vous de grands chagrins, et pour moi des regrets éternels. »

Psyché eut l'air de se rendre à cette prière ; mais sa curiosité n'en devint que plus vive : elle ne pouvait croire qu'il y eût le moindre danger à voir l'époux près duquel elle se trouvait si heureuse. Enfin, ne pouvant plus résister à la tentation, elle cacha une lampe, puis, la nuit suivante, dès que le cher monstre fut endormi, elle se leva doucement, alla prendre cette lumière, et revint près de la couche nuptiale. Qu'on juge de sa surprise, de sa joie, en reconnaissant qu'au lieu d'un monstre, elle avait pour mari le plus beau des dieux ! Hélas ! cette joie dura peu : l'émotion de la jolie curieuse était telle, elle était si tremblante, que de la lampe, qui vacillait entre ses mains, une goutte brûlante s'échappa et tomba sur le beau dormeur. Réveillé par la douleur, l'Amour étend ses ailes et s'envole pour ne plus revenir.

Vénus ne tarda pas à soupçonner ce qui s'était passé : son fils avait pâli, il était triste ; elle voulut savoir la cause de ce changement, et elle parvint aisément à la découvrir. Aussitôt la soif de la vengeance s'allume dans son sein ; elle jure que la coupable ne saura désormais où reposer sa tête ; Psyché est chargée de fers, battue de verges par les nymphes de la déesse ; et elle succombe enfin au milieu des tourments, après avoir donné le jour à la Volupté, charmante déesse que l'Amour s'empressa d'adopter.

Encore un pas, Mesdames, et nous aurons terminé notre voyage céleste. Nous voici tout près de Minerve, et c'est par cette fille de Jupiter, déesse de la sagesse, que nous devons terminer cette divine revue.

La naissance de cette déesse est des plus merveilleuses : un jour qu'il souffrait d'une violente migraine, Jupiter appela son fils Vulcain et lui ordonna de lui fendre la tête d'un coup de hache. Le remède était violent : en bon fils, Vulcain conseilla à son père d'en choisir un autre ; mais le maître des dieux, se fâchant, fronça le sourcil : l'Olympe trembla, et Vulcain, effrayé, saisit la hache et en déchargea un coup si terrible sur cette tête auguste qu'elle s'ouvrit largement ; aussitôt on en vit sortir une grande et belle guerrière armée de pied en cap.

On aurait mal à la tête à moins ; mais on ne saurait en guérir plus facilement : à peine Jupiter fut-il débarrassé de ce poids incommode, que les deux parties de son crâne se rapprochèrent, et il n'y parut plus.

Il fallait doter cette nouvelle venue : le père des dieux la fit déesse de la sagesse et de la guerre. Cela, direz-vous, implique contradiction, rien plus que la guerre n'étant opposé à la sagesse ; mais le coup porté par Vulcain avait été assez rude pour que Jupiter en demeurât quelque peu étourdi. Quand il eut recouvré tout son calme, il tâcha de régulariser un peu les choses en décrétant que cette nouvelle habitante de l'Olympe serait une déesse en deux personnes; que comme déesse de la guerre, elle s'appellerait Pallas, et Minerve comme déesse de la sagesse. Ainsi que nous l'avons déjà remarqué, c'était surtout en ce temps-là qu'il y avait avec le ciel toutes sortes de faciles accommodements.

Les actes de Minerve se ressentirent souvent de ses attributions si différentes; ainsi, elle prit les arts sous sa protection; elle inventa l'écriture, la broderie, la peinture, ce qui est très louable, sans doute; mais elle changea en araignée Arachné habile ouvrière, pour la punir d'avoir tenté de l'égaler, ce qui annonce un esprit peu judicieux. Elle ne fut pas plus juste envers Méduse, une des trois Gorgones, qui régnait dans les îles Gorgades. Méduse, qui était la plus belle de ces trois sœurs, avait inspiré à Neptune une violente passion; pour se soustraire aux poursuites de ce dieu, elle se réfugia un jour dans le temple de Minerve. Neptune l'y poursuivit. Minerve outragée eût pu et dû punir le coupable; ce fut contre l'innocente que sa fureur se tourna : elle changea les cheveux de Méduse en serpents, et elle fit à sa tête le funeste don de changer en pierres tous ceux qui la regarderaient.

Nous nous en rapportons à vous, Mesdames, du soin de qualifier ce procédé, ne voulant pas médire de la Sagesse au moment de quitter le ciel. L'aspect de la terrible déesse suffirait d'ailleurs pour nous rendre circonspect, et cet air martial, ce casque, cette cuirasse, cette lance, ce bouclier, sur lequel est peinte la tête de Méduse, tout cet attirail de guerre est trop peu séduisant pour que nous cherchions à vous retenir sur ce point. Le ciel grec est brillant, sans doute, mais la terre a son prix : le printemps commence, l'herbe est fraîche, les bois sont touffus et les prés fleuris. Là sont d'autres divinités moins fières, moins redoutables, près desquelles le repos vous sera doux. Partons donc : on respire mal ici, et l'air natal est une si délicieuse chose !

ÉPILOGUE.

Divinités de la terre, des mers et des enfers.

Nous vous avions annoncé un voyage au ciel des Grecs; donc, à la rigueur, Mesdames, notre tâche serait terminée, puisque nous avons visité toutes les divinités célestes de cette mythologie; mais, comme nous le disions en terminant, les Grecs avaient d'autres divinités encore, telles que celles de la terre, des mers et des enfers, et nous croyons devoir vous en dire quelque chose, car, d'après un adage des plus respectables, on ne sait pas ce qui peut arriver, et il est bon d'avoir, sinon des amis, au moins des connaissances partout. Commençons par celles de la terre, puisque nous y voici.

De toutes les divinités terrestres, Cérès est la plus importante à cause de sa naissance d'abord, puisqu'elle est fille de Saturne et de Cybèle, avec laquelle on la confond souvent ; ensuite parce qu'elle préside aux moissons. Viennent après elle Vertumne et Pomone, dieu et déesse de l'automne et des fruits. Flore, déesse des fleurs, tient le troisième rang ; Zéphyre, son époux, trône auprès d'elle. Comus et Momus marchent de compagnie : le premier préside aux festins ; l'autre est un rieur spirituel qui a été chassé du ciel pour avoir dit leur fait un peu trop sans façons aux habitants du lieu ; aujourd'hui il fait des ponts-neufs et des vaudevilles : il a bien dégénéré.

Voyez-vous maintenant ces deux sombres personnages vêtus de longues robes noires parsemées d'étoiles ? C'est la déesse de la nuit qu'accompagne son mari Érèbe ; leur fils, Morphée, dieu du sommeil, les suit ; les Songes sont groupés autour de lui, et toujours prêts à obéir à ses ordres. Deux portes leur sont ouvertes pour se rendre près des hommes : une porte d'ivoire, par laquelle passent les plus agréables, les mieux tournés ; et une porte d'ébène, destinée aux porteurs de mauvaises nouvelles et de lugubres visions ; un doigt sur la bouche, le dieu du silence leur sert de guide et d'introducteur.

Voici, un peu plus loin, dame Thémis, déesse de la justice ; fille du Ciel et de la Terre, elle a eu de Jupiter la Loi et la Paix, deux enfants quelque peu adultérins ; mais ce n'est pas sa faute, la pauvre dame étant condamnée à porter éternellement un bandeau sur les yeux, chose d'autant plus dangereuse que d'une main elle tient une épée avec laquelle elle frappe à tort et à travers, et de l'autre des balances qui trébuchent trop souvent.

MUSES ET FÉES

LES NYMPHES

Laissons passer, je vous prie, la Renommée avec ses cent voix et ses deux trompettes, et admirez cette autre belle aveugle emportée sur une roue qui tourne sans cesse, et qui tient dans ses bras une corne d'abondance ; c'est Plutus, ou la Fortune : si vous parvenez à vous tenir sur son chemin, elle vous enrichira... à moins qu'elle ne vous écrase ; dans tous les cas, c'est votre affaire ; cela ne la regarde pas.

Passons, passons; évitons Némésis, déesse de la Vengeance, l'Envie et la Discorde. C'est cette dernière, vous vous en souvenez sans doute, qui, aux noces de Thétis et de Pélée, jeta sur la table du festin une pomme d'or sur laquelle étaient écrits ces mots : *A la plus belle!* Junon, Pallas et Vénus se disputèrent ce prix ; Pâris fut pris pour juge ; il adjugea la pomme à Vénus. Pallas s'en consola ; mais Junon persécuta sans relâche le juge infortuné, et la ruine de Troie fut le résultat de cette querelle.

Les divinités champêtres méritent plus d'égards. Voici d'abord Pan, le dieu des bergers, l'aimable joueur de flûte ; puis les Faunes, les Sylvains, les Satyres, tous pauvres petits dieux de joyeuse humeur, qui ne songent qu'à plaire aux Naïades, nymphes des fleuves, des rivières et des fontaines ; aux Dryades, nymphes des champs ; aux Hamadryades, nymphes des forêts ; aux Napées, nymphes des bocages, et aux Oréades, nymphes des montagnes. Une des plus remarquables de ces nymphes est Écho, fille de l'air, qui se plaît à répéter les sons qu'elle entend ; elle aima le beau Narcisse ; mais le fat n'était épris que de son propre mérite. Écho sécha de douleur, et Narcisse fut métamorphosé en une fleur qui porte son nom.

Les divinités de la mer ne sont pas moins nombreuses que celles de la terre. A leur tête se trouvent placés Neptune et Amphitrite ; leur char est traîné sur les eaux par des chevaux marins ; Neptune est armé d'un trident, qui est pour l'empire des mers ce que la foudre est au ciel pour Jupiter. L'Océan, les Tritons, les Harpies, sont les enfants de ces dieux puissants. L'Océan épousa Téthys, fille du Ciel et de la Terre, dont il eut Nérée et Doris, qui se marièrent ensemble et eurent de cette union incestueuse les Néréides ou nymphes de la mer, dont le nombre est immense. L'Océan eut encore un autre fils, nommé Protée, qui fut chargé de la garde des troupeaux de Neptune, et acquit une grande capacité dans l'art de prédire l'avenir.

Les autres divinités maritimes sont Éole, dieu des vents, Glaucus, dieu des pêcheurs, les Alcyons et les Sirènes.

Enfin, nous voici aux enfers ! N'ayez pas peur, Mesdames ; nous avons donné au chien à trois têtes, Cerbère, le gardien de ces sombres domaines, une pâture suffisante, et là comme ailleurs les portes s'ouvrent facilement quand on a convenablement graissé le marteau.

Pluton est le souverain de ce ténébreux empire, entouré de cinq fleuves : le Styx, le Cocyte, l'Achéron, le Léthé et le Phlégéthon. Le Styx seul fait sept fois le tour des enfers ; mais les barques abondent, et devant une bourse qui s'ouvre à propos, les difficultés disparaissent.

Un mot d'abord des maîtres de céans : Pluton, fils de Saturne et de Cybèle, était horriblement laid : dès qu'il eut l'âge de raison, il se rendit justice, et sollicita la faveur de ne pas être exposé plus longtemps à la lumière du jour; on fit droit à sa requête en lui donnant l'empire des enfers. Peu de temps après, le sombre dieu voulut se donner une compagne : il était laid, c'est vrai; mais il était plus brutal encore, ce qui était une sorte de compensation. Proserpine, fille de Cérès, lui plut, il l'enleva. L'infortunée jeta de grands cris, elle appela sa mère; mais quand Cérès arriva, elle avait changé d'avis : Pluton, à ce qu'il paraît, possédait des mérites cachés qu'elle avait pu reconnaître, et elle ne voulut plus le quitter.

L'empire de Pluton est divisé en deux parties bien distinctes : la première est l'Élysée, séjour des hommes vertueux, dont les âmes jouissent, sous de frais ombrages, d'un bonheur éternel.

L'autre partie est le Ténare ou Tartare, lieu destiné aux supplices des damnés. C'est là qu'Ixion, roi des Lapithes, est enchaîné avec des serpents à une roue qui tourne sans cesse, pour avoir tenté de se faire aimer de Junon;

Que Tityus, pour avoir insulté Latone, a les entrailles incessamment dévorées par un vautour;

Que les cinquante Danaïdes, filles de Danaüs, doivent travailler éternellement et sans relâche à remplir un tonneau percé, en punition du meurtre de leurs maris;

Que Sisyphe, fils d'Éole, transporte sur le haut d'une montagne un rocher qui retombe sans cesse;

Que Tantale, qui a fait manger aux dieux les membres de son fils Pélops, souffre d'une faim et d'une soif perpétuelles, surexcitées par une eau limpide et des fruits superbes qui passent près de ses lèvres sans qu'il puisse jamais les saisir.

C'est là enfin que les méchants, en proie aux Furies et aux Euménides, doivent endurer pendant l'éternité les tortures les plus affreuses.

Les âmes ou les ombres, ou les mânes, à leur arrivée dans les enfers, doivent être nécessairement jugées, afin que l'on sache où les placer; voici comment les choses se passent : arrivées au bord de l'Achéron, les ombres sont reçues par Caron, moyennant une obole chacune, dans une barque qui les conduit dans l'empire de Pluton. Dès qu'elles sont débarquées, elles comparaissent devant trois juges inflexibles, Minos, Éaque et Rhadamanthe, qui prononcent sur leur sort après leur avoir demandé compte de tous les actes de leur vie, et les envoient, soit dans les Champs-Élysées, séjour des justes, soit dans le Tartare, où elles doivent demeurer éternellement, ou seulement pendant un temps plus ou moins long, selon la gravité de leurs fautes.

C'est aussi aux enfers que les trois parques, Clotho, Lachésis et Atropos, filent sans relâche la trame de la vie des hommes : Clotho tient la quenouille, Lachésis tourne le fuseau, et Atropos coupe le fil avec des ciseaux.

Ne nous arrêtons pas davantage, Mesdames, près de ces impitoyables travailleuses, et hâtons-nous de sortir de ce lugubre empire : la tristesse est contagieuse encore plus que la joie, et il nous semble voir vos fronts purs se rembrunir. Peut-être aussi la fatigue est-elle en cela pour quelque chose.

Il nous reste pourtant à vous dire un mot des dieux domestiques, les Pénates et les Lares : les uns présidaient aux royaumes, aux provinces, d'autres aux grands chemins, aux villes, aux rues, aux maisons; aux plus favorisés était confiée la garde des boudoirs. Que de curieux mémoires auraient pu faire ces dieux-là, autrefois!.... Nous disons *autrefois*, car aujourd'hui les boudoirs sont percés à jour; le mystère est démonétisé, et l'on est en train de faire table rase de toutes ces délicatesses de sentiment et de langage qui faisaient de nos pères des créatures d'élite, vivant plus par l'intelligence et la pensée que par la matière....

C'est du progrès, sans doute; on le dit, je le crois; il n'y a qu'une chose au monde digne de l'attention de l'homme, c'est la réalité : il nous faut du réel, du vrai, du palpable. La raison est là, une, immuable, invincible....

Hélas oui! c'est au cerveau que l'on demande aujourd'hui toutes les satisfactions intellectuelles; quant au cœur, on le comprime, on l'atrophie.... Quelle figure ferait, en effet, ce pauvre niais qui ne sait pas compter dans ce monde tout arithmétique?.... Pardonnez-lui, Mesdames, et continuez à lui donner asile, afin qu'il ne se fourvoie point.

Nous pourrions encore vous parler des demi-dieux ou héros tels que Hercule, Thésée, Castor et Pollux, Jason, Bellérophon et une centaine d'autres du même calibre; mais les héros sont depuis si longtemps passés de mode!... Et puis l'histoire de ces gens-là court les rues, et c'est du ciel seulement que nous avions promis de vous entretenir. Mais il est si facile de se laisser entraîner sur cette pente, le chemin est à la fois si glissant et si fleuri, que vous nous pardonnerez, Mesdames, d'avoir quelquefois dépassé le programme : *qui peut le plus peut le moins* ; c'est un axiome que nous livrons à votre méditation.

FIN DE LA MYTHOLOGIE DES GRECS.

TROIS DIEUX A TABLE D'HOTE

Il y avait un grand nombre de convives, ce jour-là, à la table d'hôte de l'hôtel d'Orient, à Beaucaire. L'époque de la célèbre foire de cette ville approchait, et chaque jour il y arrivait des voyageurs des cinq parties du monde.

Comme presque toujours, la politique fit les frais de la conversation. C'est là un sujet rebattu, maussade, ennuyeux, assurément; mais la matière est commode, élastique; elle se contracte et dilate avec une merveilleuse facilité; elle prend toutes les formes et toutes les couleurs, et si les gens d'esprit hésitent à l'aborder, par compensation les sots en tirent presque toujours un grand parti; et puis, après tout, si des chaleureuses discussions qu'elle amène il ne résulte toujours qu'une certaine quantité de paroles perdues, c'est là, Dieu merci! une monnaie dont on n'est pas avare dans notre beau pays de France.

On avait surtout parlé des vieilles monarchies, des rois sans couronnes et des trônes sans rois; une effroyable quantité de lieux communs, de platitudes de tout âge, d'âneries de tous les régimes, était restée sur le terrain; cela ne commença à s'apaiser que lorsque les assiettes de dessert furent vides. Alors le champ de bataille se dépeupla rapidement; bientôt il n'y resta plus que trois des convives, retenus par les charmes d'un supplément de champagne; cependant la conversation continuait. La parole était en ce moment à un personnage dont le teint bistre trahissait l'origine orientale. C'était un homme de haute taille; il semblait mal à l'aise dans les vêtements européens qu'il portait : sa voix était grave, son geste plein de dignité.

« En vérité, Messieurs, disait-il, les partisans des rois de l'Europe me font pitié, lorsque je les entends vanter l'antique origine de ces princes. Tout à l'heure encore, on parlait avec emphase d'une monarchie de quatorze siècles; ne voilà-t-il pas, en effet, quelque chose de bien merveilleux, quand il n'est pas un petit prince de l'Indoustan qui ne puisse nommer tous ses aïeux en remontant au moins jusqu'à cinq mille ans! Moi-même, Messieurs, je descends en ligne directe de Vichnou, le dieu tout-puissant, le conservateur du monde. »

Ces paroles parurent causer une bien grande surprise aux deux autres personnages; leurs regards s'animèrent, leurs sourcils se froncèrent. L'Indien s'aperçut bien de leur émotion, mais il n'en montra pas moins de calme, et il reprit ·

« Je comprends votre surprise, Messieurs, et vos doutes ne m'offensent point : le malheur m'a rendu tolérant. En outre, si vous avez quelque loisir, je vous dirai ma généalogie, et vous verrez que rien n'est plus clair et plus précis. »

Les deux auditeurs ayant rempli leurs verres en signe d'assentiment, l'orateur se recueillit un instant, puis, reprenant la parole, il dit :

I

MYTHOLOGIE DES HINDOUX.

« Au commencement, il n'y avait point de monde; Brahm, le dieu primitif et éternel, remplissait l'immensité. Il n'y avait rien que Dieu, mais Dieu était tout, et tout pouvait naître de sa substance.

« Un jour que Brahm s'ennuyait d'être seul, il créa pour se distraire la déesse Bhavani. Son intention était probablement de s'en tenir là, cette compagne ayant nécessairement toutes les qualités qui pouvaient rendre sa société agréable; mais Bhavani avait les passions vives; joyeuse de se sentir vivre, elle se mit à danser avec tant d'ardeur, que trois œufs d'or s'échappèrent de son sein et allèrent rouler dans l'immensité.

« Je prends les choses d'un peu haut, comme vous voyez, Messieurs ; mais les dieux des Indiens vous étant probablement inconnus, ces préliminaires sont indispensables pour l'intelligence de ce qui va suivre.

— Si vous avez la prétention de rendre cela intelligible, interrompit un des deux autres personnages, grand blond taillé en Hercule, je puis vous prédire dès à présent que vous n'y réussirez point. Comment voulez-vous que l'on croie à la divinité d'une péronnelle qui pond en dansant comme une pie de bonne humeur ? Quel homme de bons sens pourrait ajouter foi à ces balivernes?

— Monsieur, répliqua l'Indien dont le regard devint étincelant, je vous prie de ne pas oublier que ce que vous osez appeler balivernes est la religion de tous les peuples de l'Hindoustan, c'est-à-dire de plus de cent cinquante millions d'hommes. Vous saurez, en outre, que le calcul chronologique de ces peuples remonte à trois mille cent un ans avant la naissance du Dieu des chrétiens, et que les savants de ce pays étaient, il y a quatre mille ans, aussi avancés dans les connaissances astronomiques qu'on l'est aujourd'hui en Europe. Certes, on peut sans rougir confesser des croyances si solidement établies. Au reste, je ne prétends pas vous convertir, mais seulement vous démontrer que les plus vieilles races de rois européens ne datent que d'hier en comparaison de quelques-unes de celles des souverains du pays où je suis né, et particulièrement de la mienne.

— Cela est juste, dit le troisième personnage. Ce n'est pas que je partage les croyances dont vous parlez, et j'ai pour les repousser d'excellentes raisons, comme vous le verrez plus tard; mais je pense que, pour réfuter les gens, il faut les entendre. Je vous prie donc de continuer votre intéressant récit : un joli conte a bien son mérite. »

Ces dernières paroles n'étaient pas de nature à plaire à l'Indien; mais comme il était au fond homme de savoir-vivre et dieu de bonne composition, et qu'en outre il était bien aise d'étaler un peu sa généalogie, il reprit sa narration en ces termes :

« Après avoir flotté dans l'espace pendant une année entière, les trois œufs de Bhavani se brisèrent, et de chacun d'eux sortit un dieu, savoir : Brahmâ, Vichnou et Siva. La coquille de l'œuf d'où venait de sortir Brahmâ s'étant divisée en deux parties égales, ce dieu fit d'une des deux le ciel et de l'autre la terre. L'ouvrage était parfait, mais il manquait d'ornements, et Brahmâ avait trop de goût pour ne pas s'en apercevoir et trop de puissance pour n'y pas remédier : il créa donc les astres, l'air, les vents, la foudre et tout ce qui constitue l'atmosphère terrestre; puis d'un souffle il fit sortir de la terre les plantes, les arbres et les animaux.

« Le dieu aurait pu se reposer; mais à la vue des merveilles qu'il venait de tirer du néant, il sentit le besoin d'être admiré et d'entendre chanter ses louanges. Et en effet, je vous prie, à quoi nous servirait, à nous autres dieux ou rois, d'être grands et glorieux s'il n'y avait personne ici-bas pour admirer et chanter la grandeur et la gloire? Notre existence serait évidemment d'une monotonie insupportable. La création n'en pouvait donc rester là, et Brahmâ, se frappant le front, en fit sortir un homme auquel il donna le nom de Brahman. A cet homme il remit les livres sacrés (Védas), où sont libellées en style divin les vérités éternelles qui devaient être répandues sur la terre par Brahman et ses descendants. Brahman était donc le prêtre, l'apôtre par excellence. *Le prêtre vit de l'autel*, dit-on dans ce pays-ci ; à la bonne heure, mais il a besoin d'un peu d'aide pour qu'il en soit ainsi. Brahmâ, voulant que le prêtre fût convenablement entouré, se frappa le bras droit et en fit sortir un guerrier; puis de sa cuisse il tira un troisième homme destiné au commerce et à l'agriculture ; enfin de son pied sortit un quatrième homme qui devait être le premier père des artisans.

« Telle est, Messieurs, l'origine des quatre castes ou classes dont se compose le peuple de l'Inde : car les parias, que vos savants croient être une cinquième caste, ne sont autre chose que le rebut des quatre réellement créées par Brahmâ.

« Le dieu, alors dans toute sa gloire, se mit à contempler son ouvrage avec orgueil, et vous conviendrez qu'on pourrait être orgueilleux à moins ; malheureusement il est bien difficile d'approcher les lèvres de cette coupe sans s'enivrer : ce fut ce qui arriva à Brahmâ, et il commit en cet état des fautes si graves, que Brahm le chassa du ciel et le précipita sur la terre sous la forme d'un corbeau.

« Pour charmer les ennuis de l'exil, le corbeau se fit poëte, puis il prit la forme humaine et se classa parmi les parias sous le nom de Valmiki. Cet acte d'humilité devait avoir des résultats funestes; cédant au besoin de s'étourdir et entraîné par son impétuosité originelle, Brahmâ se livra de nouveau à des violences de toute espèce. J'en suis fâché pour lui et pour moi; mais la vérité historique m'oblige à le dire, ce fut alors un affreux brigand, ne respectant rien et violant toutes les lois divines et humaines. A le voir se livrer à tant d'épouvantables désordres, on eût cru qu'il se repentait d'avoir organisé le monde et voulait le faire rentrer dans le néant. Ce n'était pourtant pas son intention; seulement il avait voulu voir par lui-même jusqu'où peut aller la perversité humaine, et les dieux ne faisant rien à demi, il était bientôt arrivé aux dernières limites du crime.

« L'expérience faite, Brahmâ comprit qu'il avait eu tort de tant s'enorgueillir du chef-d'œuvre nommé homme par lequel il avait terminé la création; il convint que ce chef-d'œuvre était un fort méchant animal qui avait grand besoin de quelques modifications pour être supportable. C'est pourquoi, voulant prêcher d'exemple, de brigand qu'il était, il devint pénitent austère. Ce fut alors qu'il commenta les livres sacrés qu'il avait composés au moment de la création; puis, comme il avait toujours eu beaucoup de goût pour la poésie, il composa le grand poëme du Ramaïana, et dans les siècles suivants il écrivit successivement toutes les plus grandes épopées de l'Inde et plusieurs poëmes dramatiques inimitables qu'il publia sous les pseudonymes de Viaça Mouni et de Kalidaça, ce qui lui mérita enfin d'être rappelé sur le mont Mérou, séjour habituel des Dieux.

« Pendant que Brahmâ s'efforçait ainsi de faire oublier ses

torts, le dieu Vichnou, sorti du deuxième œuf de Bhavani, supportait à lui seul tout le poids de l'administration du monde, tâche d'autant plus pénible que le dieu du mal, Siva, sorti du troisième œuf, lui faisait une guerre acharnée et mettait tout en œuvre pour assurer le triomphe de l'enfer, dont il était maître absolu. Vichnou, Messieurs, est le conservateur du monde, et...

— Et les bouteilles sont vides, interrompit le grand blond; ce qui, l'histoire dont vous nous régalez étant singulièrement épicée, me met dans la nécessité de faire un appel au sommelier de notre hôte... Garçon, frappez trois bouteilles. »

Le vin servi, le dieu et ses interlocuteurs trinquèrent comme de braves gens, car ils étaient bons diables au fond.

« Messieurs, dit ensuite le troisième personnage dont nous avons parlé, et qui était Persan, ce n'est pas sans chagrin, je l'avoue, que j'entends parler aujourd'hui de tant de dieux que je ne connaissais pas; mais je me console en pensant que le ciel est grand.

— Grand! grand! grand! dit l'Indien.

— Grand comme le crâne de mon père! cria d'une voix de tonnerre le convive blond, qui était Norwégien.

— Messieurs, reprit l'Indien, je ne suis pas au bout de mon histoire.

— Je le crois bien, dit le Norwégien, puisque vous ne nous avez encore parlé que du commencement du monde. Mais ne vous gênez pas, nous aurons notre tour.

— Et nous en userons, ajouta le Persan.

— Tant que vous voudrez en ce qui me concerne, répliqua l'Indien : car, ainsi que j'ai eu l'honneur de vous le dire en commençant, le malheur m'a rendu très tolérant. Je continue donc :

« Siva ayant compris que tant que les Védas, livres des vérités éternelles, subsisteraient, il ne pourrait en venir à ses fins, s'allia à un géant prodigieux nommé Rakchaça Haïagriva, lequel, à son instigation, vola les Védas. Privée de cette source de lumière, la terre, dès lors, était exposée à tomber dans une affreuse barbarie. Vichnou, pour éviter ce malheur, se mit à la poursuite du géant ; déjà, à plusieurs reprises, il avait parcouru la terre entière sans pouvoir le rencontrer, lorsque l'idée lui vint que peut-être ce redoutable voleur se tenait caché sous les eaux de la mer. Prenant aussitôt la forme d'un énorme poisson, il se précipite dans les flots, découvre la retraite du larron, le tue, et revient triomphant avec les livres sacrés.

« Pendant que cela se passait, les autres Dieux, pour occuper leurs loisirs, inventaient un breuvage qui donnait l'immortalité à quiconque en avalait seulement quelques gouttes. Instruite de ce fait par le méchant dieu Siva, la race des géants qui, depuis le commencement du monde, était, malgré quelques échecs, restée en bonne position, songea à en profiter. Nous sommes grands et forts, se dirent ces mauvais génies ; si nos pieds touchent la terre, il nous suffit d'élever les bras pour atteindre au ciel : l'immortalité seule nous manquait ; buvons.

— Bravo ! interrompit le Norwégien ; ces gens-là avaient de bonnes idées : buvons. »

Ces paroles furent suivies d'un léger cliquetis, d'un court silence, après quoi l'Indien continua :

« Les géants, quand ils furent ivres, ne doutèrent plus de rien et commencèrent la guerre contre les Dieux. Il y eut des combats terribles qui firent trembler le ciel et la terre : les Dieux se défendaient de leur mieux ; mais les géants étaient infatigables depuis qu'ils s'étaient rendus immortels ; réunissant leurs efforts, ils parvinrent à renverser le mont Mérou dans la mer. Une horrible catastrophe était imminente ; déjà le néant ouvrait sa large bouche pour tout engloutir, quand tout à coup Vichnou, prenant la forme d'une tortue colossale, mit le monde sur son dos et le maintint en équilibre.

— Mais, interrompit le Persan, sur quoi donc la tortue était-elle portée ?

— Si je vous le disais, répondit sans hésiter l'Indien, vous pourriez me demander quel troisième appui avait le second, quel quatrième avait le troisième, etc., cela irait jusqu'à l'infini... Messieurs, comprenez-vous l'infini ? »

Les deux autres se regardèrent sans répondre, et l'histoire de la tortue leur parut moins incroyable Le narrateur s'en aperçut et il reprit son récit.

« Afin que le breuvage divin n'amenât point d'autres maux, Vichnou s'en empara et le jeta dans la mer ; les eaux se trouvèrent alors métamorphosées en une immense plaine de lait d'où sortirent un cheval à trois têtes et un éléphant blanc à trois trompes, signes de la puissance du dieu conservateur.

« Toutefois il s'en fallait que les géants, soutenus par Siva, fussent réduits à l'impuissance; ils étaient encore si forts, au contraire, que l'un d'eux, ayant roulé la terre sous ses doigts comme le vent aurait fait d'une feuille sèche, l'emportait dans les profondeurs de l'enfer, lorsqu'il fut attaqué par un énorme sanglier qui lui arracha sa proie. Ce sanglier vainqueur, c'était encore Vichnou, qui, à peine cette victoire remportée, n'eut que le temps de se changer en lion pour triompher d'un autre géant qui prêchait la désobéissance aux Dieux, qu'il disait n'avoir jamais existé.

— Eh! fit le Persan, si c'était son opinion?

— Messieurs, répondit l'Indien de sa voix grave et solennelle, nous sommes dans un pays où l'on se prosterne devant la puissance des faits accomplis; or Vichnou, devenu lion, déchira en mille pièces le géant en question, qui s'appelait Hiranya. Puisqu'il fut vainqueur, vous voyez bien qu'il avait raison. »

Il n'y avait rien à objecter à cela : ce qui est, cela est positif, irrécusable; ce qui n'est pas pourra-t-il être? Ici, nous entrons dans le système problématique, et quand on est entré là-dedans, on n'en sort plus.

« Voyant qu'ils ne pouvaient rien obtenir par la force, les géants changèrent de batteries, et ils eurent recours aux négociations diplomatiques. Là, on le comprend, Siva, le dieu du mal, était sur son terrain. Il fit si bien, montra un visage si honnête, si candide, alors qu'il éprouvait de violentes contrariétés en autre lieu, qu'il obtint par traité en bonne forme, pour son protégé le géant Mahabali, la souveraineté des trois mondes : le ciel, la terre et l'enfer.

« Vous pensez bien, Messieurs, que Vichnou était absolument étranger à ce traité; malheureusement, il n'avait pas une puissance assez grande pour en empêcher l'exécution, et la tyrannie de Mahabali devint bientôt si insupportable, que les Dieux au désespoir s'étaient rassemblés pour chercher dans le traité des moyens de nullité. Hélas! il n'y en avait point!

« Dans ces circonstances difficiles, Vichnou ne se laissa point abattre : on l'accablait par la ruse, c'est par la ruse qu'il voulut se défendre. En conséquence, lui, si grand d'esprit, se fit petit de corps, et, sous le nom de Vamana, il prit la forme d'un noir de l'espèce la plus infime, puis il se présenta au géant Mahabali, et du ton d'un infortuné qui n'a ni feu ni lieu, il le pria, lui possesseur des trois mondes, de lui accorder seulement trois pas de terrain, afin que désormais il eût où reposer sa tête.

« — Est-ce l'étendue de trois de tes pas que tu demandes? pauvre ciron, dit le colosse.

« — Oui, Monseigneur, rien de plus.

« — Par Siva! je te les donne, » reprit le géant en éclatant de rire.

« Vichnou, lui, ne riait pas; mais ayant pris subitement les immenses proportions d'un dieu de premier ordre, il fit un pas qui embrassa toute la terre, puis d'un second il mesura toute l'étendue du ciel. D'un troisième pas, il allait dépasser l'enfer, lorsque le géant, voyant qu'il ne lui resterait rien, se jeta à ses genoux en le conjurant de lui laisser au moins cette dernière partie. Vichnou y consentit, et la paix fut faite.

« Cependant les choses de la terre allaient mal : les hommes se livraient au plaisir, à la rapine, à la guerre, et ils négligeaient l'agriculture, qui devait être leur planche de salut. Vichnou, voulant faire changer cet état de choses, vint habiter la terre sous le nom de Rama, afin de donner par son exemple l'impulsion au travail. Mais en prenant de nouveau la forme humaine, il avait dû se soumettre aux passions de l'humanité, et la belle Sita dont il s'éprit devint sa femme. Il ignorait probablement, l'infortuné dieu, qu'une jolie femme est un trésor mille fois plus difficile à garder que tous ceux dont jusqu'alors il avait avec succès disputé la possession à Siva. L'illusion, si c'en était une, devait être de courte durée. Les géants, ainsi que nous venons de le dire, étaient restés maîtres de l'enfer, et ils avaient, selon toutes les probabilités, conservé des intelligences dans le camp féminin. Profitant inopinément de ces avantages, le géant Lanka enleva la belle Sita, non qu'il en fût très amoureux, mais parce que le mari lui déplaisait; et voilà comment les femmes, trop souvent, se trouvent être responsables des torts de leurs maris.

« Vichnou, à cette époque, n'était peut-être plus amoureux de sa femme, c'est assez l'usage des grands; mais c'était un personnage de trop haute lignée pour ne pas savoir que *mariage oblige*. Le dieu était marié, et c'est là un caractère indélébile : il comprit sa position et fit appel à ses pairs, qui ne bougèrent point, par la raison qu'ils avaient assez à faire chacun chez soi.

« Vichnou-Rama était au désespoir, comme tous les maris

qui se trouvent dans ce cas, attendu que cela donne une certaine tenue; mais il ne s'en tint pas là, et, faute de mieux, il assembla deux armées, une de singes, une d'ours, avec lesquelles il se mit à la poursuite du ravisseur.

« Les morts vont vite, dit une ballade allemande; cela est vrai : les dieux vont plus vite encore. Vichnou-Rama le prouva bien en faisant le tour du monde à la tête de ses singes et de ses ours, sans que les montagnes, les fleuves, les mers qu'il trouvait sur son passage pussent diminuer la rapidité de sa course. Lanka, de son côté, fuyait avec l'agilité d'un lièvre, emportant toujours la belle Sita sans que ce fardeau ralentit sa marche, tant la dame était légère. Forcé de s'arrêter aux confins du monde, il voulut tenter le sort des armes, et rassemblant à la hâte ses amis, il osa livrer bataille à Vichnou. Il fut vaincu; cela devait être, et il est probable qu'il n'en fut pas trop fâché. Sita lui avait déjà coûté fort cher, et il commençait à penser qu'une femme a toujours tort de quitter son mari. L'histoire ne dit pas si la belle Sita était de cet avis; mais il est constant qu'elle se soumit avec joie aux lois du vainqueur : le vaincu était ruiné.

« Vichnou, après ce dernier exploit, se reposa longtemps, et ce fut un malheur, car Siva, le dieu du mal, ne se repose jamais, et il profita de cette imprudence pour travailler à détruire tout le bien que son adversaire avait fait. La pureté des mœurs s'altéra de nouveau sur la terre ; la religion fut négligée; on recommença à violer les lois les plus sages : l'humanité tout entière reprenait ainsi le chemin des enfers, lorsque enfin

Vichnou, sortant de son long sommeil, prit de nouveau la forme humaine, et, sous le nom de Bouddha, il se mit à parcourir le monde pour réparer autant que possible le mal causé par sa trop longue absence.

« Afin de bien connaître la situation des choses, il voyageait incognito et usait d'une foule d'expédients pour pénétrer partout. Un jour qu'il rôdait dans les environs du palais de Topobea, rajah de Dahouli, il aperçut un jeune homme richement vêtu qui semblait être en proie au plus violent désespoir.

« — Mon ami, lui dit Bouddha, quel malheur vous est donc arrivé?

« — Un malheur affreux auquel je ne survivrai pas.

« — Bien! réplique le dieu; à ce langage il est facile de reconnaître un amoureux : ces sortes de gens ne sauraient supporter la moindre contrariété sans parler tout d'abord de mourir; mais, l'accès passé, ils ne s'en portent pas plus mal. Voyons, si vous voulez être sincère et me raconter l'aventure qui vous désespère si fort, je promets de faire cesser votre douleur sans que vous soyez obligé, pour obtenir ce résultat, de vous briser la tête contre les murs, comme vous paraissiez disposé à le faire tout à l'heure.

« — Oh! fit le jeune affligé en regardant dédaigneusement Bouddha, il faudrait être plus puissant que vous ne l'êtes pour faire cesser la cause de mon chagrin.

« — Jeune homme, dit sévèrement Bouddha, la sagesse est la plus grande des puissances : le sage est plus près de Dieu que le fort. Ayez foi en mes paroles, et vous vous en trouverez bien. »

« Le jeune homme, malgré son désespoir, commença à croire qu'il avait affaire à un personnage plus qu'ordinaire, et après s'être dit qu'il aurait toujours le temps de se tuer, il raconta à Bouddha le sujet de son affliction.

« — Je suis, dit-il, un des officiers du rajah de Topobea. J'ai été élevé dans ce palais que vous voyez ; le prince m'avait pris en amitié, et tout le monde me croyait appelé à une haute fortune. Un jour que je me promenais dans les jardins du palais, j'aperçus, à travers un massif de feuillage qui me séparait des bosquets réservés, une jeune fille d'une taille enchanteresse, d'une figure divine, qui souriait avec une naïveté charmante en se mirant dans les eaux limpides d'un bassin de marbre : c'était la princesse Vazeli, fille unique du rajah. J'étais demeuré muet et immobile d'admiration, lorsque la princesse, qui venait de m'apercevoir à son tour, poussa un cri de surprise et voulut fuir ; mais dans le mouvement rapide qu'elle fit, un de ses pieds glissa sur le marbre, et elle tomba dans le bassin, qui est extrêmement profond. Il n'y avait pas à hésiter : d'un bond, je m'élance jusqu'au bassin ; je me précipite dans l'eau, et j'ai le bonheur de sauver cette divine beauté, dont l'image devait rester éternellement gravée dans mon cœur.

« Vazeli s'était évanouie ; je la déposai sur le gazon, où, grâce aux soins que je lui prodiguai, j'eus le bonheur de lui voir ouvrir les yeux. J'étais à genoux, tenant une de ses jolies mains dans les miennes. Cette fois, ma vue ne parut pas l'effrayer; elle se leva doucement sans retirer sa main, et d'une voix délicieuse qui résonne encore à mon oreille :

« — Agano, me dit-elle, je me sens heureuse de vous devoir la vie. »

« Ces douces paroles firent vibrer à la fois toutes les fibres de mon cœur; il me sembla que ma poitrine allait éclater; je tremblais et je sentais couler dans mes veines comme une lave brûlante. La princesse reprit :

« — Appelez, je vous prie, mes femmes, que j'ai laissées près d'ici pour venir rêver seule dans ce bosquet; je veux me rendre sur-le-champ près de mon père et lui raconter ce qui vient de se passer, afin qu'il vous récompense comme vous le méritez.

« — Au nom du Ciel! m'écriai-je, n'en faites rien; je sais que mon auguste protecteur me destine le gouvernement d'une province, il ne manquerait pas de saisir l'occasion pour me le donner; je serais obligé de quitter le palais, et maintenant pour n'en pas sortir je donnerais l'empire du monde. »

« Nous nous étions compris : Vazeli partageait l'amour qu'elle m'avait inspiré. Depuis ce moment, nous nous voyions presque tous les jours, lorsque le rajah, obligé de prendre les armes contre un de ses voisins, résolut de marcher en personne à la tête de son armée, et il me plaça au nombre des officiers qui devaient l'accompagner. Vazeli, au désespoir, alla se jeter aux genoux de son père; elle lui raconta nos amours et le supplia de nous unir avant de partir pour la guerre.

« Certes, le rajah Topobea est grand et généreux; mais il est en même temps trop fier de son illustre naissance pour consentir jamais à donner la main de sa fille unique à un homme qui n'est point issu d'une famille souveraine. Malgré sa tendresse pour Vazeli, il ne put l'entendre sans entrer dans une violente colère, et dès ce moment il la fit séquestrer dans ses appartements. Il donna en même temps l'ordre de me jeter en prison, se proposant de décider de mon sort après la guerre. Prévenu par un ami de ce qui venait d'arriver, je pus prendre la fuite. Maintenant, il y a deux jours que Topobea est parti pour l'armée; mais avant son départ il a fait doubler la garde du palais, et ne pouvant y pénétrer par les portes, j'ai vainement tenté cette nuit d'en escalader les murs. Vous voyez bien qu'il ne me reste plus qu'à mourir.

« — Ce serait votre dernière folie, dit Vichnou-Bouddha, et ce ne serait pas la meilleure. Suivez mes avis, et vous vous en trouverez mieux : quittez cette ville sur-le-champ, tenez-vous en lieu sûr, et dans neuf mois, jour pour jour, présentez-vous hardiment au palais de Topobea; je vous promets que vous y serez le bien venu. »

« Agano, plus surpris que convaincu, demeurait immobile et semblait attendre une explication; Bouddha s'aperçut de ce qui se passait en lui et lui dit :

« — Avec la foi, on transporte les montagnes ; voyez et croyez. »

« A ces mots le dieu, prenant la forme d'un superbe cheval blanc ailé, s'envola dans les airs, plana sur le palais pendant quelques instants et disparut. Agano, convaincu par ce prodige de la puissance du personnage auquel il avait confié son aventure, se hâta de suivre le conseil qu'il lui avait donné, et il sortit aussitôt de la ville.

« Cependant Bouddha n'était pas demeuré longtemps dans les airs ; après s'être élevé rapidement jusqu'aux nues, il descendit avec la même vitesse et vint se poser sur le balcon de la princesse Vazeli. Là il prit la forme de l'amoureux Agano, et, ayant ouvert doucement la fenêtre, il pénétra dans l'appartement, où il aperçut la princesse mollement étendue sur un lit de repos. Vazeli poussa un cri de joie, et vint se jeter dans les bras de son amant. Ce qu'ils se dirent, les amoureux le devinent, les autres n'ont pas besoin de le savoir. Qu'il me suffise de dire que l'entretien fut long et qu'il durait encore le lendemain un peu avant le point du jour. En ce moment les amants se faisaient de tendres adieux, et la princesse tremblait en songeant aux dangers auxquels allait s'exposer son bien-aimé pour sortir du palais.

« Jugez donc de la surprise de cette charmante enfant lorsqu'elle vit celui qu'elle avait pris pour Agano s'élancer dans l'espace par la fenêtre et s'éloigner à tire d'ailes, après avoir repris la forme d'un coursier aérien. Elle crut avoir rêvé ; mais elle jugea prudent de ne conter son rêve à personne.

« Tandis que tout cela se passait, le rajah Topobea faisait la guerre avec succès. Dans l'espace de quelques semaines, il avait gagné deux grandes batailles, et il continuait à poursuivre l'ennemi, lorsqu'une nuit, alors qu'il se reposait seul dans sa tente après une marche longue et pénible, il vit tout à coup s'avancer vers lui un jeune homme d'une beauté éblouissante et tout resplendissant de lumière.

« — Rajah de Dahouli, dit ce jeune homme, dont la voix ressemblait à une musique céleste, écoute les ordres de celui qui dispose à son gré des couronnes et des empires, et garde-toi de lui désobéir : car, de même qu'il t'a fait victorieux, il peut te faire anéantir par tes ennemis. Ta fille porte dans son sein un fils de Vichnou. Les plus hautes destinées sont réservées à cet enfant qui, pour signe de son origine divine, portera sur le front, ainsi que ses descendants, une empreinte représentant un cheval ailé. Ce fils doit porter le nom d'Agano ; Vichnou le veut, et pour qu'il en soit ainsi, il t'ordonne de donner la main de ta fille à l'officier de ce nom, qu'il te blâme d'avoir traité si sévèrement. »

« Le rajah de Dahouli n'entendit point ces paroles sans être violemment ému ; trop brave cependant pour se laisser facilement intimider, il s'avança vers le jeune homme et il étendit les bras pour le saisir, mais déjà ce dernier avait disparu. Topobea s'efforça de croire qu'il avait pris pour le témoignage de ses sens quelque hallucination résultant de la chaleur et de la fatigue; néanmoins, il se hâta de terminer la guerre par une paix glorieuse, après quoi il revint à son palais de Dahouli.

« — Nous verrons bien, disait-il, beaucoup plus préoccupé de la vision qu'il ne voulait se l'avouer, nous verrons bien : car cela doit paraître, et je m'y connais un peu. »

« De son côté, Vazeli était dans une inquiétude horrible; elle faillit s'évanouir lorsqu'on lui apprit que son père venait d'arriver, car elle ne pouvait se dispenser de courir à sa rencontre, et sa taille, fine et déliée naguère, était devenue si rondelette, que ce changement ne pouvait plus échapper aux regards les moins exercés. Enfin elle se résigna, et, les yeux baissés, le front couvert d'une pudique rougeur, elle se présenta devant le rajah.

« —Maintenant, pensa le prince en l'apercevant, il est évident que mon visiteur nocturne m'a dit au moins la moitié de la vérité, et il est prudent d'attendre avant de prendre un parti. »

« Alors, s'efforçant de paraître calme, il tendit la main à la princesse, l'attira vers lui et l'embrassa tendrement.

« — Chère enfant, lui dit-il, votre père sera toujours votre meilleur ami, et il est convaincu que vous ne voulez pas avoir de secrets pour lui. »

« La pauvre petite tremblait de tous ses membres; ce que voyant le rajah, il renvoya d'un coup d'œil tous les gens qui l'entouraient; puis embrassant de nouveau sa fille afin de la rassurer complétement, il la pria, au nom de l'amour paternel, de lui dire sans détour la cause du changement qui s'était opéré en elle. Enhardie par cette bonté, cette douceur si peu ordinaires chez le rajah, Vazeli osa enfin dire toute la vérité ; ce ne fut pas toutefois sans rougir bien fort et sans laisser rouler quelques larmes sur son charmant visage; mais Topobea acheva de la tranquilliser en lui racontant la vision qu'il avait eue; puis il ajouta :

« — Mon enfant, tout semble se réunir pour me convaincre que le grand Vichnou a voulu nous favoriser de sa divine alliance : le léger doute qui reste dans mon esprit ne peut tarder à se dissiper. D'ici là, ma fille bien aimée, nous voulons que vous soyez maîtresse absolue de ce palais, et quoi qu'il puisse arriver, notre amour et notre appui ne vous manqueront point. »

« Vazeli ne s'était jamais sentie si heureuse; elle pressentait un dénoûment plein de charme à cette mystérieuse aventure, et tout semblait lui dire qu'Agano ne tarderait pas à reparaître plus amoureux que jamais : car malgré ce que lui avait raconté le rajah, Vichnou, dans son cœur, ne tenait toujours que la seconde place.

« Topobea, dès ce moment, eut soin d'entourer sa chère fille de personnages expérimentés, en vue de l'événement qui ne pouvait tarder à se produire, et tout au palais était rentré dans l'état normal, quand, un matin, le premier médecin du rajah annonça à ce dernier que la princesse venait de donner le jour à un fils.

« Topobea se rend avec empressement près de la jeune mère; c'est avec la plus vive émotion qu'il s'approche du nouveau-né; c'est d'une main tremblante qu'il découvre le visage de ce divin enfant... O bonheur! sur le large front de cette créature céleste est empreinte l'image d'un cheval ailé qui semble prendre son essor vers le ciel! Le rajah, dont le cœur est inondé de joie, tombe à genoux pour remercier Vichnou ; il se hâte ensuite de réunir les grands dignitaires du royaume. Il raconte devant eux la visite dont l'a honoré le dieu dans sa tente, les paroles qu'il lui a fait entendre, puis il leur présente l'enfant, et tous, subitement saisis d'un saint respect, se prosterrent à la vue du sceau divin imprimé sur son front. Acte du prodige fut dressé et déposé soigneusement dans les archives de la famille royale, et il fut promulgué une loi portant peine de mort contre quiconque oserait émettre un doute touchant la divinité du fils de Vichnou.

« Une seule chose manquait à l'accomplissement de l'événement annoncé par le dieu : il fallait un mari à la jeune mère, et Topobea, malgré les plus actives recherches, n'avait pu découvrir la retraite d'Agano.

« — Le malheureux ! se disait-il, sera peut-être mort de chagrin ; j'ai vraiment été trop sévère envers lui ; mais qui eût pu prévoir un événement si prodigieux ? »

« Pour rassurer sa conscience, ce prince se disposait à donner de nouveaux ordres, et à mettre tout en œuvre pour savoir ce qu'était devenu le jeune officier, quand on lui annonça que ce dernier venait de se présenter à la porte du palais et qu'il demandait à rendre au prince ses respectueux hommages. Il est inutile de vous dire qu'il fut bien accueilli ; vous devinez bien aussi que Agano, après le prodige dont il avait été témoin, ne fit aucune difficulté d'ajouter foi aux suites qu'il avait eues. Il fut donc, dès lors, considéré comme l'époux de la princesse, et leur mariage fut célébré deux mois après. Quant à l'enfant divin, qui avait reçu le nom de Vichnagano, il succéda directement au rajah Topobea, son grand-père ; sa descendance directe s'est continuée depuis deux mille ans jusqu'à ce jour, et puisqu'il faut vous le dire, Messieurs, le dernier des descendants de ce fils de Vichnou est devant vous. »

A ces mots l'Indien ôta son chapeau, et sur son front vraiment majestueux ses deux interlocuteurs purent voir ce cheval ailé qu'il affirmait être le sceau de la divinité.

« Maintenant, reprit le narrateur après quelques instants de silence, il me reste à vous raconter comment il se fait que le fils d'un dieu, le descendant de plus de cent rois, soit réduit à manger aujourd'hui à table d'hôte dans une auberge de France : cela sera court. Vous n'ignorez pas sans doute que, depuis un siècle, les Anglais ont presque entièrement envahi les Indes, et que ces gens-là, qui font de tout métier et marchandise, ne manquent jamais de jeter les hauts cris quand on ose traiter comme ils le méritent ceux d'entre eux qui, n'ayant rien à vendre, n'en travaillent pas moins activement à emplir leurs poches. Or, depuis la dernière incarnation de Vichnou, un temple magnifique lui avait été élevé à Dahouli ; la statue colossale du dieu, placée dans le sanctuaire, était littéralement couverte de diamants d'un prix inestimable ; il n'y avait pas, dans tout l'Indoustan, de trésor qui contînt la millième partie des richesses qui pendant vingt siècles s'étaient accumulées en ce lieu ; moi-même, j'avais placé sur les épaules de la statue un collier de diamants avec le prix duquel on eût pu acheter un royaume. Jugez donc de mon indignation lorsque j'appris que, par un double sacrilége, des soldats anglais s'étaient introduits dans le temple et avaient complétement dépouillé la statue de Vichnou. Par mon ordre, on se mit à la poursuite de ces infâmes ; ils furent pris et je les fis pendre...

« Voilà que le gouvernement anglais s'avise de faire de cela une question de droit international, et me demande réparation à raison de la mort de ces odieux bandits. Cela était bien impudent, n'est-ce pas ? Mais quand il s'agit d'argent, ces gens-là sont capables de tout.

« Je résiste ; on me signifie un ultimatum. Je soutiens que j'ai le droit de faire punir les voleurs pris en flagrant délit dans mon royaume. On me répond que, si cela est vrai en thèse générale, il y a une exception en faveur des Anglais, qui peuvent voler partout sans avoir à répondre de leurs actes à d'autres que leurs pairs ! Les pairs de gens qui font profession du vol, ne voilà-t-il pas des juges bien dignes de confiance !... Bref, la querelle s'envenime, et je tente de repousser la force par la force, mais tous mes officiers étaient gagnés par les Anglais... Ces gens-là, Messieurs, achèteraient le monde, et je suis étonné que ce ne soit pas chose faite.

« Trahi, abandonné, la fuite était devenue ma seule ressource ; dans cette extrémité, j'ouvre mon trésor, j'emplis mes poches de diamants, et je quitte en fugitif ma capitale. Dès lors errant, n'ayant d'autre abri que les voûtes du ciel, j'endurai des tortures horribles ; enfin j'eus le bonheur d'atteindre la ville de Chandernagor, possession française où je pus m'embarquer sur un navire de cette nation.

« Arrivé en France et n'ayant d'autres ressources que mes diamants, j'en vendis successivement un assez grand nombre ; mais je ne tardai pas à acquérir la certitude que les marchands français ne valent guère mieux que ceux de l'Angleterre. Heureusement un honnête homme que le hasard me fit rencontrer, me donna le conseil de me rendre à la foire de Beaucaire, où, me dit-il, la concurrence me permettrait d'obtenir un prix convenable des pierreries que je possède encore.

« Et maintenant, Messieurs, je vous le demande, que sont les rois déchus de l'Europe comparés au descendant de Vichnou ? Quant à moi, leurs plaintes me font lever les épaules, et je ne doute pas que vous soyez de mon avis sur ce point.

« Sur ce, buvons ! s'écria le Norwégien.

— Buvons, fit l'Indou. »

Mais le Persan repoussa son verre, bien qu'il ne fût pas vide, et se levant, il dit avec une majestueuse gravité :

« Et moi aussi je boirai, mais ce ne sera pas avant d'avoir écrasé l'erreur sous le poids de la vérité... Oh ! soyez tranquille, cela ne sera pas long, car le vrai dieu des Persans ne s'est jamais avisé de cacher sa gloire sous un monceau de fables. Ecoutez donc, profanes, et quand vous aurez entendu, lorsque la lumière aura brillé à vos yeux, prosternez-vous ! »

Les deux autres interlocuteurs, bien que fort peu satisfaits de ce début, n'osèrent pourtant interrompre l'orateur, qui continua en ces termes :

II

MYTHOLOGIE DES PERSES OU PERSANS

Il n'y a qu'un Dieu suprême, le Dieu qui fut, le Dieu qui est, le Dieu qui sera, et contre lequel rien ne saurait prévaloir. Ce Dieu éternel, dont la durée, l'étendue et la puissance sont infinies, nous le nommons, nous autres Persans, Zervane-Akérène, mais nous souffrons volontiers qu'on lui donne d'autres noms, parce que nous sommes assez raisonnables pour comprendre qu'entre les noms et les choses la relation est toujours vacillante... Peut-être ne comprenez-vous pas parfaitement cela? Qu'importe!

« Donc Zervane-Akérène est le seul dieu tout-puissant; mais ce n'est pas un dieu jaloux et méchant comme ceux que tant de chétives créatures ont formés à leur image : il n'a pas eu de commencement, il n'aura point de fin. Comme preuve de sa puissance, il a jeté dans l'espace certaines émanations de lui-même, d'où sont nés Ormuzd et Ahriman : l'un, dieu de la lumière; le second, principe ou dieu des ténèbres.

» Pour en agir ainsi Zervane-Akérène avait certainement

ses raisons ; mais il ne lui convint pas de les faire connaître. Toujours est-il que dès lors le monde fut partagé entre le dieu de la lumière et le dieu des ténèbres, ou le dieu du bien et le dieu du mal.

« Ormuzd, dieu de la lumière ou du bien, ou de la création, imagina, pour se fortifier, de créer sept Amschaspands et de les douer de l'immortalité ; ces bons génies créèrent à leur tour les Iseds, génies inférieurs auxquels ils confièrent la garde des âmes vertueuses.

« Alors, aux sept Amschaspands Ahriman opposa sept puissances égales et malfaisantes, qui à leur tour créèrent les Ders, destinés à combattre éternellement les Izeds.

« Vous le voyez, Messieurs, c'est la lutte éternelle du bien et du mal ; c'est l'origine de cette lutte que personne ne peut nier, donc c'est le vrai... Mais permettez que je ne m'arrête pas ici. Du sein des Izeds s'est élancé Mithra, le plus puissant d'entre eux ; en sa qualité de génie de la lumière, il s'est interposé entre Ormuzd et Ahriman, et pour se tenir bien avec tous deux, il fait succéder la lumière aux ténèbres, *et vice versa*.

« Maintenant, Messieurs, j'imagine que le nom de *mages* ne vous est pas entièrement étranger ; or les mages étaient les prêtres de Mithra, et quelques-uns étaient les fils de ce dieu, entre autres Zoroastre, grand-prêtre réformateur, qui écrivit le Zend-Avesta, livre sacré, dépositaire des vérités éternelles. Mais, pour mériter le titre de mage, il ne suffit pas de descendre de Zoroastre, il faut se soumettre à de mystérieuses et terribles épreuves, afin d'obtenir, au moment de l'initiation, qu'un souffle de Mithra ajoute l'inspiration à la lumière. »

En parlant ainsi, le Persan s'animait de plus en plus; son visage semblait environné d'une auréole de lumière; ses yeux lançaient des traits de flamme; bien qu'il eût paru d'abord s'exprimer avec peine en français, sa parole était maintenant facile, abondante, et la pureté de construction de ses phrases ne laissait rien à désirer. Il semblait tenir ses auditeurs sous l'empire d'une puissance qui ne leur laissait que la faculté d'écouter. Après un instant de silence pendant lequel le fluide magnétique de ses regards était devenu plus intense, cet étrange personnage reprit :

« Vous avez dit tout à l'heure, vous, descendant et adorateur de Vichnou, qu'avec la foi on transporte des montagnes. C'est là une grande et éternelle vérité; mais vous n'en avez pu faire l'expérience : car pour que la foi acquière cette puissance, il faut qu'elle ait le vrai dieu pour objet; alors seulement elle fait des prodiges, et c'est ce qui arrive aux adeptes qui aspirent au titre de mage lorsqu'ils subissent les épreuves qui précèdent l'initiation.

« Ecoutez! je vais vous révéler des choses que des oreilles profanes n'ont jamais entendues : l'adepte, un bandeau sur les yeux, est introduit dans une vaste salle souterraine par sept initiateurs pénétrés de l'esprit des sept Amschaspands.

« — Sais-tu, lui demande un de ces mages, que pour être admis au nombre des soldats de Mithra il faut mourir, afin de renaître le troisième jour pur de toute souillure?

« — Je le sais, répond l'adepte.

« — Et tu es préparé à la mort?

« — J'y suis préparé.

« — Couche-toi donc dans cette bière, afin que l'on te descende dans le tombeau. »

« L'adepte se couche dans la bière ; elle se ferme sur lui, et il est ensuite descendu dans un puits d'une immense profondeur. Arrivé là, ses yeux se ferment, sa respiration s'éteint, son cœur cesse de battre.

« Trois jours après la vie lui revient, mais il est toujours au fond du tombeau. Si, en cet état, le plus léger doute surgit dans son âme, c'en est fait de lui; il ne sortira pas de cet affreux sépulcre. Si sa voix ne faiblit pas, le couvercle de la bière se lève, et l'adepte se retrouve au milieu des initiateurs, qui lui ôtent son bandeau et le conduisent près d'un lac souterrain dont les bords élevés et taillés à pic n'offrent aucune anfractuosité qui puisse servir d'appui au pied ou à la main. Un des mages lui dit :

« — Je t'ordonne de te précipiter dans ce gouffre, d'où tu ne sortiras plus s'il te reste quelque souillure. »

« L'adepte obéit; son corps frappe avec violence l'eau, qui lui livre passage et le laisse descendre au fond de l'abîme... Sa foi est vive, car il remonte rapidement à la surface; les bords si élevés du lac s'abaissent et le néophyte sort de l'eau sans effort. On le conduit alors dans une autre salle, où sur un vaste brasier dont l'ardeur est entretenue par un souffle puissant est posée une couronne d'or qui semble près d'entrer en fusion. Cette couronne sera, pour le néophyte, celle du martyr

MUSES ET FEES

ou celle de l'élu : car, en cet état d'incandescence, il faut qu'il la pose sur sa tête, et si sa foi n'est pas assez forte, elle calcinera son crâne et desséchera son cerveau... L'adepte saisit d'une main assurée cette couronne de feu, la met sur sa tête, où elle resplendit du plus vif éclat, sans que le moindre sentiment de douleur se peigne sur ses traits. Alors un des mages lui présente une épée nue et lui dit :

» — Soldat de Mithra, tourne cette épée contre toi-même et frappe-t-en la poitrine, afin de montrer que tu es résolu à la teindre même de ton sang pour la gloire du dieu dont tu vas être un des élus. »

« Le néophyte se frappe; son sang coule; il ne s'en émeut point. Bientôt un des mages arrête ce sang généreux, et les dogmes sacrés sont enfin révélés à ce courageux soldat de Mithra... Et maintenant, enfants de l'erreur et du péché, regardez ce front qui a porté la couronne ardente ; voyez cette poitrine dans laquelle le glaive a pénétré, et reconnaissez en moi un de ces mages, enfants de Zoroastre! »

A ces mots, le Persan se découvrit la tête; il écarta les vêtements qui couvraient sa poitrine, et il montra aux regards étonnés de ses deux auditeurs la légère empreinte que la couronne ardente avait laissée sur son front et la cicatrice de la blessure que lui avait faite le fer sacré. Peu à peu, dès ce moment, son exaltation diminua; le feu de son regard s'éteignit, et ce fut d'une voix considérablement affaiblie qu'il ajouta :

« Mais en Perse comme ailleurs la foi s'affaiblit chaque jour;

bientôt peut-être Mithra n'aura-t-il plus d'autels que dans le cœur de quelques soldats qui lui restent, et le fils de Zoroastre en est réduit à se faire marchand de cachemires pour subvenir aux frais du culte. Voilà, Messieurs, ce qui vous explique ma présence à Beaucaire, où j'espère me défaire avantageusement des précieux tissus du Thibet que j'y ai apportés... Et maintenant je bois à Ormuzd, aux Amschaspands, aux Izeds, et principalement à Mithra, mon père et mon maître ! Je bois aussi aux immortelles Péris, ces divines filles aux ailes blanches qui, du Schadukian, pays du plaisir, accourent avec la rapidité de la pensée partout où il y a des maux à adoucir, des larmes à sécher... Et vous aussi, bonnes, douces et belles filles d'Ormuzd, les novateurs ont tenté de vous détrôner, de vous chasser du ciel, dont vous êtes les plus ravissantes beautés. Déjà les sectateurs de Mahomet vous ont ravi la plus grande partie de l'encens qui vous était prodigué, et les enfants du Christ s'efforcent de faire oublier jusqu'à votre nom. « Il n'y a d'autre dieu que Dieu, et Mahomet est son prophète, » disent ces grossiers envahisseurs de l'Orient. Que ne s'en tiennent-ils là !... Ah ! c'est qu'ils sentent bien que ces belles et pures consolatrices trouveraient un refuge dans tous les cœurs reconnaissants, et à ces saintes filles d'Ormuzd ils ont tenté de substituer les Houris, femmes célestes, disent-ils, qui prodigueront leurs faveurs aux vrais croyants... Ainsi ils ont fait du ciel de Mahomet une sorte de mauvais lieu; ils ont érigé la débauche en vertu, même au delà du tombeau. Leur paradis n'est qu'un harem destiné à la satisfaction des plus grossiers appétits... Et voilà les ensei-

LES HOURIS.

gnements qui prévalent sur ceux du grand et immortel Zoroastre ! On prêche la lumière et l'on va aux ténèbres.

« — Messieurs, s'écria à son tour le Norwégien, je ne fais pas difficulté d'en convenir, tout ce que vous venez de raconter est fort amusant, et certes les gens qui ont inventé ces contes n'étaient pas des sots. Toutefois je pense qu'on eût été très mal venu, il y a dix ou douze siècles, si l'on s'était avisé de vouloir faire prendre aux Norwégiens ces balivernes pour articles de foi. Aujourd'hui que le christianisme a pénétré partout, c'est bien différent; cependant Odin, le véritable maître de l'univers, compte encore de nombreux adorateurs dans nos belles plaines glacées et pudiquement cachées sous leur blanc manteau de neige; et en comparaison d'Odin, qu'il me soit permis de le dire, tous ces dieux de convention dont vous venez de parler ne sont que des poules mouillées. »

Ces paroles parurent fort mal sonnantes aux deux autres interlocuteurs, qui se levèrent spontanément en fronçant le sourcil; mais l'homme du Nord n'en parut pas ému, et il reprit en promenant sur eux son regard à la fois doux et assuré :

« Vous ne pouvez contester, Messieurs, que je vous ai écoutés avec une grande résignation; je suis en droit de réclamer de vous la même faveur, et j'espère que vous n'essayerez pas de m'imposer silence. Cela, je dois vous en prévenir, aurait un double inconvénient : d'abord je ne me tairais pas; et, d'un autre côté, vos clameurs vous empêcheraient d'entendre des choses qui ont bien leur prix. Vous n'avez sur la divinité et la création, que des notions fausses; écoutez donc la vérité :

III

MYTHOLOGIE DES SCANDINAVES.

« Nous sommes d'accord sur un point, Messieurs, c'est que, avant la création, il n'existait rien, rien que le vide, l'immensité et la nuit, et dans cette immensité, ce néant, il n'y avait qu'un dieu, être éternel et tout-puissant qui, de rien, pouvait faire naître toutes choses. Ce dieu, dans le pays des glaces, nous l'appelons Altfader; c'est lui qui créa la terre, et tout d'abord il la divisa en deux parties : à l'une il donna le nom de Ginongapap, ou terre glacée; il appela l'autre Muspelheim, ou terre brûlante. Du contact de ces deux parties naquirent d'épaisses et immenses vapeurs qui enfantèrent le géant Ymer et la vache Audumbla. Ymer, qui vivait du lait de la vache, enfanta, par la seule force de sa volonté, toute une race de géants. La vache, plus humble et moins puissante, donna naissance à un homme nommé Bor.

« Le monde, vous le voyez, était encore bien loin du degré

de perfection où il devait arriver un jour; mais il renfermait des germes féconds. Bor, ayant épousé la fille d'un géant, en eut trois fils, Odin, Vili et Ve. Il paraît qu'à cette primitive époque la civilisation allait déjà croissant, car les trois fils de Bor étaient à peine nés qu'ils songèrent à se débarrasser de leur grand-père Ymer, dont la puissance les importunait. Ne sachant trop qu'en faire, ils le tuèrent, ce qui était incontestablement le moyen le plus efficace pour s'emparer de son autorité et l'empêcher de s'en plaindre.

« Mais on ne met pas à mort un personnage de cette taille comme on ferait d'un mirmidon. Mortellement frappé, ce géant perdit une prodigieuse quantité de sang, dans les flots duquel presque toute sa race fut noyée. Ce sang forma la mer et les lacs; les os du géant formèrent les montagnes, ses dents les pierres; sa chair se convertit en terre végétale, qui couvrit le continent et les îles, tandis que son crâne devenait la voûte du ciel, et que son cerveau flottait dans l'espace sous la forme de nuages.

« Dès ce moment Odin fut le dieu suprême; toutefois il voulut bien associer à sa puissance ses frères Vili et Ve, et tous trois prirent possession du ciel. C'est alors qu'un géant, échappé au déluge de sang, osa leur disputer l'empire céleste; mais les trois frères construisirent, avec les sourcils d'Ymer, d'immenses barricades qui les mirent à l'abri de tout danger; après quoi ils créèrent, d'un commun accord, l'homme et la femme, afin de peupler la terre.

« Cela, Messieurs, vous en conviendrez, est excessivement

clair. Il règne peut-être un peu de confusion dans le reste, a cause de la diversité des puissances célestes secondaires ; mais si vous consentez à me prêter quelque attention, je suis convaincu que vous serez bientôt complétement édifiés, et que vous ne ferez pas difficulté de reconnaître que les dieux du Nord valent bien ceux du Midi.

« Les dieux, vous l'avez dit vous-mêmes, sont essentiellement féconds. Vili et Ve, satisfaits de leur position, ne songèrent pas à en changer ; mais comme il fallait passer le temps, ils procréèrent une grande quantité de divinités secondaires, afin de se faire une cour un peu passable. De son côté, Odin, le maître suprême, montrait en ce sens une activité d'autant plus grande, qu'il éprouvait le besoin de se composer un conseil. Tout cela se fit sans difficulté : Veli et Ve eurent leur cour, et le conseil des dieux se composa de vingt-quatre membres des deux sexes, savoir : Odin, président; Thor, dieu de la force, dont les yeux lancent des éclairs, et dont le bras est armé de la foudre ; Freyr, dieu des armées, qui commande aux astres et aux vents, et qui d'un seul coup de son glaive pourrait séparer en deux le globe terrestre ; Niord, le dieu des mers ; Tyr, dieu des hommes forts; Braga, dieu de la poésie; Heimdall, gardien du ciel et du pont ou arc-en-ciel qui conduit des voûtes célestes à la terre; Balder, dieu de la beauté ; Vidar, dieu vengeur ; Vali, le dieu des forêts et de la chasse; Uller, dieu des glaces éternelles ; Fortate, dieu conciliateur. Quant aux déesses ayant voix délibérative, ce sont Frigga, femme d'Odin; Freya, déesse de l'amour ; Eyra, déesse de la santé, et

MUSES ET FÉES.

LES ONDINES.

quelques-unes des Walkyries ou déesses du camp, qui forment le cortége ordinaire d'Odin.

« Vous comprenez, Messieurs, que ce ne sont pas là de petites gens, des dieux pour rire, mais des souverains puissants et terribles, qui dévorent en un seul repas des sangliers tout entiers, et absorbent des flots d'hydromel et de bière forte. Quand ils sont rassemblés, le ciel ou Valhalla tremble sous leurs pas, et l'enfer fait silence, chose d'autant plus remarquable que ce lieu de ténèbres, qu'on nomme aussi Niffleim, est le séjour des lâches et des méchantes femmes.

« Mais à côté du terrible nous avons aussi le doux et le gracieux : telles sont nos déesses du second ordre ou génies, parmi lesquelles il faut surtout mentionner les Elfines et les Ondines, qui habitent les rivières aux eaux transparentes, et qui ont au fond des lacs les plus profonds des palais merveilleux. Ce ne sont pas là des Péris aux ailes blanches, des Houris destinées à peupler des harems pour les morts, mais de belles et jeunes Nymphes au corps souple et gracieux, n'ayant pour parure que leur longue chevelure blonde, à travers laquelle se laissent deviner les formes les plus voluptueuses. Elfines et Ondines sont sensibles aux douceurs de l'amour ; un bel adolescent fait souvent palpiter leur cœur, et s'il lui arrive de se pencher sur les eaux transparentes et d'y plonger la main, il sent un frisson léger glisser par tout son corps ; c'est une Elfine ou une Ondine qui lui a communiqué la passion dont elle brûle. Le jeune homme alors, attiré par un charme insurmontable, revient tous les soirs au bord de l'eau, et les rameaux pendants des aunes et des saules protègent de chastes amours. Sa mystérieuse amante s'attache à lui avec toute l'abnégation de la tendresse. Elle épuise en sa faveur tous les trésors de sa puissance, et elle le suit même sur les champs de bataille si la patrie en danger a fait appel à son courage; mais vient-il à oublier la foi jurée, s'abandonne-t-il à l'enivrement d'une passion nouvelle, malheur à lui! la Nymphe outragée ne lui pardonnera pas son crime; elle saura l'attirer encore une fois au bord des eaux, et le lendemain un cadavre sera trouvé à la surface des flots.

« Les génies mâles ne nous manquent pas non plus, et, sous ce rapport, il n'y a rien dans tout ce que vous avez raconté qui soit comparable aux Elfes, ces charmants génies du Nord, à la fois si petits, si mignons, si doux, si puissants, si forts et si redoutables, qui dansent dans les prairies, dorment dans les corolles des fleurs pendant l'été, passent l'hiver dans les entrailles des montagnes, où ils rassemblent toutes sortes de pierres précieuses, et dont la force est si grande que, de leurs doigts délicats, ils peuvent arracher les rochers de leurs bases et les lancer dans l'espace.

« Tout cela est noble et beau, n'est-ce pas? Eh bien! cela périra! Loki, souverain des enfers, a engendré le serpent Midgard, qui dans ses nombreux replis embrasse le monde entier; Héla ou la Mort est à ses ordres, et le loup Fenris, génie du mal, est toujours prêt à les seconder. Jusqu'à présent, les efforts de ces trois puissances ont été neutralisés par Odin; mais ces méchants doivent parvenir un jour à s'emparer de l'empire du monde. Alors tous les dieux périront, et de la ruine générale sortiront des dieux plus puissants et un monde meilleur.

« Maintenant, Messieurs, voici en quoi nous différons entièrement : vous croyez le monde fini, et je le crois infini ; pour vous, la création est terminée; pour moi, elle commence à peine. Ce n'est pas à dire, pour cela, que je ne puisse, aussi bien que vous, me montrer d'origine divine. Je n'ai sur le front, il est vrai, ni l'empreinte d'un cheval ailé, ni celle d'une couronne ; mais Braga, dieu de la poésie, me compte au nombre de ses fils, et comme tel, il m'a doué du feu sacré... Il m'inspire en ce moment : écoutez ! »

Ici le colosse blond entonna un chant scandinave d'une voix si terrible, que la maison trembla et les vitres se brisèrent. L'hôte accourut, les gendarmes survinrent. Ce ne fut pas sans quelque peine qu'on parvint à faire entendre à ces derniers qu'il ne s'agissait que des louanges d'Odin chantées sur un mode un peu trop berliozien: ils voulaient absolument qu'il y eût là-dedans quelque chose d'insurrectionnel plus ou moins empoignable et coffrable. Mais, les trois dieux aidant, ils finirent par se laisser persuader qu'il ne s'agissait que de quelques verres de champagne de trop, et ils se retirèrent satisfaits après avoir achevé de vider les bouteilles par forme de compensation.

Huit jours après, le descendant de Vichnou avait vendu ses diamants, le prêtre de Mithra n'avait plus un cachemire, et l'adorateur d'Odin, honnête marchand de pelleterie, avait échangé contre des écus sa dernière zibeline. Aujourd'hui ces trois personnages ne songent qu'à grossir leur pécule et à vivre le plus doucement possible, tant il est vrai que les dieux sont les meilleures gens du monde.

FIN DES TROIS DIEUX A TABLE D'HOTE.

UNE MOMIE ÉGYPTIENNE

Vers la fin du mois de novembre 1847, par une froide et humide soirée, les paisibles habitants de la rue Duguay-Trouin, située derrière le Luxembourg, à Paris, avaient, à leur grande surprise, entendu sous leurs fenêtres le roulement de plusieurs voitures, entre huit et neuf heures du soir. A plusieurs reprises, la porte cochère d'une des plus silencieuses maisons de cette silencieuse rue avait roulé sur ses gonds pour livrer passage à plusieurs fiacres et à quelques demi-fortunes.

Tous les personnages qui sortaient de ces divers véhicules étaient des hommes graves qui pour la plupart avaient passé la cinquantaine. Ils marchaient d'un pas mesuré, la tête haute, le regard terne, l'air méditatif; on eût dit des juges appelés à prononcer sur le sort de quelques grands coupables, ou des conspirateurs hors d'âge convoqués à un congrès de burgraves. Mais il n'en était rien : ces honnêtes gens ne conspiraient point; ils n'avaient personne à juger; ils venaient tout simplement assister à une soirée scientifique à laquelle les avait invités M. Athanas de Lauregeon, qui s'était fait une haute réputation parmi les savants antiquaires de Paris.

Héritier d'une grande fortune, M. Athanas avait songé de bonne heure à se faire une place parmi ce qu'on pouvait appeler alors les rois de l'époque. A cela, sa fortune, quelque considérable qu'elle fût, ne pouvait pas suffire; il y suppléa. Il avait dix-sept ans, lorsque messieurs de l'Université, le trouvant suffisamment frotté de grec, de latin, de prétendue philosophie et de quelques autres ingrédients d'une parfaite innocuité, lui accordèrent le diplôme de bachelier. Quatre ans après, il sortait du collége des Chartes, à peu près aussi savant que lorsqu'il y était entré.

Ce fut alors qu'il résolut de se faire antiquaire et qu'il se jeta à corps perdu dans l'archéologie. D'abord il n'obéit en cela qu'au désir d'être quelque chose ; ce n'était qu'une sorte de besoin; bientôt cela devint un goût, puis une passion; et comme le pauvre garçon n'en avait point d'autres, celle-là, s'augmentant de toutes celles qui lui manquaient, devint une sorte de rage, une véritable frénésie. M. Athanas dévora une effroyable quantité de bouquins plus ou moins poudreux, dont la quintessence lui demeura au cerveau et lui tint lieu d'esprit; il se livra à la numismatique, fit des collections de toutes sortes de vieilles choses, et devint la Providence des marchands de bric-à-brac et de prétendues curiosités. Il eut un cabinet de choses antédiluviennes et fit des catalogues pompeux de choses sans nom.

Tout cela prit à M. de Lauregeon quelques centaines de mille francs et une dizaine d'années, pendant lesquelles il fut fait membre d'une honnête quantité de sociétés savantes; après quoi il alla frapper à l'Académie des Sciences. Dès lors il eut sa part de souveraineté, ses opinions eurent force de loi dans un certain monde, et il rendit sur certaines matières des arrêts sans appel. Il avait conquis ce qu'on appelle une position.

M. Athanas vivait depuis très longtemps de cette vie dont les initiés seuls connaissent tout le charme, lorsqu'on vint un jour lui annoncer la visite d'un savant étranger qu'il s'empressa de recevoir. Ce visiteur était un homme de petite taille, aux cheveux plats et huileux; son chapeau paraissait couvert d'une convenable quantité de crasse scientifique; les manches et les revers de son habit noir étaient suffisamment luisants, et ses genoux cagneux étaient en parfaite harmonie avec ses pieds plats.

« Monsieur, dit ce personnage, permettez que j'aie l'honneur d'offrir mes humbles et respectueux hommages au plus savant antiquaire du monde.

— C'est un homme bien élevé, » pensa M. Athanas.

Et il s'empressa d'offrir un fauteuil à l'inconnu.

« Monsieur, reprit ce dernier, je viens du fond de l'Allemagne tout exprès pour vous faire une communication scientifique de la plus haute importance ; mais cela exige quelques explications préliminaires et certains développements.

— Parlez, parlez, Monsieur : il n'y a jamais rien à perdre à écouter une homme de mérite. »

L'inconnu s'inclina comme pour renvoyer le compliment à son auteur ; puis, entrant en matière, il dit :

« J'ai été fort riche autrefois ; mon père, le baron de Cratzenoffer, laissa en mourant une fortune d'environ dix millions, et j'étais son unique héritier.

« Déjà, à cette époque, j'étais possédé du démon de la science ; j'avais une soif de découvertes inextinguible, et je pris la résolution de parcourir le monde entier, afin de satisfaire le goût particulier que je ressentais pour l'étude de l'antiquité. Ayant vendu tous mes biens, je fis deux parts de la somme qu'ils produisirent ; je plaçai l'une chez un des plus fameux banquiers de l'Allemagne ; j'employai une grande partie de l'autre à me procurer des lettres de crédit pour tous les points du globe, et je partis.

« Au bout de douze ans, j'avais fait deux fois le tour du monde, lorsque j'arrivai en Égypte. Je venais de parcourir l'Asie Mineure ; j'avais visité les ruines du puissant empire d'Assyrie, et je traînais à ma suite une immense quantité d'objets d'un prix inestimable recueillis dans les ruines de Ninive et de Babylone. Ayant l'intention de faire un assez long séjour au Caire, je m'y procurai une habitation confortable et me livrai avec plus d'ardeur que jamais à mon étude favorite, dans cette antique cité qui fut le berceau des connaissances humaines.

« Au bout de quelque temps, j'avais fait connaissance avec un savant Arménien qui demeurait dans mon voisinage; la conformité de nos goûts contribua à nous lier assez étroitement, et je lui achetai en peu de temps des objets d'un grand prix, que j'envoyai en Allemagne rejoindre tous ceux que j'y possédais. Une chose m'étonnait, c'était la facilité avec laquelle cet homme se défaisait d'objets qu'un véritable antiquaire n'eût pas donnés pour tous les trésors du monde. Lui ayant un jour témoigné mon étonnement, il sourit mélancoliquement, et me dit :

« — Tout ce que je vous ai cédé n'est rien en comparaison de ce que je possède.

« Cela me causa une nouvelle surprise, et d'autant plus grande que j'avais souvent parcouru toutes les pièces de sa maison, où, depuis que je lui avais acheté ses collections, il n'y avait à peu près que les quatre murs. Mais bientôt je remarquai que cet homme s'absentait souvent pendant plusieurs jours; je l'observai, et j'acquis promptement la conviction que les merveilles qu'il disait posséder devaient être déposées hors de la ville, et qu'il ne s'absentait que pour aller se repaître de leur vue et jouir en silence de leur possession. Je comprenais cette passion : je la partageais, et je ne tardai pas à ressentir le désir irrésistible de posséder ces objets que mon imagination caressait avec délices sans les connaître : « Je les aurai, me dis-je, dût-il m'en coûter la moitié de ma fortune :

s'il refuse de me les vendre, je les lui volerai ; s'il tente de les défendre, je le tuerai !... »

« — Diable ! interrompit M. Athanas en bondissant sur son fauteuil, ceci me semble un peu sortir des bornes...

« — Oh ! rassurez-vous, Monsieur, reprit le visiteur en accompagnant ses paroles d'un sourire mielleux, les ans m'ont refroidi le cerveau, et si j'ai eu quelques torts, je les ai cruellement expiés. Souffrez donc que je continue.

« J'épiai l'Arménien ; je le suivis une première fois hors de la ville, et après une longue marche, je le vis tout à coup disparaître dans les ruines d'un temple au milieu d'une plaine déserte. Alors je retournai au Caire ; j'emplis mes poches d'or, je garnis un havresac de biscuits et de quelques autres provisions, je préparai un bidon rempli d'eau pour être porté en bandoulière, je chargeai mes pistolets, j'aiguisai mon poignard, et j'attendis le retour de mon rival. Dès qu'il fut revenu, je partis secrètement pendant la nuit et j'allai m'établir dans les ruines, bien résolu à épier de nouveau l'Arménien quand il reviendrait en ce lieu, et à découvrir, par tous les moyens possibles, le mystère qui, en avivant le feu de mon désir, me causait de si cruelles tortures.

« J'avais déjà passé quatre jours au milieu des ruines ; mes provisions étaient presque entièrement épuisées, lorsque enfin, un peu après le coucher du soleil, j'aperçus mon homme qui s'avançait rapidement. J'avais eu le temps de choisir une cachette d'où il me fût possible de voir, sans être vu, tout ce qui se passerait autour de moi ; j'allai m'y blottir, et j'attendis. Arrivé à trois ou quatre pas de moi, l'Arménien s'assit sur un tronçon de colonne brisée ; il s'essuya le front, leva les mains au ciel, fit une courte prière, et s'avança vers l'extrémité du temple opposée à celle par laquelle il était entré. Là il s'arrêta derrière un monceau de débris, frappa du pied sur une large pierre qui glissa sur le sol et découvrit l'orifice d'une espèce de puits dans lequel disparut ce singulier personnage. La pierre revint alors reprendre sa place sur l'ouverture, et rien ne troubla plus le silence qui m'environnait.

« Le cœur me battait violemment ; une sueur froide ruisselait sur mon visage ; j'avais le pressentiment d'une catastrophe ; mais rien ne put m'arrêter : je renouvelai l'amorce de mes pistolets ; je m'assurai que mon poignard était à ma ceinture ; je pris dans mon havresac des allumettes et des bougies, et je m'avançai vers la pierre, que je fis aisément glisser en la poussant du pied. Un rayon de lune passant entre les colonnes tronquées du temple me permit alors de voir que ce que la pierre couvrait n'était pas un puits, mais un étroit escalier tournant, dont les marches étroites et usées rendaient l'accès peu facile. Je n'hésitai pas néanmoins à suivre ce périlleux chemin, et après avoir descendu environ cent marches au milieu de l'obscurité la plus profonde, je me trouvai sur un sol uni et ferme. Après avoir prêté attentivement l'oreille pendant quelques instants sans entendre le moindre bruit, je tirai mon briquet et j'allumai une de mes bougies. L'endroit où je me trouvais était une salle voûtée, assez vaste, qui ne contenait absolument rien ; elle devait donc avoir nécessairement une issue autre que celle par laquelle j'y étais arrivé, puisque l'Arménien ne s'y trouvait point.

« En examinant attentivement les murs, j'aperçus vers l'extrémité de l'un d'eux une sorte d'enfoncement, et il me sembla, à certains indices, qu'il y avait eu là quelque déplacement récent ; j'essayai de faire passer la lame de mon poignard dans les interstices des pierres : elle y entra tout entière. Je poussai alors cette pierre, qui paraissait descellée et, en s'enfonçant dans le mur, elle offrit à mes regards un escalier pareil au premier. Je m'engageai aussi dans cette nouvelle route, tenant, cette fois, d'une main ma bougie allumée et de l'autre un de mes pistolets tout armé. Il me fallut encore descendre cent marches, puis je m'avançai dans une longue galerie, au milieu de laquelle je me trouvai arrêté par une pièce d'eau qui en remplissait toute la largeur. L'eau était si limpide qu'à l'aide de ma bougie j'en pus voir le fond à une grande profondeur ; j'aperçus en même temps une sorte de petit canot amarré à la rive opposée. Évidemment, j'étais sur les traces de mon Arménien ; mais il commençait à devenir difficile de le joindre. Pour la première fois j'hésitai ; néanmoins mon parti fut bientôt pris : après m'être déshabillé et avoir fait de mes habits un paquet, au milieu duquel étaient placés mes pistolets, mon poignard et le reste, j'attachai fortement ce paquet sur le sommet de ma tête ; puis, entrant résolûment dans l'eau, je nageai d'une main, tenant de l'autre ma bougie aussi haut que possible, et j'arrivai ainsi sans encombre sur l'autre bord, où je me rhabillai promptement.

« Il était fort présumable qu'en continuant à avancer, j'allais courir de grands dangers; mais quels mystères me seraient révélés si je parvenais au but de cette excursion! Cette pensée était suffisante pour m'encourager, et je me remis en chemin en marchant avec précaution, mais avec une force de volonté que je sentais s'accroître à chaque instant.

« Arrivé enfin à l'extrémité de la galerie, une porte de pierre s'offrit à mes regards. Elle était entr'ouverte : je la poussai doucement, et, marchant avec la plus grande précaution, j'entrai dans un vaste caveau. L'Arménien était là, prosterné et en extase devant un sarcophage dont il avait enlevé le dessus, formé d'une pierre artistement taillée. Deux torches, qui brûlaient sur des candélabres de granit, éclairaient cette scène étrange. J'avais éteint ma bougie, et je me tenais dans l'ombre. Tout à coup l'Arménien s'écria :

« – Grande reine Isis, que tes vertus ont fait diviniser, permets que je donne un libre cours à l'expression de l'orgueil et de la joie que j'éprouve en contemplant tes restes mortels, de la vue desquels nul autre regard humain n'a été favorisé depuis plus de quatre mille ans... Heureux de posséder un si grand trésor, tous les biens de la terre me sont indifférents, et pour l'empire du monde je ne consentirais pas à m'en séparer... Mon secret mourra avec moi, et nul ne viendra profaner ta dernière demeure. »

« Il se tut, et j'étais encore indécis sur la conduite que je devais tenir, lorsqu'un mouvement involontaire que je fis attira l'attention de cet enthousiaste; ses regards eurent à peine rencontré les miens qu'il bondit comme un tigre et vint se placer devant la porte pour me couper la retraite ; la lame d'un long poignard étincelait dans ses mains.

« — Malheureux ! s'écria-t-il, c'est la mort que tu viens chercher en ces lieux !

« — Je ne la cherche pas, répondis-je en m'efforçant de paraître calme, mais je ne la crains point, et l'amour de la science me l'a fait braver plus d'une fois.

« — Eh bien ! tu ne la braveras plus, car tu vas la recevoir.

« — Ecoute, lui dis-je ; tu frapperas après. Je suis riche, tu le sais ; je t'offre la moitié de ma fortune en échange de ce sarcophage près duquel tu étais prosterné tout à l'heure, et voici un à-compte qui est à peine la vingtième partie de la somme que je te compterai. »

« En parlant ainsi, je pris par poignées l'or qui remplissait mes poches, et je le jetai à ses pieds.

« — Non ! non ! répliqua-t-il ; ce lieu étant connu d'un autre que moi, mon bonheur, quoi qu'il pût arriver, serait à jamais détruit. Tu m'as volé mon secret ; c'est un crime dont tu porteras la peine. »

« En prononçant ces dernières paroles, il s'élança vers moi le poignard levé ; mais déjà j'avais saisi un de mes pistolets, et sans reculer d'un pas je lui fis sauter la cervelle... »

— Monsieur ! Monsieur ! s'écria l'antiquaire Athanas en se levant brusquement et tremblant d'effroi, songez-vous bien à ce que vous dites... vous avez commis un meurtre. . un assassinat...

— Que voulez-vous ? hélas ! l'amour de la science... Et puis, cher monsieur, il ne faut rien exagérer : je me trouvais incontestablement dans le cas de légitime défense ; en outre, je dois vous dire qu'il y a un peu plus de dix ans de cela, et que, en conséquence, le bénéfice de la prescription m'est acquis.

—Peste ! se dit mentalement M. Athanas, pour un antiquaire, ce monsieur-là est terriblement ferré à l'endroit du Code pénal. »

M. de Lauregeon, en se disant cela, se sentait une forte démangeaison de sonner son valet de chambre et d'appeler main-forte ; mais l'étranger paraissait si calme, si convaincu de son innocence, et il racontait d'ailleurs des choses si intéressantes pour quiconque sent battre dans sa poitrine un cœur d'antiquaire, qu'il résolut d'entendre jusqu'au bout le récit de l'aventure. Il se replaça donc sur son fauteuil et fit signe au narrateur de continuer, invitation muette que comprit ce dernier, et à laquelle il obtempéra en ces termes sans paraître ému le moins du monde :

« M'étant assuré que l'Arménien était mort, j'allai droit au sarcophage, dans lequel je vis une momie qui me parut être de la plus belle conservation. Près d'elle était une boîte en bois de cèdre de forme extraordinaire, et qui paraissait être de la plus haute antiquité. Je pris cette boîte, je pressai un bouton d'or que je vis sur l'une de ses faces : elle s'ouvrit aussitôt, et j'en tirai un manuscrit sur papyrus en caractères hiéroglyhiques. Manquant des connaissances nécessaires pour lire ce précieux manuscrit, je le remis dans la boîte et plaçai cette dernière dans une de mes poches. Je m'emparai ensuite de la momie, que je tirai du sarcophage et que je remplaçai par le cadavre de l'Arménien : c'était une glorieuse sépulture, et j'espère que ses mânes en auront été satisfaites. Enfin je ramassai l'or que j'avais inutilement jeté aux pieds de mon infortuné rival, et je me hâtai de sortir de ce ténébreux séjour, dont je cachai l'entrée avec soin. Le lendemain, au point du jour, j'arrivai au Caire, où je fis sur-le-champ emballer tous les objets précieux que je voulais emporter avec moi ; car, bien que ma conscience ne me reprochât rien, vu le cas de légitime défense, je n'étais pas sans inquiétude sur les suites que pourrait avoir cette affaire dans le cas, peu probable pourtant, où quelques-unes des circonstances qui l'avaient accompagnée parviendraient à la connaissance de l'autorité. Huit jours après, je m'embarquai pour Trieste, et de là je me rendis à Vienne, où était le dépôt de toutes les précieuses choses antiques que j'avais si laborieusement acquises.

« La nouvelle d'un grand malheur m'attendait sur la terre natale ; les événements politiques, joints à d'autres causes, avaient ruiné le banquier dépositaire de ma fortune, et tout mon patrimoine se réduisait à peu près à zéro ; car j'avais épuisé mes lettres de crédit, et à l'exception de quelques poignées d'or, je ne possédais plus rien que les objets que j'avais recueillis dans mes longues et laborieuses pérégrinations. Il est vrai que cela eût suffi pour composer le musée le plus curieux du monde ; mais tout cela avait besoin d'être classé, catalogué ; ce fut l'ouvrage de plusieurs années, et puis, hélas ! à peine ce travail fut-il terminé, qu'il me fallut vendre, pour vivre, une partie de mes collections, puis une autre partie ; et ma situation ne s'améliorant pas, et mes sollicitations pour obtenir un emploi étant toujours sans résultat, je me vis enfin dépouillé de tout le fruit de mes longs travaux.

« Ah! Monsieur, ce me fut une douleur bien amère la première fois qu'il fallut me séparer de quelques-uns de ces chers et précieux objets; j'en versai des larmes de sang, et cette douleur augmenta chaque fois qu'un nouveau sacrifice devint nécessaire; mais elle ne fut jamais comparable à celle que j'éprouve aujourd'hui : malgré tous mes malheurs, il me restait un trésor inestimable, trésor qui m'a coûté le sang d'un homme; eh bien! il faut que je m'en sépare ou que je meure de misère... Mon Dieu! j'ai supporté des privations de toutes sortes; j'ai lutté contre la faim; mais elle m'a vaincu. ... »

Ici l'étranger essuya les larmes qui coulaient sur ses joues pâlies; M. de Lauregeon était touché de compassion; il allait offrir quelque argent à ce pauvre homme, lorsque celui-ci reprit :

« Monsieur, alors que le malheur m'accable, je ne puis éprouver qu'une consolation : c'est de voir mon trésor dans des mains dignes de le posséder, et c'est l'espoir de le voir passer dans de telles mains qui m'amène près de vous. »

« La profonde et presque inaccessible retraite où j'ai pénétré était le temple souterrain où les anciens prêtres égyptiens célébraient les mystères d'Isis; j'en ai acquis la certitude, et il n'est pas douteux que la momie que j'y ai trouvée soit le corps de cette reine, divinisée après sa mort. les paroles que prononçait l'Arménien dans son extase, lorsqu'il était agenouillé près du sarcophage, suffiraient pour m'en convaincre; car c'était le plus savant homme que j'aie jamais connu, et il ne croyait pas que personne pût l'entendre en ce moment; mais ceci est une preuve plus incontestable encore. »

A ces mots, le visiteur tira de sa poche une boîte en bois de cèdre d'une antiquité incontestable, et, l'ayant ouverte, y prit un manuscrit hiéroglyphique sur papyrus qu'il déroula avec beaucoup de précaution, et qu'il présenta à M. Athanas déjà tout émerveillé de ce qu'il avait entendu.

« Ah! s'écria-t-il, quel dommage que nous n'ayons pas ici quelque élève de Champollion! car, je l'avoue, la langue hiéroglyphique m'est inconnue.

— Monsieur, reprit le visiteur, ce papyrus est certainement la chose la plus précieuse qu'un antiquaire ait jamais possédée; mais je sais à qui je m'adresse, et je n'hésite pas à vous le confier. Faites-le examiner; faites-le traduire si cela est possible : je reviendrai dans huit jours et j'apporterai la momie. Je demande du tout dix mille francs; j'en obtiendrais sûrement un prix beaucoup plus élevé en le faisant vendre à l'enchère; mais ce trésor pourrait ainsi tomber en des mains indignes, et j'en mourrais de désespoir. »

M. de Lauregeon fut profondément touché du procédé. Dix mille francs! la somme était forte sans doute; mais aussi de quelle merveille son cabinet serait enrichi, et quel retentissement cette possession donnerait à son nom dans le monde savant!... Et puis ce pauvre baron ruiné y mettait des formes, et il appelait lui-même la lumière en permettant qu'on traduisît le précieux papyrus; enfin sa douleur, ses larmes, l'aveu du meurtre dont il s'était rendu coupable, tout cela témoignait de sa sincérité.

« Monsieur, répondit-il après avoir réfléchi pendant quelques instants, j'accepte votre proposition, en faisant toutefois des réserves jusqu'à ce que le manuscrit soit traduit. Il le sera dans huit jours, et il est probable qu'alors nous nous entendrons complétement. »

Le baron de Cratzenoffen essuya ses yeux une dernière fois, et tout tremblant d'émotion il se retira en protestant que ce jour était un des plus beaux de sa vie.

De son côté M. Athanas de Laurègeon était très satisfait. Dès ce jour même il se mit en quête de quelque pauvre diable de savant capable de traduire le fameux papyrus, ce qui était assez difficile à trouver ; car les disciples de Champollion sont peu nombreux. Il parvint pourtant à en découvrir un qui consentit à traduire le précieux manuscrit, et M. Athanas fut si émerveillé de son contenu, que, lorsque le baron ruiné revint, huit jours après, avec sa momie, le marché fut conclu.

Voilà donc le savant monsieur de Lauregeon possesseur d'une merveille sans pareille, et tout gonflé d'orgueil en songeant au bruit qu'elle allait faire dans le monde. Il était impossible que désormais un étranger illustre vînt à Paris sans visiter le cabinet du savant de la rue Duguay-Trouin, ce fameux cabinet où reposaient les restes, les véritables restes, chair et os, de la déesse Isis. Afin qu'il en fût ainsi, M. de Lauregeon parla partout de l'importante acquisition qu'il avait faite ; puis il imagina de donner une soirée scientifique dans laquelle on lirait la traduction du manuscrit sur papyrus et où l'on ferait l'ouverture de la divine momie, c'est-à-dire qu'on la dépouillerait des bandelettes bitumineuses qui l'enveloppaient depuis plus de quatre mille ans. Plusieurs fois déjà des opérations de même nature avaient amené la découverte de lames d'or portant des inscriptions; on pouvait donc s'attendre à quelque chose de semblable; aussi tous les savants invités s'empressèrent-ils de se rendre à cette soirée, et voilà pourquoi le silence de la rue Duguay-Trouin, où l'herbe pousse entre les pavés, était troublé à huit heures du soir par le bruit des voitures.

Tout était convenablement disposé pour cette solennité dans le salon de M. de Lauregeon : une tribune était élevée à l'une des extrémités, et au milieu, sur une large table, étaient déposées la boîte de cèdre contenant le papyrus, et la momie, renfermée dans une autre grande boîte d'acajou que M. Athanas avait fait construire exprès.

Lorsque tout le monde fut arrivé, M. de Lauregeon monta à la tribune et annonça qu'il allait lire la traduction du manuscrit sur papyrus, que chacun pourrait ensuite examiner, sans y toucher toutefois, attendu l'extrême fragilité de ce monument, sur lequel quarante siècles avaient passé. Il se fit un grand silence, et l'orateur lut la traduction que voici :

« Mortel, prosterne-toi! que ton front touche la poussière! car tu es en présence de la divine Isis, laquelle a prédit qu'après un repos de plusieurs milliers d'années, ses dépouilles mortelles tomberont aux mains des profanes, et nous a ordonné d'écrire l'histoire de sa vie, afin qu'elle parvînt aux gé-

nérations qui doivent se succéder jusqu'à la fin du monde. Prosterne-toi donc encore, profane, et lis, puisque ainsi l'a voulu notre souveraine céleste.

« Avant que le monde fût créé, l'immensité, l'infini était le domaine de Chronus et de Rhéa, qui n'ont point eu de commencement et qui n'auront pas de fin. Lorsque Chronus eut créé le ciel et la terre, Rhéa ayant donné le jour à deux enfants, Osiris et Isis, Chronus les maria; puis il leur fit prendre la forme humaine et les envoya régner sur la terre, afin qu'ils donnassent des lois aux hommes et les fissent sortir de l'état de barbarie dans lequel ils étaient.

« Ces enfants divins civilisèrent d'abord l'Égypte; puis Osiris, laissant à Isis le gouvernement de cette contrée, se mit à la tête d'une nombreuse armée, avec laquelle il parcourut le monde et subjugua tous les peuples, non par la force de ses armes, mais par la civilisation et en faisant naître les arts.

« Mais tandis qu'Osiris, obéissant à Chronus, faisait naître ainsi l'âge d'or, répandant sur son passage le bonheur et l'amour de la vertu, Rhéa devenait mère d'un autre fils, qui devait être le dieu du mal et qui reçut le nom de Typhon. Chronus ayant reconnu les mauvais instincts du nouveau-né, le chassa du ciel. Typhon alors se réfugia en Égypte, où tout d'abord il tenta de détrôner Osiris. Isis, qui tenait d'une main ferme les rênes de l'État et qui était chérie du peuple, déjoua facilement les projets de ce méchant frère, et Typhon eut l'air de revenir à de meilleurs sentiments; mais c'était de sa part pure hypocrisie : tout en paraissant soumis à l'autorité de la reine, il conspirait dans l'ombre, et il parvenait à réunir soixante-douze conjurés et à s'assurer l'appui d'Aso, reine d'Éthiopie, qui avait saisi l'occasion de mettre dans ses intérêts ce mauvais garnement, dont elle redoutait le voisinage.

« Cependant Osiris, après avoir parcouru la terre entière, revenait chargé de la bénédiction des peuples. Son retour fut célébré par de grandes fêtes; Typhon fut un des premiers à s'empresser de féliciter son frère, et il l'invita à un festin magnifique auquel devaient assister les soixante-douze conjurés. Après le repas, on commençait à se livrer à plusieurs jeux et exercices, lorsque Typhon fit apporter un coffre d'un travail merveilleux, et déclara qu'il serait la propriété de celui dont le corps pourrait l'emplir. Tous les convives l'essayèrent successivement; mais ils étaient de trop petite taille : il en eût tenu deux dans le coffre.

« — Voyons, dit Osiris, qui était de taille divine.

« Il entra dans le coffre, s'y coucha, et l'emplit complétement. Aussitôt Typhon et ses acolytes fermèrent le coffre, le bardèrent de fer et de plomb, et l'allèrent jeter dans le Nil, qui le roula jusqu'à la mer, où il entra par la bouche du fleuve appelée *Tatinique*, et dont depuis cette époque les Égyptiens n'approchèrent plus sans être saisis d'horreur.

« Isis se trouvait dans la ville de Chemnis lorsqu'elle reçut la nouvelle de ce fatal événement; aussitôt elle se couvre de vêtements de deuil, puis elle appelle près d'elle Anubis, divinité secondaire portant une tête de chien sur des épaules d'homme, et lui ordonne de l'accompagner dans le voyage qu'elle va entreprendre pour retrouver le corps de son époux. Anubis, qui avait été un des plus fidèles compagnons d'Osiris, avec lequel il avait parcouru toute la terre, s'empressa d'obéir à la veuve éplorée, et tous deux se mirent en chemin pour accomplir ce pieux devoir.

« Porté par les flots, le coffre qui renfermait le dieu erra pendant longtemps dans l'immensité des mers; puis enfin il fut poussé par les vents sur la côte de Byblos et jeté au milieu d'un buisson de bruyères qui l'enveloppa de ses rameaux, et acquit une telle force de végétation qu'il devint en peu de temps un arbre colossal dont la cime se perdait dans les nues. Le roi de Byblos, ayant remarqué cet arbre majestueux, en fit faire une colonne destinée à soutenir le dôme de son palais.

« Pendant que tout cela se passait, Isis et son fidèle Anubis parcouraient la terre et les mers, prenant partout des informations; ils apprirent ainsi l'aventure de l'arbre prodigieux. Il n'en fallut pas davantage à Isis pour deviner toute la vérité. Congédiant aussitôt le fidèle Anubis, elle se rendit à Byblos et alla s'asseoir près du palais du roi, où ses larmes et sa beauté la firent promptement remarquer : la reine la fit venir près d'elle et lui offrit de la prendre pour nourrice de son enfant, ce que la déesse s'empressa d'accepter afin de se rapprocher le plus possible de son cher Osiris.

« Voici donc la déesse installée dans le palais : ses fonctions étaient facilement remplies, car, pendant le jour, il lui suffisait de mettre un de ses doigts dans la bouche du royal enfant pour apaiser sa faim, et la nuit elle l'enveloppait de flammes célestes afin que rien ne troublât son sommeil. Pendant le reste du temps dont elle pouvait disposer, elle se métamorphosait en colombe, et elle allait se percher sur la colonne qui renfermait les restes de son époux. Cela durait depuis quelque temps lorsque, une nuit, la reine ayant voulu voir son enfant, jeta des cris d'effroi en apercevant son berceau entouré de flammes. Isis, qui était alors perchée sur la colonne, vint à tire d'ailes près de la reine; puis, ayant repris sa forme ordinaire, elle se fit connaître, et déclara que, puisque son secret était découvert, elle voulait qu'on lui donnât la colonne dans laquelle se trouvait enseveli le dieu son époux.

« Le roi de Byblos s'étant rendu aux désirs de la déesse, Isis retourna en Égypte, emportant son précieux fardeau; elle arriva ainsi près de la ville de Buto, où son fils Horus était secrètement élevé, et dans laquelle elle pénétra, après avoir caché dans un lieu presque inaccessible le cercueil d'Osiris; mais pendant qu'elle s'entretenait avec son fils, Typhon découvrait la cachette où était déposé le cercueil: il en tira le corps d'Osiris, le coupa en quatorze morceaux et les dispersa à des distances considérables les uns des autres.

« Isis se mit de nouveau à la recherche du corps de son époux; n'ayant point de vaisseaux, elle se fit une barque de papyrus avec laquelle elle parcourut les rivages et les sept bouches du Nil. Ses recherches eurent un succès presque complet; car sur quatorze fragments du corps d'Osiris, elle en retrouva treize, et elle put faire élever des tombeaux et des temples sur tous les points où Typhon les avait jetés.

« Cependant Osiris, par suite de la trahison de Typhon, n'avait fait que quitter son enveloppe humaine pour retourner au ciel. Il revint sur la terre pour achever l'éducation de son fils Horus et l'aider à renverser l'usurpateur. Horus, animé du désir de venger son père, rassembla une armée formidable, attaqua Typhon, le vainquit et le fit prisonnier. Malheureusement, dans un moment de clémence suprême, Isis délivra le meurtrier de son époux. Horus en fut si indigné qu'il arracha à sa mère le diadème qu'elle portait et le remplaça par des cornes de vache; puis il battit une seconde fois Typhon, et l'ayant mis dans l'impossibilité de lui nuire davantage, il reprit possession du trône de son père et régna paisiblement.

« C'est alors qu'Osiris retourna au ciel, et qu'Isis, afin de l'accompagner, quitta l'enveloppe terrestre qui gît dans ce sarcophage; mais auparavant elle ordonna au grand prêtre Hermès, l'auteur de tous les livres saints de l'Égypte, d'écrire l'histoire de son passage sur la terre et de la déposer près de ses dépouilles mortelles; et c'est pour avoir été l'historien de la déesse que j'ai reçu, moi, Hermès, le glorieux surnom de *trois fois grand!*

« Et maintenant, mortels, prosternez-vous de nouveau, en l'honneur de la déesse Isis; en l'honneur d'Osiris, dont l'âme anime le bœuf Apis; en l'honneur de Sérapis, formé du corps d'Osiris; et une dernière fois en l'honneur d'Hermès, dont la main a tracé ces caractères sacrés qui doivent durer autant que le monde. »

Cette lecture valut à M. de Lauregeon les félicitations de toute l'assemblée; la boîte au papyrus passa de mains en mains;

chacun dévorait des yeux ces caractères sacrés, et le savant antiquaire était déclaré bienheureux entre les heureux. L'enthousiasme fut au comble quand cet heureux mortel annonça qu'il allait procéder à l'ouverture de la momie ; tous les assistants se rangèrent autour de la grande table, éclairée par vingt bougies.

D'une main tremblante d'émotion, M. de Lauregeon enleva les premières bandelettes ; il fit remarquer la finesse du tissu, l'odeur qui s'en exhalait, et, continuant l'opération, il parvint au dernier voile, qu'il enleva avec un redoublement d'émotion. Qu'on juge de la stupéfaction générale ! il n'y avait pas de lames d'or sous cette dernière enveloppe ; mais en revanche on vit un corps entièrement velu dont les bras allongés s'étendaient jusqu'à moitié des jambes. Une pâleur subite couvrit le visage du maître de la maison ; ses traits étaient bouleversés. Pourtant, par un effort presque surhumain, il parvint à se remettre un peu.

« Messieurs, dit-il, la chose est étrange, sans doute ; mais il n'est pas certain qu'à une époque très reculée le corps humain ait été dans les mêmes conditions que de nos jours, et la Bible elle-même nous offre, dans l'histoire d'Esaü et de Jacob, l'exemple que nous avons aujourd'hui sous les yeux.

— De nos jours même, ajouta un des assistants, la chose est assez commune ; mais il ne faut pas perdre de vue que c'est d'une déesse qu'il s'agit....

— Pour moi, dit un autre, je ne m'étonne pas que la déesse Isis soit velue ; car en substituant des cornes de vache au diadème qu'elle portait précédemment, il est tout naturel que son respectueux fils l'ait douée des autres attributs du même animal; mais je cherche des cornes, et je n'en vois pas vestige. »

Cette observation, toute rationnelle, augmenta singulièrement le trouble de M. Lauregeon; il essaya pourtant de parer ce nouveau coup, et il dit, en balbutiant et se troublant de plus en plus :

« Les cornes..., c'est vrai..., la déesse ne montre pas ses cornes..., mais peut-être ne les a-t-elle pas conservées jusqu'à sa mort; celui qui les lui avait données a pu les lui ôter... Le grand Hermès n'en dit rien; c'est un détail qu'il a peut-être négligé, et cela, dans tous les cas, ne pourrait porter atteinte à une authenticité si bien établie.

— Hum ! fit un vieux docte, un peu plus crasseux et un peu moins traitable que les autres, la chose ne me paraît pas être d'une parfaite limpidité; j'ai assisté à l'ouverture de cinquante momies, et jusqu'ici je n'en avais pas encore vu une qui ressemblât si bien à une guenon.

— Messieurs, s'écria le plus jeune des spectateurs, j'aperçois, sous l'un des bras de la momie, une étiquette qui est peut-être destinée à jeter quelque jour sur tout ceci.

A ces mots, il allongea la main, saisit une étiquette sur carton, attachée par un fil, et il lut : *Cabinet zoologique du baron de Cratzenoffen. — Chimpanzé femelle embaumée d'après la méthode Gannal.*

Un éclat de rire homérique couvrit la voix du lecteur. Ce fut pour M. de Lauregeon le coup de grâce : il se laissa tomber sur son siége, ses yeux se fermèrent, son cœur cessa de battre : il avait perdu connaissance, il fallut le porter dans son lit... Le savant était tué moralement; et ses aimables confrères s'en réjouissaient mentalement, la plupart de ces derniers, en se retirant, se frottaient les mains avec une satisfaction mal dissimulée; et pourtant ils n'étaient pas les compères du rusé baron de Cratzenoffen; mais on pourrait presque assurer qu'ils n'en valaient guère mieux

FIN D'UNE MOMIE ÉGYPTIENNE.

UNE TÊTE BRETONNE.

Le baron de Kerkariau était une de ces bonnes têtes bretonnes qui ont beaucoup appris, sont incapables de rien oublier, et demeurent jusqu'à la mort fidèles à leurs convictions, quelles qu'elles soient. C'était en outre un homme très instruit, profondément versé dans la connaissance des langues anciennes, et un agréable conteur, capable de se faire écouter pendant des jours entiers quand il était en verve, et pendant des semaines pour peu qu'on le contrariât sur ses croyances, dont quelques-unes étaient fort extraordinaires.

Un soir d'hiver que M. de Kerkariau soupait chez un de ses amis, le comte de Ploerfen, en compagnie de quelques gentilshommes et de plusieurs dames du voisinage, la conversation étant devenue languissante parce que le comte était vieux et peu causeur, une des dames dit tout à coup, comme pour réprimer une énorme envie de bâiller :

« Ah ! monsieur le baron, que vous seriez aimable, la partie de wisk ne pouvant s'engager ce soir, de nous dire quelqu'une de ces charmantes histoires que vous racontez si bien.

— Hélas ! Madame, répondit le baron, l'histoire n'est guère récréative de sa nature ; ce n'est guère autre chose que le long procès-verbal des passions, des vices, des crimes, des folies des hommes ; et puis les historiens sont en général de si grands menteurs !

— Eh bien, cher baron, faites-nous un conte de fées.

— De tout mon cœur, Madame ; mais vous ne croyez peut-être pas aux fées ?

— Prenez garde, Madame, dit en riant le comte ; je connais Kerkariau ; si vous le poussez, il va nous faire, des contes de Perrault, paroles d'Évangile et articles de foi.

— Non, mon cher comte, répliqua le baron ; je n'irai pas jusque-là. Je sais parfaitement que Perrault n'a fait que des contes, et lui-même a soin d'en prévenir ses lecteurs ; mais parce que, après avoir annoncé un *conte*, il commence par ces mots : « *Il y avait une fois un roi et une reine*, » faudra-t-il croire qu'il n'y a jamais eu ni rois ni reines ? Le même raisonnement peut parfaitement s'appliquer aux fées : Perrault n'a pas plus inventé les fées que les rois et les reines ; il n'a fait que les mettre en scène, c'est-à-dire leur attribuer des faits imaginaires.

— Bravo! fit le comte, nous voici en plein paradoxe : je m'y attendais ; et n'ayez pas peur que nous en restions là maintenant ! Je réponds que mon ami le baron va nous prouver que les fées ont existé, et peut-être est-il homme à tenter de vous convaincre qu'il en existe encore... Après tout, conte pour conte, celui-là en vaut bien un autre.

— Rassurez-vous, cher comte ; prouver l'évidence est chose trop fastidieuse pour que je l'entreprenne ; nier que les fées aient existé, quand on trouve partout leurs traces dans l'antiquité, ce serait nier la lumière du soleil. On pourrait tout au plus chicaner sur le plus ou moins de puissance de ces génies ; mais nier l'existence des fées, quand il est démontré qu'elles ont été connues de tous les peuples du monde dans les temps les plus reculés, alors qu'on trouve chaque jour des inscriptions qui constatent leurs actes, leur influence bonne ou mauvaise ; c'est tout simplement impossible. Au temps des druides, elles étaient honorées sous le nom de Fadæ, et pour révoquer en doute leur existence à cette époque, il faudrait nier que la religion druidique ait été celle de nos ancêtres ; or, le druidisme a été évidemment le précurseur du christianisme, ainsi que le démontre cette inscription qu'on a trouvée, dans un grand nombre d'endroits, placée au-dessous d'une image de jeune fille : *Virgini pariturœ druides*, c'est-à-dire : *Hommage des druides à la Vierge-Mère.*

« Je sais que certaines gens ont soutenu que ces inscriptions étaient apocryphes, en alléguant qu'au temps des druides la langue latine était inconnue dans les Gaules ; mais c'est là une erreur grossière : cette langue était inconnue du peuple, sans doute, mais elle était celle des doctes. Au reste, pour nier l'existence des fées, en l'honneur desquelles, il y a moins de cent cinquante ans, on célébrait des messes solennelles à Poissy, il faudrait également nier les Péris de la Perse, les Nymphes de la Grèce, les Elfines des Scandinaves, les Nixes de l'Allemagne, les Snee-farra de l'Irlande ; enfin il faudrait nier même les Korrigans, ces fées de notre vieille Armorique ; et quel est donc le Breton de cœur et d'âme qui osera lancer l'anathème contre ces filles divines ?

« Mais, direz-vous, si on les voyait autrefois, pourquoi ne les voit-on plus ?

« D'abord, gens de peu de foi, sur quoi baserez-vous cette affirmation, qu'*on ne les voit plus ?* Faut-il donc, pauvres esprits prétendus forts, qui n'êtes que des esprits infiniment faibles, que ces filles du ciel et de la terre viennent se soumettre à votre sarcastique examen pour obtenir droit de cité ? N'espérez pas qu'elles se soumettent à cette humiliation : ces créatures supérieures ont horreur de notre civilisation; le bruit des cités, l'orgueil des grands, l'envie des petits, le renversement de toute morale, le culte de l'or, tout ce hideux matérialisme qui nous envahit de plus en plus, les a effrayées ; elles ont cherché de lointains refuges, et vous ne pourriez guère les retrouver aujourd'hui que chez les Lapons et les Samoïèdes, sur notre vieux continent... Pardon, madame la comtesse, si j'arrête la parole sur vos charmantes lèvres : vous alliez dire que tout cela est monstrueusement impie; eh bien !

Madame, pardonnez-moi de vous le dire, c'est vous qui êtes impie en n'y croyant point. Sur quoi donc, s'il vous plaît, s'appuie votre incrédulité? Serait-ce sur ce qu'on est convenu d'appeler *la raison?* Est-ce que, par hasard, vous ne voudriez croire à rien qui ne fût mathématiquement prouvé?... Mais alors vous ne croirez donc pas à l'amitié, à l'amour, à la pitié, à la sympathie et à tous les sentiments qui n'ont aucune raison mathématique d'être? Madame, l'Évangile admet la puissance des démons; il admet les prophètes et les magiciens, tous êtres surnaturels, à l'existence et à la puissance relative desquels vous êtes obligée de croire, *sous peine de n'être point catholique;* tous les jours, Madame, vous honorez les saints, vous invoquez les anges; pourquoi donc refuseriez-vous d'admettre que les fées fussent des anges d'un ordre plus ou moins élevé, dont le nom aurait été broyé, lacéré, dénaturé, par les millions de dialectes surgis de la langue primitive? »

Il y avait dans ces paroles un tel accent de probité, de profonde conviction, appuyé sur une logique si ébouriffante, que l'auditoire resta muet; mais il était aisé de voir que tous les regards demeuraient suspendus aux lèvres de ce singulier conteur.

« Ah! ah! s'écria le comte en riant, je vous l'avais bien dit que si vous le mettiez sur cette voie, il ne s'y arrêterait plus.

— Et vous avez eu tort de dire cela, comte; car je ne passerai outre qu'avec le bon plaisir de mon auditoire. Dois-je me taire, Mesdames?

— Parlez! parlez! s'écrièrent en chœur tous les convives.

— Ce que je viens de dire, reprit le baron, n'était qu'une sorte d'exorde, une précaution oratoire nécessitée par le merveilleux de l'histoire que je vais vous raconter, — car c'est une histoire, Mesdames, je vous en préviens, bien que cela ait tout l'air d'un conte; — j'ai cru que, pour vous intéresser aux personnages dont je vais parler, il fallait que vous crussiez leur existence, sinon réelle, au moins possible. Il me reste à vous apprendre, sur ce point, que le héros de l'aventure est un de mes grands-oncles, qui vivait encore il y a un peu moins de cinquante ans. Il s'appelait le chevalier de Kerkariau ; c'était un brave et joyeux compagnon, dont la jeunesse avait été fort accidentée. Il avait trente ans, et il été marié depuis huit jours, lorsque, un après-midi, il sortit de chez lui pour aller à la chasse ; mais à peine fut-il arrivé à une portée de fusil de son château, qu'il s'étendit sur le gazon, près d'une fontaine, et s'endormit profondément.

« Il paraît qu'il avait un très grand besoin de repos, et je suis assez disposé à croire que la chasse n'était qu'un prétexte : car la nuit était venue et il dormait encore, lorsqu'il fut réveillé par une voix douce et mélodieuse qui l'appelait par son nom et lui reprochait cet amour exagéré du repos qui pouvait avoir pour lui des conséquences funestes.

« Le chevalier ouvrit les yeux, et vous pouvez juger de sa surprise quand il vit à deux pas de lui une femme jeune et d'une beauté merveilleuse : il faisait nuit, mais une sorte d'auréole rayonnait autour du visage de l'inconnue et permettait d'admirer la finesse divine de ses traits ; elle était vêtue de blanc et portait une couronne de roses blanches sur la tête ; elle souriait en regardant le chevalier, et montrait sous ses lèvres vermeilles deux rangs de perles incrustées dans du corail.

« Vous pensez bien, Mesdames, qu'à l'aspect de cette beauté, mon cher oncle ne demeura pas couché ; il bondit sur ses pieds, et, le chapeau à la main, il fit un pas vers la dame, qui ne parut pas du tout effrayée de cette démonstration.

« — Chevalier, lui dit-elle, je suis la reine des Korrigans de cette contrée ; j'ai résolu de me marier aujourd'hui, et je vous ai choisi pour époux.

« — Madame, répondit-il, un tel honneur m'eût transporté de joie un peu plus tôt ; aujourd'hui il ne saurait me causer qu'une vive affliction : il y a huit jours que je suis marié.

« — Rassurez-vous, chevalier ; nous autres immortelles ne sommes pas soumises aux lois des hommes ; nous ne nous marions point comme les femmes de votre monde, et vous pourrez tout à l'heure m'épouser en toute sûreté de conscience et sans crainte d'être accusé de bigamie.

« Le chevalier, je vous l'ai dit, était brave, et vous avez vu qu'il avait abordé fort résolument la belle Korrigan, dont l'aspect, il est vrai, n'avait rien d'effrayant ; pourtant il commença à n'être plus aussi tranquille en entendant cette déclaration inattendue. Il eût bien voulu gagner du temps afin de réfléchir, car quoi qu'en pût dire la fée, il était convaincu qu'on ne saurait impunément se marier deux fois en huit jours ; mais la jolie reine ne lui laissa pas le temps d'hésiter.

« — Allons, mon cher fiancé, dit-elle, donnez-moi la main et venez à mon palais, où tout est prêt pour la célébration de nos noces : vous êtes brave et beau, je suis jeune et jolie, et l'avenir nous réserve des joies infinies.

« Elle tendit au gentilhomme une délicieuse petite main aux doigts effilés, aux ongles rosés, d'une délicatesse et d'une perfection telles que sa vue seule eût tenté un saint. Le chevalier la prit, la porta à ses lèvres, et, au risque de ce qui pourrait en arriver, il se laissa conduire. Le trajet ne fut pas long; tous deux arrivèrent bientôt à un palais magnifique, tout resplendissant de lumière, et dont les vastes jardins répandaient dans l'air des parfums enivrants. Cela surprit fort M. de Kerkariau, car il connaissait tous les châteaux des environs; il n'y avait pas dans tout le canton un arpent de terre qu'il n'eût parcouru en tous sens dans les longues et fréquentes chasses qui étaient son passe-temps de prédilection, et il ne reconnaissait rien de ce qui l'entourait, bien que le trajet du lieu où il s'était endormi à cette somptueuse habitation n'eût duré que quelques minutes.

« Dès que la fée et le chevalier furent arrivés à la cour d'honneur, une foule de jeunes pages vêtus de satin sur lequel ruisselaient les pierreries les plus précieuses vinrent se ranger derrière eux; un grand nombre de serviteurs de toutes sortes, aux riches livrées, formèrent la haie, et le cortége pénétra ainsi dans un immense salon où, à la lumière de mille bougies, étincelaient des rivières de diamants serpentant sur des tentures de soie à larges franges d'or. Aussitôt une musique délicieuse se fit entendre : elle venait de la salle du festin, d'où sortit en même temps une troupe nombreuse de femmes charmantes et d'enfants aux figures, aux formes angéliques. Tous fléchirent le genou et commencèrent à chanter les louanges de la grande Korrigan et de l'époux qu'elle avait choisi.

« — Chevalier, dit ensuite la fée, je ne vous présente ici qu'une partie de ma cour ; j'ai voulu vous éviter les longues et fatigantes cérémonies. Allons nous mettre à table ; lorsque nous en sortirons, notre union sera accomplie.

« M. de Kerkariau trouva le procédé de sa fiancée fort de son goût, car il n'avait pas mangé depuis le matin, et il se sentait un véritable appétit de chasseur, bien qu'il eût très peu chassé et beaucoup dormi ; mais en même temps il se dit qu'on se mariait d'une façon bien singulière chez les Korrigans, et il n'était pas sans inquiétudes sur les suites de cette aventure ; il songeait à sa femme, qui devait l'attendre, et aux conjectures qu'allait faire naître son absence. Néanmoins il se mit à table avec assez de résolution, et il fit honneur aux mets, qui étaient vraiment divins, et aux vins, tous excellents et des plus célèbres crus du monde entier. Au dessert, une des dames d'honneur porta la santé de la reine ; cette dernière but ensuite au chevalier son époux, et après avoir effleuré de ses lèvres les bords de la coupe, elle la présenta à M. de Kerkariau, qui la vida d'un trait.

« L'effet de ce toast à deux fut prodigieux : le chevalier avait à peine eu le temps de poser la coupe sur la table, qu'une nuit des plus sombres se fit autour de lui : la musique se tut, un silence solennel régna pendant quelques instants, puis la lumière revint plus brillante, plus éblouissante qu'auparavant. Tout avait changé autour de mon oncle; il était toujours assis dans un large fauteuil de velours brodé d'or et de perles; mais table, convives, avaient disparu : la salle du festin avait été subitement métamorphosée en chambre nuptiale, où, sur une estrade à laquelle conduisaient des marches recouvertes des plus riches tapis, se dressait un lit d'or massif garni des tissus les plus fins et les plus précieux. Près du chevalier, à ses pieds, sur un moelleux coussin de cachemire, était assise la Korrigan, qui de ses beaux yeux bleus, à la fois veloutés et étincelants, regardait son époux avec une muette volupté qui se trahissait dans ses moindres mouvements.

« — Ami, lui dit-elle de sa voix mélodieuse, trois heures au plus nous séparent du lever du soleil.

« M. de Kerkariau parut sortir d'un rêve profond.

« — Ah! fit-il, déjà?

« — Déjà, mon bien-aimé, reprit la fée en se levant et lui tendant cette petite main de la perfection de laquelle j'ai vainement tenté de vous donner une idée.

« Le chevalier prit cette main charmante qu'il baisa tendrement : car, il faut bien le dire, quoique cela ne soit pas à sa louange, la jolie Korrigan lui faisait perdre la tête.

« — Mon ami, reprit-elle, n'éprouvez-vous pas le désir de vous mettre au lit ?...

« Pardon, Mesdames, s'écria ici le conteur en interrompant son récit ; cela, je le sens, est un peu bien excentrique, et je conviendrai, si vous le voulez, que cette charmante reine aux traits si purs et à la couronne de roses blanches avait des formes étranges; il est certain que c'était là un véritable mariage à la hussarde; mais à cela je ne puis rien, et en ma qualité d'historien, je suis tenu de respecter la vérité. Après cela, il faut bien convenir aussi que c'est l'excès de la corruption qui nous a rendus si délicats, si pudibonds hors de propos : les Korrigans, sur ce point, n'étaient pas à beaucoup près à notre hauteur, et vraiment je crois qu'elles n'en valaient pas moins pour cela. Cette digression faite pour l'acquit de ma conscience, je reprends mon récit.

« Après avoir pressé sur ses lèvres la jolie main de la fée, M. de Kerkariau se leva, et il allait, sans plus de façon, se déshabiller, lorsque la reine prit à sa ceinture un petit sifflet d'argent dont elle tira un son aigu. A l'instant la porte s'ouvrit et livra passage à deux de ces charmants pages dont je vous ai parlé, lesquels se mirent en devoir de débarrasser le chevalier de ses habits, tandis que la Korrigan disparaissait en se jouant derrière les rideaux de soie relevés par des torsades d'or jusque sur l'estrade.

« Débarrassé de ses vêtements, le chevalier, prenant bravement son parti sur tout ce qui pourrait en advenir, ne fit qu'un bond de son fauteuil sur l'estrade, et de l'estrade dans le lit, qu'il trouva délicieux et dans lequel il s'étendit avec un véritable plaisir. En ce moment, le sifflet d'argent se fit entendre de nouveau : aussitôt les pages disparurent, les bougies s'éteignirent, et mon cher oncle, étendant les bras, trouva près de lui la séduisante fée toute palpitante de crainte ou.... »

« Ici le narrateur s'arrêta de nouveau, car, malgré la facilité de son élocution, il éprouvait un assez grand embarras pour arriver au lever du soleil : le nœud de l'histoire qu'il racontait commençant avant le lever des époux, une transition brusque lui était interdite, et déjà il avait cru voir rougir une des dames placées le plus près de lui. Enfin, après s'être recueilli un instant, il reprit :

« — Vous avez dû remarquer, Mesdames, que mon oncle n'était pas grand causeur ; jusqu'à ce moment, marchant de surprise en surprise, il s'était laissé faire assez machinalement ; mais, une fois la tête sur l'oreiller, il crut que le moment des éclaircissements était venu, et, comme la Korrigan se taisait, il prit l'initiative :

« — Madame, dit-il, mon bonheur est si grand, il était si inattendu et il a été si prompt, que jusqu'à ce moment je me suis cru, je vous l'avoue, le jouet de quelque illusion.

« — J'espère au moins, chevalier, répondit la fée, que vous croyez à la réalité de notre union ?

« En entendant ces paroles, M. de Kerkariau fut saisi d'une sorte de terreur : ce n'était plus la voix douce et mélodieuse de cette femme si jeune si fraîche et presque aérienne, qu'il avait entendue depuis son réveil au bord de la fontaine, mais une voix cassée, éraillée, à laquelle il semblait que des dents absentes ne permissent de se produire qu'avec la plus grande difficulté. Le pauvre chevalier se recula le plus qu'il put vers la ruelle : car il tremblait de tous ses membres, et il craignait que la fée ne s'aperçût de ce trouble que, malgré tout son courage, il ne pouvait maîtriser. Bientôt pourtant il parvint à se remettre assez pour continuer les éclaircissements, et il reprit d'une voix un peu émue :

« — Je vous avoue, Madame, qu'il me reste quelque doute sur cette réalité : car, bien que j'ignore absolument comment on se marie chez les fées, il me semble qu'il doit y avoir quelque cérémonie à accomplir, un contrat à dresser, ou au moins certaines conventions verbales faites devant un magistrat ou personnage quelconque, et...

« — Entre moi et un mortel, interrompit la Korrigan, il ne peut y avoir d'autres conventions que ma volonté : je fais des conditions et n'en accepte point... Ne vous ai-je pas dit que, dès que nous aurions bu dans la même coupe, notre union serait accomplie ?

« A ces mots, M. de Kerkariau recommença à trembler de plus belle de tous ses membres, car il lui sembla impossible que cette voix fêlée, mâchonnée par des gencives dégarnies, n'appartînt pas à quelque vieille mégère des plus hideuses. Un instant, il eut la pensée de se jeter hors du lit, de prendre son épée et d'exiger que l'on apportât de la lumière ; puis, pensant qu'un tel éclat ne ferait probablement que rendre sa position plus difficile, il se contint et résolut d'attendre patiemment que le jour fût venu ; pourtant, en attendant, il fit une nouvelle tentative pour éclairer ses soupçons, et, après un assez long silence, il dit :

« — Il est vrai, Madame, que nous avons bu dans la même coupe, et je sens bien que votre volonté doit faire loi en toutes choses ; mais, puisque vous avez daigné jeter les yeux sur moi, j'espérais que vous voudriez bien vous prêter un peu aux faiblesses humaines, ne fût-ce qu'en me permettant de mettre à votre doigt cette bague qui sera notre anneau nuptial.

« En parlant ainsi, le chevalier, s'armant de tout son courage, prit la main de la Korrigan et lui mit au doigt annulaire une des bagues qu'il portait. Le cœur faillit lui manquer quand, au lieu de cette petite main satinée, si douce, si mignonne, si délicate, qu'il avait pressée sur ses lèvres avec une si vive émotion, il sentit une grande main longue, sèche, osseuse, dont les doigts difformes étaient armés d'ongles longs et crochus. Le malheureux se crut perdu ; évidemment il était au pouvoir de quelque démon, de quelque génie malfaisant qui lui avait tendu un piége infernal, dans lequel il avait eu la sottise de donner tête baissée.

« Pendant qu'il faisait ces tristes réflexions, la fée s'endormit, ce qui fut annoncé au pauvre chevalier par un ronflement formidable. M. de Kerkariau, en ce moment, eût donné la moitié de son bien pour avoir une bougie allumée ; il fut sur le point de se lever pour en chercher une ; mais, comme il ne connaissait point les êtres et que les allumettes chimiques n'avaient pas encore été inventées, il craignit d'être obligé de faire trop de bruit, que la fée une fois réveillée ne se rendormit plus, et de nouveau il résolut d'attendre le jour.

« Cependant, quoique le chevalier eût fait un assez long

somme sur le bord de la fontaine, la soirée et une partie de la nuit avaient été pour lui tellement agitées, et les vins du banquet nuptial commençaient à avoir sur son cerveau une telle influence, que bientôt ses paupières s'appesantirent, et, en dépit de tous ses efforts pour se tenir, il finit par s'endormir aussi profondément que sa compagne. Ce fut un rayon de soleil frappant aux vitres qui le réveilla. Se rappelant alors tout ce qui s'est passé, il cherche sa compagne et ne trouve personne. Il regarde autour de lui en se frottant les yeux, et ne peut revenir de sa surprise en se voyant couché sur un misérable grabat, au milieu d'un grand galetas entièrement dépourvu de meubles, et dont les noires murailles n'avaient pour tentures que de longues et épaisses toiles d'araignée. S'élançant hors du lit, il cherche ses habits, qu'il trouve sur un méchant escabeau vermoulu ; puis dès qu'il est vêtu il met l'épée à la main en jurant qu'il obtiendra raison de cette mystification, et il court aussitôt vers la porte ; mais c'est en vain qu'il tente de l'ouvrir, elle est bardée de fer et solidement fermée en dehors. Alors mon très cher oncle se met tout à fait en colère, il frappe, il tempête, il appelle ; tout cela ne l'avance pas davantage : ses cris et ses coups troublent seuls le silence de cette maison qui semble être déserte.

« — Ah! maudite Korrigan! disait-il en lançant sur la porte des coups de pied capables de renverser une muraille; misérable coquine, vieux gibier d'enfer, si je te tenais entre ces quatre murs, comme je te ferais payer ta trahison ! Mais tu ne perdras pas pour attendre; il faudra bien que je te retrouve, et tu verras alors qu'on ne se joue pas impunément à un Kerkariau!

« Mais il avait beau frapper, crier, se démener, il n'en était pas plus avancé. Il ouvrit alors la fenêtre et reconnut que la chambre où il se trouvait était située à l'étage le plus élevé d'une haute tour. Aussi loin que ses regards pouvaient s'étendre, il ne voyait qu'une plaine nue, aride, où s'élevaient çà et là des tourbillons de sable tour à tour formés et dissipés par le vent. Sa colère alors fit place à un profond découragement, et il s'écoula plusieurs heures avant qu'il songeât à chercher quelque moyen pour recouvrer sa liberté. Enfin, faisant un effort sur lui-même, il secoua cette sorte de torpeur, et il commença à sonder avec son épée les murs de sa prison. Partout les pierres rendirent un son sec. Le chevalier songea alors à la cheminée; mais le tuyau en était si étroit que l'homme le plus fluet n'eût pu y passer, et il était, en outre, garni de barreaux de fer qu'il n'eût été possible de desceller qu'après un long travail; et puis, il n'aurait toujours pu parvenir par cette voie que sur le haut de la tour, et comment descendre d'une si grande hauteur? Le prisonnier s'en prit de nouveau à la porte, et ayant ôté une des barres du grabat, il essaya d'en faire une sorte de levier; tout fut inutile : ses longs efforts n'eurent d'autre résultat que de l'accabler de fatigue. Tourmenté en même temps par la faim et la soif, il se jeta sur le lit, plus découragé que jamais, et s'endormit bientôt profondément.

« La nuit était venue, et le chevalier dormait depuis plusieurs heures, lorsqu'il fut réveillé en sursaut par le son aigu d'un sifflet. Il ouvrit les yeux, et grande fut sa surprise quand il se vit dans la chambre nuptiale telle qu'elle était lorsque la Korrigan l'avait conduit; de nombreuses bougies brûlaient dans des flambeaux de cristal, et à quelque distance du lit était une table couverte de mets délicieux et de carafes pleines de vin. M. de Kerkariau, ne pouvant croire qu'il fût bien éveillé, se frottait les yeux pour la troisième fois, lorsque la fée, jeune, belle et parée comme la veille, entra et s'approcha du lit.

« — Enfin, beau chevalier dormeur, dit-elle, vous vous êtes donc décidé à ouvrir les yeux?

« Et en parlant ainsi, elle lui tendait sa petite main douce et blanche; mais le chevalier, au lieu de la prendre, sauta sur son épée, qu'il mit hors du fourreau, en s'écriant :

« — Enfin je vais donc avoir raison de cette abominable mystification!... Osez-vous bien, misérable démon, vous présenter devant moi après tout ce qui s'est passé depuis vingt-quatre heures?

« — Que signifient cette colère et ces injures? dit la fée de sa douce voix, que l'émotion rendait encore plus séduisante. Mon cher chevalier, serait-il possible que le bonheur vous eût fait perdre la raison?

« — Quoi! répliqua mon oncle hors de lui, aurez-vous l'audace de nier que depuis vingt-quatre heures vous me tenez en charte privée dans cette tour, sans pain, sans eau, enfermé comme un criminel de la plus dangereuse espèce? Ah! méchante sirène, vous aurez beau faire, je ne me laisserai plus prendre à vos sortilèges et maléfices... Allons vite, qu'on me livre passage, ou je tue tous ceux qui cherchent à me retenir.

« — De grâce, mon cher époux, calmez ces transports ! dit la Korrigan; vous aurez sûrement fait quelque long et méchant rêve, et c'est ce qui arrive fréquemment aux gens qui dorment trop; j'aurais dû vous réveiller, et je l'aurais sûrement fait si j'avais pu croire qu'un trop long sommeil fût capable de mettre un tel désordre dans votre esprit..... Que parlez-vous de prison, de tour, de pain et d'eau? Vous n'êtes point dans une tour, mais dans votre palais, d'où vous avez toujours été libre de sortir, et j'ai fait dresser cette table ici afin qu'à votre réveil vous puissiez sur-le-champ satisfaire votre appétit.

« Le doute commença à poindre dans l'esprit du chevalier; il se demandait si, en effet, il n'avait pas été le jouet d'un songe fâcheux, lorsque tout à coup il aperçut au doigt de la fée la bague qu'il lui avait donnée peu d'instants après qu'elle avait pris place à ses côtés.

« — Et cette bague, Madame ! s'écria-t-il, direz-vous que je rêvais lorsque je vous la mis au doigt?

« — Non, vous ne dormiez pas, chevalier; mais vous étiez bien près du sommeil.

« La fée soupira, rougit et baissa les yeux en prononçant ces paroles, qui semblaient une reproche bien mérité. Elle parut à M. de Kerkariau plus jolie que jamais.

« — Mais, Madame, dit-il d'un ton fort radouci, vous avez des mains charmantes, divines, et la main que j'ai prise pour y mettre cette bague était longue, sèche, rude, osseuse, au point que son contact me donna le frisson.

« — C'était sans doute, mon ami, un jeu de votre imagination... mais de grâce, mettez-vous à table : vous devez avoir un grand besoin de manger.

« Mon oncle, qui, en effet, se mourait de faim, pensa qu'il pouvait sans grand inconvénient interrompre l'explication, sauf à la reprendre plus tard, et il commença à faire honneur aux mets qui couvraient la table en homme qui n'a pas mangé depuis trente heures.

« La fée, qui s'était placée près de lui sans paraître lui garder rancune de la manière peu courtoise dont il l'avait traitée en s'éveillant, eut soin de lui servir les morceaux les plus délicats, et, comme la veille, elle voulut qu'il bût dans la même coupe qu'elle.

« — Et maintenant, mon bien-aimé, dit-elle quand on en fut au dessert, êtes-vous revenu quelque peu de votre erreur? Croyez-vous encore que j'aie voulu vous faire subir le supplice d'Ugolin en vous emprisonnant dans une tour? »

« Et en parlant ainsi, elle souriait de la manière la plus gracieuse.

« — En vérité, Madame, répondit M. de Kerkariau un peu confus, tout ce qui m'est arrivé depuis hier est si prodigieux, qu'il n'est pas étonnant que mon cerveau en soit un peu troublé; et cependant je suis certain que vous n'aviez plus, lorsque vous êtes entrée dans le lit nuptial, cette douce voix que j'entends avec tant de plaisir.

« — Tout aussi certain que vous l'étiez tout à l'heure d'avoir été emprisonné. Voyons, y avait-il de bien gros barreaux aux fenêtres de votre prison?

« — Non, répondit le chevalier; les fenêtres étaient ce qu'elles sont en ce moment, si ce n'est qu'au lieu de rideaux d'or et de soie, elles étaient garnies de noires et laides toiles d'araignée.

« A ces mots, il se leva et s'approcha de celle des fenêtres d'où il n'avait vu qu'une plaine nue, aride, où le vent soulevait des tourbillons de poussière, et il ne put réprimer un mouvement de surprise en apercevant à la clarté de la lune des jardins enchanteurs, d'où s'exhalaient des parfums délicieux dans un air pur et rafraîchi par de nombreux jets d'une eau limpide qui retombait comme une pluie de diamants.

« — Allons, se dit-il, il paraît qu'en effet j'ai eu le cauchemar; et en vérité il faut que ma nouvelle épouse soit douée d'un bien bon caractère pour me faire si bon visage, après la manière dont je l'ai traitée il y a une heure.

« — Qu'y a-t-il donc, mon bien-aimé? dit la Korrigan en s'approchant de lui.

« — Il y a, ma chère et douce amie? que je suis honteux de mon emportement. Il faut vraiment que je sois un animal bien stupide pour vous avoir...

— « Ne parlons plus de cela, mon ami. Vous étiez en colère; vous me croyiez coupable, cela se comprend. Aimons-nous et écartons toutes fâcheuses pensées.

« Cette nuit-là, Mesdames, mon oncle ne dormit point. Sa compagne ayant témoigné le désir d'aller prendre l'air dans le jardin, il y descendit avec elle; après une assez longue promenade, tous deux s'assirent sur un banc de gazon, au milieu d'un bosquet de roses et de chèvrefeuille, et leur conversation devint tellement intéressante qu'ils étaient encore à la même place lorsque le jour parut. La Korrigan fit alors entendre le son du petit sifflet d'argent attaché à sa ceinture ; plusieurs pages accoururent aussitôt pour prendre ses ordres, et, quelques secondes après, un déjeuner splendide et réparateur était servi dans le bosquet.

« Cette journée fut charmante ; la fée et le chevalier ne se quittèrent pas un instant. Ils visitèrent toutes les parties du palais, et à chaque pas M. de Kerkariau demeurait en admiration devant quelque merveille de la nature ou de l'art ; c'étaient d'immenses salons aux murailles diaphanes, garnis de meubles en cristal de roche, de vastes galeries toutes pleines de tableaux admirables, de statues antiques auxquelles il semblait pourtant que l'artiste venait de donner le dernier coup de ciseau. De temps en temps une musique divine jetait le chevalier dans d'inexprimables extases, d'où il ne sortait que pour admirer les nouvelles merveilles qui s'offraient à ses yeux.

« Vers la fin du jour, ces heureux époux firent une nouvelle promenade sur l'une des vastes pièces d'eau dont les flots purs et limpides venaient jusque dans les jardins se jouer sur des degrés de marbre ; et puis c'étaient de toutes parts des parfums enivrants, des chants d'amour et des cris de joie.

« Le soir étant venu, la fée conduisit son époux dans cette salle de festin où le premier jour ils s'étaient unis en buvant dans la même coupe, et de nouveau les mets les plus délicieux, les vins les plus exquis leur furent servis à profusion : la table était couverte de vaisselle d'or, de flacons de cristal étincelant ; jamais encore tant de richesses n'étaient apparues aux regards de mon cher oncle, et il avait tant de choses à admirer qu'il oubliait presque complétement sa première épouse, sa famille, sa maison, etc. Il avait même oublié son aventure ou son rêve du jour précédent ; mais il s'en souvint en entrant avec la fée dans la chambre nuptiale, et il commença à se sentir moins à l'aise.

« Là encore les choses se passèrent comme la première fois : le chevalier se mit au lit, puis les bougies s'éteignirent, et la fée vint prendre place près de lui.

« — Belle amie, dit alors M. de Kerkariau, j'ai l'habitude de garder de la lumière dans ma chambre pendant la nuit ; ne pourriez-vous me donner la satisfaction de faire allumer une des bougies ?

« — Voulez-vous donc, répondit la Korrigan, que j'appelle ainsi mes femmes au milieu de la nuit ?

« Ces paroles frappèrent le chevalier comme un coup de foudre. C'était encore cette voix rauque et cassée qui l'avait tant effrayé la première nuit. Le voilà de nouveau se reculant le plus possible, au risque de tomber dans la ruelle ; puis, afin de bien s'assurer qu'il n'était pas le jouet d'une illusion, il reprit :

« — Chère amie, je suis convaincu que vos femmes sont à toute heure heureuses de vous servir, et vous m'obligerez en vous rendant à mon désir.

« — Voilà un étrange caprice ! répliqua la fée.

« Et c'était encore la même voix de vieille femme, cette voix fêlée, éraillée, que l'infortuné mari ne pouvait entendre sans frissonner. Pourtant, rappelant tout son courage, il voulut pousser à bout l'aventure.

« — Madame, dit-il, caprice ou besoin, c'est ma volonté, et j'ai l'habitude aussi de me faire obéir : je vous ai adressé une prière, ne m'obligez pas à vous donner un ordre.

« Cette fois la Korrigan ne répondit point, et moins d'une minute après elle ronflait comme un grenadier.

« — Corbleu ! se dit mon oncle en colère, j'en veux avoir le cœur net. Aussi bien il est temps que tout cela finisse et que je retourne chez moi, où mon absence doit causer une vive inquiétude.

« A ces mots il s'élance hors du lit, et il cherche à tâtons les cordons de sonnette qu'il avait remarqués avant de se coucher ; mais ses mains ne rencontrent que des murs absolument nus.

« — Bon ! fit-il, est-ce que toutes les diableries de l'autre jour vont recommencer ?...

« Puis d'une voix forte il crie :

« — Holà ! quelqu'un !... Qu'on m'apporte de la lumière !...

« Personne ne répond, et le silence de la nuit n'est troublé que par les ronflements de la Korrigan. Le chevalier se dirige vers la porte : il y frappe à coups redoublés en appelant de nouveau, et toujours sans plus de succès. Furieux, il se rapproche du lit :

« — Madame ! dit-il d'une voix terrible, ne me poussez pas à bout, ou il arrivera malheur !

« Point de réponse.

« — Madame! madame! dit-il encore, vous ferez tant que je me porterai à quelque extrémité.

« Il étendit le bras pour la saisir, mais sa main ne rencontra qu'un corps rond, lisse et froid comme celui d'un serpent; au même instant les ronflements cessèrent, et un long sifflement leur succéda. Le malheureux chevalier poussa un cri d'horreur en se jetant en arrière : ses cheveux se dressèrent, ses dents claquaient. Il crut que sa dernière heure était venue; mais après le sifflement, les ronflements recommencèrent, et le silence ne fut pas autrement troublé.

« M. de Kerkariau était demeuré immobile et muet, ne sachant quel parti prendre, et se repentant amèrement de s'être ainsi laissé attirer par cette maudite fée qui le faisait trembler si fort, lui qui n'avait jamais eu peur. Après quelques instants, il parvint pourtant à se rassurer un peu : il cherchait ses vêtements, lorsque la fée, cessant tout à coup de ronfler, lui dit :

« — Chevalier, vous avez un mauvais caractère; je m'en suis aperçue, et j'ai voulu vous donner une leçon, afin de vous corriger et de faire de vous un mari modèle : j'espère que j'y parviendrai. En attendant, faisons la paix et revenez vous mettre au lit; vous êtes nu, les nuits sont froides, et je ne veux pas que vous vous enrhumiez.

« En même temps mon oncle sentit une main qui prit la sienne et l'attira vers le lit; mais, hélas! c'était encore cette vilaine main longue, sèche, osseuse, de la première nuit, de même que les paroles qu'il venait d'entendre avaient été prononcées par la voix rauque et cassée. Mon oncle pensa néanmoins qu'il n'avait rien de mieux à faire que d'obéir, et, faisant un effort suprême pour vaincre sa répugnance, il se remit au lit; mais, quelque grand dormeur qu'il fût, il se promit bien de ne pas se laisser aller au sommeil, et cette fois il se tint parole. Quant à la fée, elle se rendormit sans difficulté, et si profondément, que le jour commença à poindre sans qu'elle ouvrît les yeux.

« Cependant, aux premières lueurs de l'aube, M. de Kerkariau s'était doucement mis sur son séant; retenant son haleine, il se pencha vers sa compagne pour examiner ses traits. Jugez de sa surprise lorsqu'il vit un visage anguleux, décharné, une véritable tête de mort recouverte d'une peau tannée, ridée, huileuse, et tellement hideuse qu'il semblait impossible qu'elle appartînt à une créature humaine! L'étonnement, le dégoût de ce malheureux furent tels qu'il ne put retenir une exclamation. Réveillée en sursaut, la Korrigan ouvre de petits yeux rouges, chassieux, enfoncés sous d'épais sourcils d'un gris sale, et, voyant le chevalier qui la regarde, elle s'élance hors du lit en sifflant comme une couleuvre, et court vers la porte. Mais déjà mon oncle était sur ses traces; il se jette sur la porte avant que la fugitive ait pu la refermer, et il pénètre dans un long corridor au bout duquel il trouve un escalier. Bien que la fée ait disparu et qu'il désespère de la rejoindre, il descend néanmoins cet escalier noir et tortueux, et il arrive dans une grande salle délabrée au milieu de laquelle est une table vermoulue. Sur cette table sont une douzaine de rats qui se disputent quelques débris de viande corrompue; partout des toiles d'araignée pour tentures, un parquet à demi effondré, des vitres brisées.

« Après avoir parcouru plusieurs autres pièces où tout respire la misère et l'abandon, M. de Kerkariau songe à sortir de ce lugubre séjour; mais il n'a d'autre vêtement que sa chemise; il faut donc qu'il regagne la chambre où il a passé la nuit, et si là il allait retomber en la puissance de l'affreuse sorcière!... Grand est son embarras; enfin il se décide à retourner sur ses pas. Partout les rats effarouchés lui passent entre les jambes, les ailes des chauves-souris lui fouettent le visage; mais rien ne l'arrête, et il regagne la chambre d'où il est parti. A peine y est-il entré, qu'il aperçoit sur un riche fauteuil de velours la fée, aussi jeune, aussi fraîche, aussi jolie que lorsqu'elle lui est apparue pour la première fois, et qui de sa voix douce et enchanteresse lui dit en souriant :

« — Bon ami, d'où venez-vous donc en si léger équipage?

« — Oh! misérable sorcière, répond le chevalier furieux, je ne m'y laisserai pas prendre cette fois!

« — A quoi ne voulez-vous pas vous laisser prendre, mon ami?

« — A vos ruses infernales, vieille mégère!... Oh! vous avez beau sourire pour me montrer ces dents de nacre, ces lèvres vermeilles, je sais maintenant à quoi m'en tenir; je sais que vous avez les yeux rouges et chassieux, une peau huileuse et tannée, une tête de mort sur un corps de serpent.

« — Quoi! chevalier, voilà que vous retombez dans ces extravagances!

« — Je n'extravague pas ; je ne rêve pas : vous êtes une hideuse et méchante créature qui vous êtes attachée à moi pour me persécuter, pour me perdre.

« — De grâce, mon bien-aimé, revenez à vous !... que vous est-il donc arrivé ?... quelle vision avez-vous eue ?... Ne me reconnaissez-vous point ? ne suis-je pas votre épouse ?.. Regardez autour de vous : n'êtes-vous pas dans votre palais, dans votre chambre à coucher ?

« — Je ne sais où je suis, mais je sais ce que vous êtes.

« La fée se leva et voulut lui prendre la main.

« — Ne me touche pas, misérable démon ! s'écria mon oncle en faisant un pas en arrière.

« — Mon cher époux, vous avez le délire.

« — Non, non ! je sais ce que je dis ; je vais m'habiller et partir, et malheur à qui tentera de me retenir.

« — Et où irez-vous, mon ami ? demanda la fée sans s'émouvoir.

« — J'irai où il me plaira, corbleu !

« — Je crois, cher ami, qu'il vous faudrait aller loin pour retrouver votre raison.

« M. de Kerkariau voulut s'approcher du fauteuil sur lequel étaient déposés ses vêtements ; la fée se plaça devant lui pour l'empêcher d'avancer.

« — Arrière, infâme ! arrière ! s'écria-t-il en faisant un geste menaçant.

« — Ah ! chevalier, lever la main sur une femme !

« — Mais tu n'es pas une femme !

« — En êtes-vous bien sûr, chevalier?

« Ces dernières paroles furent dites avec une grâce si fine, et suivies d'un si charmant sourire, que mon oncle se sentit faiblir.

« — Eh bien! dit-il d'un ton fort radouci, si vous êtes une honnête femme, prouvez-le en me laissant retourner près de l'épouse que j'ai abandonnée pour vous suivre, il y a trois jours.

« — Et que vous ai-je fait, moi, pour que vous m'abandonniez à mon tour?

« — Ce que vous m'avez fait! Mais vous oubliez donc qu'il faisait jour et que je vous regardais tout à l'heure quand vous vous êtes éveillée?

« — Eh bien! quel mal y avait-il en cela?

« — Il y a que je vous ai vue sous votre véritable forme, et que, rien que d'y penser, j'en frissonne encore.

« — Il paraît, chevalier, que vous êtes sujet aux hallucinations, car voici la seconde fois en trois jours que vous me régalez de ces chimères. Il faudrait faire quelque chose pour vous guérir de cela.

« Ce sarcasme raviva la colère de mon oncle.

« — Allons, dit-il d'un ton de commandement, qu'on me livre passage!

« — Que voulez-vous faire, mon ami?

« — M'habiller d'abord, et sortir d'ici le plus promptement possible.

« — Vous aurez ainsi le triste courage de m'abandonner après trois jours d'union?

« — Oh! trêve de grimaces, s'il vous plaît!

« — De grâce, cher époux! renoncez à ce projet.

« — Non, non!... faites-moi place, vous dis-je.

« — Prenez garde, mon bien-aimé, vous ressemblez beaucoup à un enfant mutin.

« — Vous voulez donc absolument me pousser à bout?

« — Cher ami, il semble bien plutôt que c'est vous qui abusez de ma patience...

« — Ah! c'est trop fort!

« — De ma douceur...

« — Oh! oh!

« — De ma résignation.

« M. de Kerkariau était redevenu furieux; il fit un geste pour écarter la fée, qui continuait à lui barrer le passage pour l'empêcher de prendre ses vêtements; mais une puissance invisible l'empêcha d'étendre le bras jusqu'à elle.

« — Mon ami, reprit la Korrigan, vous ferez bien de quitter cet air de pourfendeur qui ne vous convient point.

« — Ah! misérable démon!

« — Remarquez que je ne vous ai pas dit une parole offensante, et que depuis une heure vous m'accablez des injures les plus grossières et les moins méritées.

« — Oui, je le répète, vous êtes une méchante, une affreuse, une hideuse fille du démon.

« — Chevalier!...

« — Une infâme prostituée !

« — Oser dire cela de votre femme !

« — Ma femme ! jamais, jamais !

« — Une femme qui vous adore...

« — Et que je hais de toute mon âme.

« — Qui a fait vers vous les premiers pas...

« — Et que j'aurais dû fuir comme la peste.

« — Qui peut et qui veut faire de vous l'homme le plus riche de la terre.

« — Oui, en me donnant des palais qui se changent en étables d'Augias..... Je ne veux point de vos richesses, je ne veux point de votre amour, je ne veux point de vous... Je sais, méchante sirène, que vous êtes puissante ; mais je sais aussi que vous ne pouvez rien contre ceux qui repoussent vos faveurs.

« — Vous oubliez donc que nous avons bu dans la même coupe et dormi dans le même lit ?

« — C'est une faute dont je me repens et de laquelle je ferai certainement pénitence.

« — Chevalier, vous êtes un enfant.

« — Arrière ! vous dis-je, je suis ce qu'il me plaît d'être.

« — Un enfant indocile, mutin, et, puisque vous m'y forcez, je vais vous traiter comme tel.

« A ces mots, la Korrigan prit son sifflet d'argent et en tira un son si aigu qu'on eût dit qu'il dût pénétrer jusqu'aux entrailles de la terre. Aussitôt apparut une nuée de nains armés de longs fouets ; les uns entrèrent par la porte, d'autres par les fenêtres et par la cheminée, et tous, formant un cercle autour de l'infortuné chevalier, qui était nu, commencèrent à le fustiger de la manière la plus cruelle. En vain tentait-il de se défendre; ses pieds semblaient cloués au parquet. A chaque coup de lanière, le sang jaillissait; sa chemise en était trempée, et les intolérables douleurs qu'il éprouvait lui faisaient faire des contorsions dont la fée riait aux éclats.

« — Fouettez! fouettez! criait-elle. Encore! encore! ferme! ferme! le drôle ne l'a pas volé!

« Et les coups tombaient comme grêle. Mon oncle cependant ne se décourageait pas, et, agitant ses bras en tous sens, il s'efforçait de saisir quelqu'un de ces méchants nains; car il connaissait parfaitement la théogonie armoricaine : il savait que les Korrigans ont pour enfants des nains innombrables et méchants, appelés comme leurs mères Korrigans, et que quiconque peut s'emparer d'un de ces mauvais garnements n'a plus rien à redouter de la mère. Malheureusement la puissance qui le tenait attaché au parquet l'empêchait de les atteindre.

« — Ah! je suis une sorcière infâme! ah! je suis vieille et laide, menteur que tu es... Fouettez! fouettez, enfants!... Ah! j'ai une tête de mort sur un corps de serpent!..... Ferme! ferme!

« Et les petits Korrigans, voltigeant autour du patient, continuaient à l'accabler de coups. Cela durait depuis un quart d'heure; mon oncle s'affaiblissait; il sentait que bientôt les forces allaient lui manquer tout à fait. Dans cette extrémité, il fit vœu d'aller visiter les lieux saints à Jérusalem s'il sortait vainqueur de cette lutte cruelle. Aussitôt ses pieds furent libres, et il put s'élancer sur les nains, qui, saisis d'effroi à leur tour, se précipitèrent hors de la chambre par toutes les issues ; mais le chevalier parvint à en saisir un par le talon au moment où il sautait sur la fenêtre.

« — Ah! fils du diable! dit-il, tu payeras pour tous.

« Et, le tenant fortement d'une main, il lui porta l'autre à la gorge comme pour l'étrangler.

« — Grâce! grâce! cria alors la fée en tombant à genoux.

« — Vous n'avez donc plus envie de rire, Madame? dit le chevalier. C'est dommage, en vérité; cela vous permet de montrer de si belles dents!

« — Mon cher chevalier, rappelez-vous que ce n'est pas moi qui ai commencé les hostilités.

« — Vraiment! c'est moi peut-être qui suis venu vous chercher ici?... Allons, petit drôle, gambade tant que tu voudras; je vais commencer par t'allonger un peu les oreilles pour te faire rire comme madame ta mère.

« Et il se mit en effet à tirer les oreilles au nain, qui jetait des cris perçants.

« — Rendez-le-moi, dit la fée tout en larmes, et j'oublierai les outrages que j'ai reçus de vous.

« — Belle dame ou laide sorcière, vous me croyez plus niais que je ne suis : je tiens le bambin, et je sais que nulle puissance ne peut maintenant me l'arracher.

« — Il est vrai, dit la fée, que je ne puis rien contre vous en ce moment; mais je puis laisser les choses en l'état où elles sont, et vous aurez beau tourmenter ce pauvre enfant, cela ne vous fera pas sortir d'ici.

« — C'est ce que nous verrons tout à l'heure.

« En parlant ainsi, mon cher oncle s'était approché du fauteuil où étaient ses vêtements, et tout en tenant d'une main le petit Korrigan, il s'habillait de l'autre, tant bien que mal, sans paraître écouter la fée, qui, toujours à genoux, le suppliait de ne pas faire de mal à son enfant. Quand cette opération fut terminée, il s'assit et posa le nain sur un de ses genoux.

« — Laide petite bête, lui dit-il, si tu continues à m'étourdir de tes cris, je vais te mettre sous mon pied et t'écraser comme une chenille.

« — Chevalier, cria la fée, vous ne ferez pas cela !

« — Je le ferai, sur mon âme !

« — Vous êtes donc plus cruel qu'un tigre ?

« — Ah ! belle petite, le mot est joli ! C'est moi qui suis cruel, moi dont, par votre ordre, la peau vient d'être mise en lambeaux !...

« — Je vous en prie, ne pensez plus à cela.

« — Peste, vous en parlez bien à votre aise !

« — Je vous demande la paix.

« — Parce que vous ne pouvez plus me faire la guerre ; c'est vraiment très généreux.

« — Je puis, comme je vous l'ai dit, vous laisser où vous êtes.

« — Eh bien ! je tâcherai de me désennuyer avec ce petit

vaurien, et je vais commencer par lui crever les yeux et lui casser les jambes pour qu'il soit plus facile à garder.

« — Que demandez-vous donc pour sa rançon?

« — A la bonne heure! nous voici sur un terrain qui me convient : je veux d'abord qu'avant de vous relever, vous me demandiez pardon de tout le mal que vous m'avez fait. Puis, comme je ne sais pas où je suis, qu'il se peut que j'aie beaucoup de chemin à faire pour retourner chez moi, vous voudrez bien mettre quelques rouleaux d'or dans mes poches; enfin, marchant devant moi, vous me conduirez hors de ce palais ou plutôt de cette hideuse prison. Là, en plaine, sur la terre ferme, n'ayant plus à redouter vos enchantements, je vous rendrai votre cher Korrigan, digne enfant d'une telle mère. Est-ce marché fait?

« — Et vous m'abandonnerez pour toujours?

« — Vraiment! croyez-vous qu'il ne m'en cuise pas assez d'une fois pour m'ôter l'envie de recommencer?

« — Ingrat! que n'avez-vous su être heureux?

« — Allons, ma belle, c'est assez jouer la comédie... Tenez voici le mauvais petit drôle qui me fait la grimace... Pif!... v'li, v'lan!

« *Pif*, c'était une pichenette bien corsée qui tombait sur le nez du nain; *v'li, v'lan*, c'était l'aller et le retour d'une main peu gantée mise en contact avec les joues du chérubin qui avait si bien joué du fouet pour obéir à sa mère. Le petit garnement recommença à crier de plus belle, et plus il criait, plus abondantes étaient les larmes de la fée.

« — Époux impitoyable, dit-elle, je me soumets à toutes vos exigences, et puisque vous repoussez la main qui devait faire votre bonheur, vous êtes libre maintenant d'aller végéter au milieu de vos semblables. Tenez, ajouta-t-elle en lui présentant un trousseau de fines clefs en or, qui aurait tenu dans un dé à coudre, ouvrez ce meuble d'ébène qui est près de vous, et prenez-y tout l'or que vous voudrez.

« M. de Kerkariau ne se le fit pas dire deux fois : il ouvrit l'un après l'autre tous les tiroirs du meuble, bourra ses poches avec l'or qu'il y trouva, puis, se tournant vers la Korrigan :

« — Madame, dit-il, me voici prêt à vous suivre.

« — Il est donc bien vrai que c'est votre dernier mot?

« En prononçant ces paroles, elle leva sur le chevalier ses beaux yeux bleus mouillés de larmes. Elle était si jolie, si séduisante ainsi, que mon oncle se sentit ému jusqu'au fond de l'âme; mais comme heureusement en se tournant vers elle il venait de ressentir les cruelles douleurs causées par le frottement de ses vêtements sur ses plaies encore saignantes, cela lui rendit toute l'énergie dont il avait besoin.

« — Pas d'hésitation, Madame, dit-il; cela ne pourrait servir qu'à me rendre plus exigeant.

« La fée se leva et sortit; le chevalier la suivit, tenant toujours le nain, auquel il ne ménageait pas les pichenettes à la moindre tentative que le petit drôle faisait pour se dégager. On traversa ainsi tout le palais, où M. de Kerkariau n'avait vu quelques instants auparavant que des vitres brisées, de mauvais meubles vermoulus, des araignées et des rats, et qu'il voyait maintenant resplendissant d'or, de soie, de pierreries, rempli de pages et de serviteurs aux somptueuses livrées. Comme il descendait le perron, la Korrigan, qui marchait devant, se retourna.

« — Mon bien-aimé, lui dit-elle, il est donc vrai que je ne vous reverrai plus?

« Mais mon oncle, qui avait grand'peine à marcher, tant il souffrait des innombrables coups de fouet qu'il avait reçus, n'était pas dans une disposition d'esprit à prêter l'oreille à ces sornettes.

« — Ne cherche pas à me tenter, démon, répondit-il, car ce serait peine perdue. Je veux quitter à l'instant même ces lieux maudits pour n'y jamais revenir.

« — Hélas! c'est avec sincérité que je déplore votre aveuglement : les hommes peuvent savoir où ils sont, mais ils ne savent jamais où ils vont.

« — Chansons que cela, ma belle : tout chemin mène à Rome; il ne s'agit pour arriver que d'avoir un viatique suffisant, et je suis assez bien lesté pour n'avoir rien à craindre. Sous ce rapport, je dois avouer que vous avez parfaitement fait les choses.

« Un imperceptible sourire erra sur les lèvres de la Korrigan. Comme ils traversaient alors la cour d'honneur, ils furent bientôt hors du palais. La fée s'arrêta dès qu'elle eut franchi le seuil de la porte principale.

« — Maintenant, dit-elle en changeant de ton, c'est moi qui

vous somme de remplir les conditions du traité : rendez-moi mon fils, et que votre destinée s'accomplisse.

« Sans se laisser intimider par cette espèce de menace, mon oncle mit à terre le petit Korrigan, le poussa du pied et tourna les talons; mais bientôt il s'arrêta pour regarder autour de lui, car il ne voyait aucune espèce de chemin. Il reconnut alors qu'il était au milieu de cette grande plaine de sable qu'il avait vue deux jours auparavant du haut de la tour. Cette tour elle-même, il la reconnut : elle était située à l'extrémité méridionale du palais d'où il venait de sortir, et que de hautes murailles environnaient de toutes parts. Heureusement M. de Kerkariau, qui avait servi dans la marine, savait s'orienter : il tira sa montre, vit qu'il était dix heures du matin, et que par conséquent le soleil devait être au sud-est; et comme il se rappelait parfaitement que la fontaine près de laquelle il s'était endormi devait être située à l'ouest du palais, il lui fut facile de se diriger vers ce point.

« Le voilà donc marchant résolûment dans le sable, convaincu qu'il ne pouvait tarder à apercevoir quelque habitation où on lui accorderait une hospitalité qu'il était en état de payer largement; mais après avoir marché pendant trois heures, il n'apercevait encore de tous côtés qu'une mer de sable qui se perdait dans l'horizon. Il s'arrêta, car les plaies résultant des coups de fouet le faisaient cruellement souffrir.

« — Il faut, pensa-t-il, que cette méchante fée m'ait transporté dans quelque désert pendant mon sommeil... Tout cela ne serait pas arrivé si je n'avais été un si grand dormeur, et si

je n'avais eu la sottise de me marier deux fois en huit jours...
Du diable si l'on m'y reprend !

« Après s'être reposé quelques instants, le chevalier se remit courageusement en marche ; mais bientôt, à la fatigue et aux souffrances qu'il endurait se joignirent les tourments de la soif et de la faim. Le soleil était près de se coucher, et le voyageur apercevait au loin une montagne près de laquelle il pouvait espérer de trouver de l'eau, et peut-être même quelque chaumière où il pût passer la nuit ; il fit donc un effort suprême pour atteindre ce point, et il y parvint enfin, mais haletant, brisé, dévoré par la fièvre et pouvant à peine se soutenir. Heureusement, à l'entrée d'un étroit vallon il trouva un ruisseau d'eau pure et fraîche sur le bord duquel il s'assit après avoir étanché sa soif.

« Il faisait nuit, des milliers d'étoiles scintillaient sur la voûte azurée du ciel ; l'air était doux, l'herbe fraîche et molle. Tout dans ce lieu rappelait au chevalier la première apparition de la fée, unique cause de ses maux.

« — Vraiment, dit-il à haute voix en répondant à sa pensée, pour que la ressemblance soit complète, il ne manque plus que la Korrigan.

« A peine avait-il prononcé ce dernier mot qu'il vit s'avancer vers lui une femme svelte et légère dont les pieds mignons faisaient à peine fléchir le gazon.

« — Vous voyez, chevalier, dit-elle, que je ne suis pas comme vous impitoyable : vous m'avez invoquée, me voici.

« A ces mots elle rejeta en arrière le voile de gaze qui lui couvrait le visage.

« — La Korrigan ! s'écria mon oncle en faisant un mouvement qui tenait à la fois de la frayeur et de la colère.

« — Moi-même, cher époux. N'avais-je pas raison de vous dire que les hommes peuvent savoir où ils sont, mais qu'ils ne savent jamais où ils vont?

« — Méchante sorcière! s'écria M. de Kerkariau, quand seras-tu lasse de me tourmenter?

« — Il serait plus juste, mon ami, de me demander quand je serai lasse de vous secourir.

« — Mais, vipère maudite, tu ne m'as fait que du mal. Quel démon t'a poussée vers moi le soir où je dormais si paisiblement près d'une fontaine?

« — Je vous l'ai dit, chevalier, répondit-elle en baissant les yeux comme si le rouge lui eût monté au visage, quoiqu'il n'en fût rien, je vous aimais; ce n'est pas un démon qui m'a conduite, c'est un dieu, c'est l'Amour.

« — Ah! vous m'aimiez, belle hypocrite!

« — De toute mon âme, hélas!

« — Et c'est sans doute pour cela que vous m'avez fait rouer de coups, hacher le corps à coups de fouet?

« — Mon ami, je pourrais alléguer le proverbe : Qui aime bien châtie bien... Mais entre époux ne doit-on pas se passer quelque chose?

« — Qu'est-ce à dire *entre époux?* Rayez cela de vos tablettes, je vous prie : il n'y a jamais eu entre nous qu'un mariage pour rire. Est-ce donc pour revendiquer vos prétendus droits d'épouse que vous venez me relancer ici?

« — Mon bien-aimé, vous êtes malade et horriblement fatigué ; la souffrance vous rend injuste ; mais je vous pardonne, parce que je suis sûre que vous reconnaîtrez vos torts. Prenez mon bras, et laissez-vous conduire. Un jour ou deux passés dans un bon lit, entouré des soins les plus tendres, suffiront pour vous remettre complétement.

« — Non, non!... D'ailleurs il n'y a point de bras qui tienne, je me sens absolument incapable de faire un pas.

« — Que cela ne vous inquiète point ; nous ne marcherons que quelques instants, et je me suis munie d'un cordial qui vous donnera la force suffisante pour m'accompagner.

« La fée alors tira de son sein un petit flacon qu'elle lui présenta. La tentation fut terrible : le pauvre chevalier était dans un si piteux état, il souffrait si cruellement, que la perspective du confortable et des soins que lui promettait la Korrigan ébranla sa résolution. Déjà il tendait la main pour prendre le flacon, lorsqu'il crut apercevoir une sorte de sourire perfide errer sur les lèvres de la fée. Il pensa aussitôt qu'en acceptant quelque chose d'elle, il se mettait de nouveau à sa discrétion.

« — Non ! s'écria-t-il en retirant rapidement sa main, non, je ne succomberai pas ! Retire-toi, fille de l'enfer, afin que si je dois mourir ici, je puisse au moins mourir en paix.

« — Chevalier, encore un mot.

« — Pas une syllabe !

« — Vous refusez de m'écouter ?

« — Je ne t'ai que trop écoutée, maudite!

« — Hélas! je n'étais pourtant venue que pour réparer mes torts!...

« — Et vous vous en irez comme vous êtes venue.

« — Ah! chevalier, que d'amers regrets vous vous préparez!

« — Je n'en saurais avoir de plus grands que ceux que j'éprouve de m'être laissé prendre dans vos filets, méchante sirène.

« — Que prétendez-vous donc faire dans l'état où vous êtes?

« — Ce qu'il plaira à Dieu... à Dieu que j'invoque pour qu'il te chasse de ma présence, démon!

« A ce nom de Dieu deux fois répété, la Korrigan tourna sur elle-même en poussant un rugissement terrible; puis à la place où elle était il se fit une sorte de nuage qui l'enveloppa, et quand ce nuage se fut dissipé, elle avait disparu.

« — Dieu soit loué! s'écria M. de Kerkariau, la misérable en sera pour ses frais.

« Il lui sembla que la satisfaction qu'il éprouvait d'avoir résisté à la tentation diminuait ses maux de moitié, et à peine, après une courte prière, se fut-il étendu sur l'herbe, qu'il s'endormit profondément; mais, cette fois, jamais sommeil n'avait été plus légitime.

« Le jour commençait à poindre lorsque le chevalier s'éveilla. Il était faible; mais il souffrait moins que la veille, et quand il eut bu un peu d'eau, il se trouva en état de se mettre en chemin. Il prévoyait bien que la journée serait rude, car il s'agissait de franchir cette montagne au pied de laquelle il s'était arrêté, et il y avait alors trente-six heures qu'il n'avait mangé; mais il n'était pas impossible qu'il trouvât chemin faisant quelques fruits sauvages, quelques racines mangeables, et cet espoir le soutint.

« Vers le milieu du jour, M. de Kerkariau avait franchi le sommet de la montagne, et il était arrivé sur l'autre versant ; il n'avait rien trouvé à manger, et il n'apercevait aucune habitation ; mais il voyait la mer devant lui, et une barque de pêcheur peu éloignée du rivage. Cela suffit pour lui rendre l'espérance : il doubla le pas, et arrivé sur la plage, il fit des signaux au pêcheur avec son mouchoir pour l'inviter à venir à terre. Les signaux furent compris, et la barque arriva bientôt sur la grève.

« — Mon ami, dit le chevalier au pêcheur, je me suis égaré dans les montagnes, et je meurs de faim. Donne-moi, je t'en prie, quelque chose à manger, et je te payerai généreusement.

« — Je n'ai, pour attendre à demain, qu'un morceau de pain et des poissons grillés, répondit le pêcheur ; combien m'en donnerez-vous ?

« M. de Kerkariau, qui dévorait déjà par la pensée le pain et les poissons, fouilla vivement dans une de ses poches, prit une pincée de l'or qu'il y avait entassé et la mit dans la main du pêcheur.

« — Voleur ! s'écrie aussitôt ce dernier, est-ce avec cette monnaie que tu payes tes dettes ?

« Et il jette au visage du chevalier ce qu'il venait de recevoir : c'étaient de petits cailloux de forme plate, dont un faillit éborgner M. de Kerkariau. Pendant que cet infortuné se frottait les yeux, le pêcheur sauta dans sa barque, poussa au large, et il n'y eut promesses ni menaces capables de le faire revenir.

« — Voilà encore un des tours de l'infâme Korrigan, se dit le chevalier en vidant ses poches pour se débarrasser d'un poids inutile; de même que son palais se change en étable, son or se change en cailloux... Que vais-je devenir maintenant?

« Sa situation était réellement désespérée; car à peine avait-il la force de se tenir debout. Cependant, comme la marée était basse, il s'avança sur la plage et ramassa quelques huîtres et d'autres coquillages, grâce auxquels il put apaiser sa faim pour quelques instants. Il monta ensuite sur un rocher, d'où la vue pouvait s'étendre au loin; mais il eut beau promener ses regards de tous côtés, la nuit vint sans qu'il eût aperçu la moindre embarcation. Un peu d'eau douce qu'il avait trouvée dans une anfractuosité du rocher lui ayant permis de se désaltérer, il s'étendit sur la mousse, remettant à Dieu le soin de sa conservation.

« Il avait à peine fermé les yeux qu'une violente tempête s'éleva; au fracas du tonnerre, aux sifflements du vent, se mêla le mugissement des vagues, qui arrivèrent bientôt jusqu'à lui; en un instant il fut inondé, mouillé jusqu'aux os; et comme la fureur de la mer allait croissant, force lui fut de chercher un refuge plus élevé, chose difficile à cause de l'escarpement du rocher. C'était à grand'peine qu'à la lueur des éclairs le chevalier parvenait à poser son pied sur une aspérité et à se cramponner à une autre; le vent, qui soufflait avec furie, menaçait à chaque instant de l'emporter, tandis que la mer, grondant derrière lui et gagnant sans cesse du terrain, semblait devoir l'engloutir s'il s'arrêtait dans sa périlleuse ascension. Ses mains étaient déchirées et sanglantes; heurté, contusionné à chaque pas, son corps, dont les plaies étaient béantes, recevait en outre l'eau de mer, qui ajoutait à l'atrocité de ses douleurs. Enfin, il arriva sur une plate-forme, où il lui fut possible de respirer un instant; le malheureux était tellement exténué, qu'il demeura pendant une heure sans mouvement, mouillé, glacé, battu incessamment par le vent et la pluie qui tombait par torrents.

« — Ah! dit-il d'une voix presque éteinte, la Korrigan, toute fourbe et méchante qu'elle est, avait raison de dire qu'en persistant dans mon dessein de m'éloigner d'elle, je me préparais des maux plus grands que ceux que je voulais éviter.

« — Voilà donc que vous devenez raisonnable, mon ami? dit une voix que le pauvre martyr reconnut aussitôt.

« Il fit un effort pour se retourner, et vit la fée à deux pas de lui, toujours jolie, fraîche et souriante.

« — Encore! s'écria le chevalier.

« — Toujours, cher époux, quand vous m'invoquerez.

« — Moi! je vous ai invoquée?

« — Ne venez-vous pas de reconnaître que vous avez eu tort de m'abandonner?

« — Je n'ai pas dit un mot de cela; j'ai dit seulement que vous m'avez prédit le mal qui m'arrive, et cela n'est pas étonnant, puisque vous en êtes l'instigatrice.

« — Moi, ingrat! moi qui ai tant de bonheur à me mettre à vos ordres!

« — Vous êtes à mes ordres, vous!

« — Certainement.

« — Et vous êtes disposée à faire toutes mes volontés?

« — Je ne saurais avoir de plus grand plaisir.

« — Parbleu! je vais bien voir si vous me trompez. Je veux, j'entends, j'ordonne que l'on me conduise à l'instant même chez moi, près de ma jeune femme qui peut-être pleure ma mort.

« — D'abord, chevalier, je dois vous dire que celle dont vous parlez n'a pas en ce moment la moindre envie de pleurer; elle est, au contraire, fort contente, fort gaie, et elle rit de tout son cœur.

« — C'est une affreuse calomnie!... Je vous reconnais là, serpent!

« — Eh bien, faisons une convention : je vais vous rendre invisible et vous conduire à votre château. Si j'ai calomnié la personne dont il est question, vous redeviendrez visible et resterez chez vous; moi, je partirai, et vous ne me reverrez jamais. Si, au contraire, vous reconnaissez que j'ai dit vrai, et même que j'ai usé de réserve, vous reviendrez avec moi à mon palais, et nous ne nous quitterons plus.

« La foi du pauvre mari en la sagesse de sa jeune femme fut assez fortement ébranlée par cette singulière proposition; le sang lui monta violemment au cerveau, et il se passa quelques instants sans qu'il pût répondre.

« — Mais, dit-il enfin, vous vous disiez prête à exécuter mes volontés, et voilà que vous me faites des conditions.

« — Ce ne sont pas des conditions, c'est une simple proposition; si vous la repoussez, je ne vous en conduirai pas moins chez vous. Seulement, vous ne serez pas invisible; vous ne verrez rien de ce qui s'y passe en ce moment, et vous rentrerez dans la catégorie des maris ordinaires, qui sont toujours les derniers à s'apercevoir de ce qu'ils auraient dû voir les premiers.

« — Et vous dites que je verrai cela?... que j'aurai mon épée au côté... que... Ah! mille morts! les misérables payeront cher leur trahison... Oui, mais retourner à ce maudit palais d'où j'ai eu tant de peine à sortir, où la soie se change en toile d'araignée et l'or en cailloux, où vous entretenez une armée de ces enragés nains qui m'ont mis en un si bel état!... Autant vaudrait mourir sans confession et aller tout droit en enfer.

« — Tout cela n'est qu'un jeu de votre imagination; vous avez eu des hallucinations, mais cela n'arrivera plus, je vous le promets.

« — Bon! le pêcheur de ce matin avait-il aussi des hallucinations, lorsqu'il m'a jeté au visage les pierres que je lui avais mises dans la main, croyant lui donner de l'or?

« — Mon bien-aimé, c'était un moyen que j'avais employé pour vous empêcher de me fuir. Suis-je donc si coupable pour vous avoir donné cette preuve d'amour?

« — Et les coups de fouet, démon? les coups de fouet qui m'ont mis dans le piteux état où je suis?

« — C'est là mon seul crime, cher époux; mais vous m'aviez si cruellement traitée!... Je sais bien qu'une femme ordinaire se serait vengée autrement.

« — Ce qui est certain, c'est qu'elle n'eût pas pu faire pis.

« — Cela n'est pas certain du tout.

« — Ah! voilà qui est fort!

« — Mon ami, elle eût pu faire ce que fait en ce moment celle près de laquelle vous êtes si pressé de retourner : chercher un consolateur, le trouver, et...

« — Oh! c'est impossible! cette chère mignonne que j'ai vu élever... qui est si douce, si naïve, si aimante.

« — Très aimante et très naïve, en effet.

« — Non, non, je ne croirai jamais...

« — Mais quand vous l'aurez vu, cher ami?

« — Quand je l'aurai vu... Eh bien, soit! je veux le voir sur-le-champ.

« — Vous acceptez ma proposition?

« — J'accepte tout... tout... mais je les tuerai... il faut que je les tue... Et tout cela parce que je me suis endormi paisiblement au bord d'une fontaine... Mais c'est affreux, épouvantable!... Il faut qu'il n'y ait plus de justice au ciel.

« L'infortuné mari était dans un état de surexcitation impossible à décrire; bien que tourmenté des douleurs les plus aiguës, et pouvant à peine se tenir debout, il s'était levé : son regard était étincelant, ses dents s'entrechoquaient violemment, sa tête était en feu, et il lui semblait que son crâne allait faire explosion.

« — Partons! partons sur-le-champ! dit-il en faisant un pas vers la Korrigan.

« Mais ce pas fait, il commença à chanceler; il fallut que la fée le soutînt.

« — Cher époux, lui dit cette dernière, vous ne pourriez aller loin dans l'état où vous êtes : prenez donc ce cordial que vous avez eu le tort de refuser hier.

« Et elle tira de nouveau de son sein un petit flacon qu'elle présenta au chevalier.

« — Je prendrai tous les cordiaux que vous voudrez, dit-il, mais point de temporisation ; je n'en veux pas souffrir.

« Il prit le flacon, le vida d'un seul trait ; aussitôt ses douleurs cessèrent comme par enchantement, sa fatigue disparut. Presque en même temps la tempête avait cessé, et bientôt la lune, sortant de dessous les nuages, permit au chevalier de chercher une issue pour sortir de la plate-forme où il s'était hissé avec tant de peine, et que surplombaient d'autres rochers très élevés.

« — Donnez-moi votre main, cher époux, lui dit la Korrigan.

« Cette fois, mon oncle prit cette main qu'il avait repoussée avec tant de persistance pendant deux jours entiers, et il se laissa conduire par un sentier en pente douce qui semblait se former de lui-même dans le roc à mesure que la fée avançait. Bientôt ils arrivèrent sur une verte pelouse, et, dix minutes après, le chevalier commença à se reconnaître ; il était sur ses domaines, et à la clarté de la lune il apercevait les tourelles de son château.

« — Il va falloir que je réveille mes gens, dit-il en approchant de la porte principale.

« — Gardez-vous-en bien, tendre ami ; il faut, pour arriver à bien, ne déranger personne.

« — Mais, à cette heure, toutes les portes doivent être fermées depuis longtemps.

« Nous les ferons ouvrir ; que cela ne vous inquiète pas. Oubliez-vous donc que votre seconde épouse est quelque chose de plus qu'une femme ordinaire.

« M. de Kerkariau soupira en pensant que sa compagne disait vrai ; car il aurait beaucoup mieux aimé qu'il en fût autrement. Mais il refoula bien vite les pensées que les paroles inconsidérées de la fée venaient de réveiller dans son esprit, afin d'être tout entier aux évènements qui allaient se produire.

« La Korrigan, toutefois, avait dit vrai ; car sur un simple signe de sa jolie main, toutes les portes s'ouvrirent sans bruit et livrèrent passage à elle, qui paraissait aussi tranquille, aussi calme que si elle eût été dans son palais, et au chevalier, dont le cœur battait à lui briser la poitrine, tant il redoutait le spectacle auquel la fée avait promis de le faire assister, et auquel pourtant, tant l'esprit humain est bizarre, il n'eût pas renoncé pour toutes les richesses du monde.

« Ils arrivèrent ainsi jusque dans le cabinet de toilette de madame de Kerkariau Ire ; de là, à la faveur d'une porte vitrée dont les rideaux n'étaient pas complètement fermés, on pouvait voir tout ce qui se passait dans la chambre de cette dame, où, malgré l'heure avancée, brûlaient plusieurs bougies. Le chevalier put donc parfaitement voir sa femme en déshabillé des plus galants; près d'elle, assis sur le même sopha, était un cavalier de bonne mine qui semblait fort animé.

« — Charmante amie, disait-il, laissez-moi presser cette jolie main sur mon cœur, et puissiez-vous ressentir tout l'amour dont ce cœur brûle pour vous.

« En entendant ces paroles, l'infortuné mari devint furieux et voulut s'élancer vers l'audacieux qui osait ainsi attenter à son honneur; mais la Korrigan le retint en lui faisant observer qu'interrompre tout d'abord une conversation qui semblait devoir devenir très intéressante était le moyen de ne rien savoir. Mon oncle se contint donc, et il entendit très distinctement ce qui suit :

« — Mon bel ange, dites-moi que vous m'aimez !

« — N'ai-je pas fait mieux que de vous le dire ? ne vous l'ai-je pas prouvé ? répondit la jeune femme en baissant les yeux.

« — Ah! c'est trop fort! s'écria M. de Kerkariau.

« Et mettant l'épée à la main, il poussa violemment la porte et s'élança dans la chambre; malheureusement, ou plutôt heureusement, son exclamation avait suffi pour effaroucher les tourtereaux : la dame s'était réfugiée dans une pièce voisine, dont elle avait verrouillé la porte, et le galant cavalier avait sauté par la fenêtre. Au risque de se rompre les os, M. de Kerkariau suivit ce chemin périlleux; ses pieds ont à peine touché le sol de la cour qu'il s'élance dans la direction qu'il a cru voir prendre au fuyard; mais déjà ce dernier a complètement disparu, et c'est vainement que le chevalier le cherche de tous côtés.

« Mécontent de lui-même, furieux contre tout ce qui l'entoure, M. de Kerkariau se promenait à grands pas dans l'antique salle d'armes de son manoir, cherchant à mettre un peu d'ordre dans ses idées, lorsque la fée, qu'il avait laissée dans le cabinet de toilette, vint à lui.

« — Eh bien ! cher incrédule, lui dit-elle, m'accuserez-vous encore de vouloir vous tromper ?

« — Je ne sais que penser, répondit-il brusquement, car ce damoiseau a disparu, et il ne tenait qu'à vous qu'il ne pût m'échapper.

« — J'ai tenu ma parole, chevalier, répliqua la fée ; manquerez-vous à la vôtre, maintenant ?

« Mon cher oncle était dans une grande perplexité : manquer à sa parole, il en était incapable, et pourtant aller se remettre à la discrétion de cette Korrigan dont il avait tant de raisons pour se défier, n'était-ce pas s'exposer aux plus cruels tourments ? Il cherchait un terme moyen.

« — Madame, lui dit-il, vous sentez qu'après ce qui vient de se passer, j'ai des obligations à remplir, des satisfactions à obtenir, et vous êtes trop raisonnable pour me refuser un délai de quelques jours.

« — Je vous accorderai tout le temps que vous voudrez employer à cela, répliqua-t-elle, mais à la condition que vous ferez d'abord preuve de confiance en moi en me reconduisant chez moi. Dans la situation d'esprit où vous êtes en ce moment, le plus sage est de sortir d'ici, où vous pourriez vous livrer à des actes de violence dont vous auriez peut-être à vous repentir plus tard.

« — Mais plus tard sera peut-être trop tard.

« — Je vous garantis le contraire... De grâce, ami, ne me faites pas croire que vous veuillez éluder l'engagement que vous avez pris ; venez, laissez-vous aimer, laissez-vous adorer de bonne grâce, et dans huit jours vous reviendrez ici si vous en avez envie.

« — Et vous n'attenterez pas à ma liberté ?

« — Je ne veux de vous que votre amour.

« — Eh bien ! partons !

« C'était de l'héroïsme, on en conviendra ; mais mon oncle se trouvait dans une de ces situations où l'on est capable de tout. Il prit la main de la Korrigan, et tous deux sortirent de la salle d'armes. Ils avaient déjà traversé la cour, et ils allaient franchir la porte, lorsque le chevalier se retourna pour jeter un dernier regard sur ce manoir où il était né, et qu'il quittait avec un si grand serrement de cœur ; puis tout à coup il s'écria :

« — Grand Dieu !... la dame blanche !

« La Korrigan, saisie d'un frisson subit, tourna ses regards vers le point sur lequel étaient dirigés ceux du chevalier, et ayant aperçu, comme lui, à travers les créneaux d'une tourelle, une grande et belle femme vêtue de blanc et toute resplendissante de lumière, elle jeta un cri si aigu que le chevalier crut reconnaître le sifflement de vipère qu'elle avait fait entendre lorsqu'il l'avait surprise dormant sous la forme d'une vieille mégère édentée, à la peau tannée, huileuse, ridée, etc. En même temps, elle dégagea vivement sa main, que tenait celle du chevalier, et elle essaya de s'éloigner; mais après le premier pas, elle fut contrainte de s'arrêter comme si elle se trouvait au pied d'une muraille d'airain. »

Ici le baron conteur se crut obligé d'interrompre son récit pour faire une allocution à son auditoire.

« Personne de vous sans doute, Mesdames et Messieurs, n'ignore que, de même que l'Allemagne et l'Écosse, notre Bretagne, la vieille Armorique, a eu ses dames blanches. Ce sont des fées supérieures, dont l'existence n'est pas moins bien prouvée que celle des Korrigans, des Elfines, des Péris, des Ondines, etc. En général, elles s'attachaient aux maisons princières ou de très haute noblesse, dont elles étaient les protectrices. Elles ne se montraient guère à leurs protégés que pour leur annoncer des événements heureux : les mariages, les naissances, les victoires, la guérison d'un malade, le retour prochain d'un ami absent, la fin d'une calamité, le succès d'une grande entreprise.... Sans doute vous ne pouvez savoir cela que par tradition, car depuis trois quarts de siècle, depuis que les rois s'en vont, comme on dit en certains lieux, ces bons génies ne se montrent plus; ils se sont, selon toute probabilité, réfugiés loin de notre monde, où ils attendent des jours meilleurs; mais, je le répète, leur existence est certaine. J'ai chez moi des manuscrits celtiques sur peau de chèvre préparée par un procédé aujourd'hui perdu, manuscrits que j'ai traduits avec la plus scrupuleuse exactitude, et où l'existence des dames blanches est démontrée jusqu'à l'évidence. Il me reste à vous dire qu'une de ces fées supérieures s'était faite la protectrice de la maison des Kerkariau. Mon oncle le chevalier avait été témoin de plusieurs de ces apparitions, qui causaient toujours une grande joie dans la famille; aussi était-il très surpris de l'apercevoir au moment où il venait d'être atteint d'un mal conjugal considéré comme irréparable. Je reprends maintenant ma narration, qui touche à sa fin.

« Mon oncle n'avait fait entendre que ces mots : « *Grand Dieu! la dame blanche!* » mais il les avait fait suivre mentalement de cette réflexion :

« — Que peut-elle avoir d'heureux à m'annoncer, alors que mon bonheur est irrévocablement et à jamais détruit?

« Je viens, lui dit la dame blanche, qui en une seconde était arrivée de la tourelle où il l'avait aperçue au seuil de la porte où il s'était arrêté, je viens pour vous empêcher d'accomplir la plus grande sottise qu'homme de votre race ait jamais faite. Je viens aussi pour punir cette misérable Korrigan qui a osé usurper mon titre en se disant la reine des fées de cette contrée, elle qui ne fut jamais que la plus infime de mes sujettes!

« Se tournant alors vers la Korrigan :

« — Vieille harpie! continua-t-elle, reprenez à l'instant votre véritable forme! A partir de ce moment, vous la garderez pendant cent ans sans pouvoir la quitter un seul instant. Vous l'avez bien mérité en vous attaquant à un de mes protégés pour en faire le jouet de vos caprices et la victime de vos méchancetés.

MUSES ET FÉES.

LA DAME BLANCHE.

« Cette sentence était à peine prononcée que la Korrigan apparut au chevalier telle qu'il l'avait vue pendant son sommeil à la fin de la deuxième nuit qu'il avait passée dans la chambre nuptiale, c'est-à-dire vieille, édentée, les yeux chassieux, la peau tannée; elle avait en outre, parmi d'autres agréments, une bosse énorme entre les deux épaules et une jambe plus longue que l'autre.

« — Vous voyez, chevalier, dit la dame blanche en souriant, que vous n'avez pas à vous vanter de votre bonne fortune.

« M. de Kerkariau devint rouge jusqu'aux oreilles; sa confusion était telle, qu'il se passa quelques instants sans qu'il pût articuler un mot. Cependant, comme c'était un homme d'une grande loyauté, il fit un effort pour se remettre, et il dit à sa protectrice :

« — Je suis bien plus à plaindre que vous ne croyez, Madame; car je me suis engagé d'honneur à suivre ce mauvais génie.

« — Votre engagement est nul, chevalier, et je vous en relève, car vous avez cru le contracter envers une reine, et vous voyez quelle est cette prétendue majesté... Sortez, dit-elle à la Korrigan, et n'oubliez pas que la moindre faute maintenant vous attirera le châtiment le plus sévère.

« La vieille Korrigan s'éloigna en boitant, grommelant et branlant la tête, et bientôt elle disparut.

« — Madame, dit M. de Kerkariau à la dame blanche, vous

voyez en moi le plus reconnaissant de vos serviteurs ; mais, hélas ! mon malheur est si grand, si complet, que ce que vous venez de faire pour moi ne saurait apporter qu'un léger soulagement à mes tourments... Ma femme... une femme charmante que j'adorais, que j'aime encore malgré son crime...

« — Je sais tout cela, et j'ai veillé pour vous, monsieur le dormeur. Il est vrai que vous l'avez échappé belle, car cette méchante Korrigan s'était entendue avec un sylphe, son complice ordinaire, qui, pendant qu'elle vous entraînait, prenait vos traits et se disposait à jouer ici votre rôle ; mais j'ai fait naître tant de difficultés qu'il n'a pu en venir à ses fins.

« — Ah ! Madame, il n'y a pas un quart d'heure que j'ai vu, de mes yeux vu... que j'ai entendu de mes oreilles...

« — Oui, mais c'était la première fois qu'ils se voyaient : le sylphe, qui avait pris vos traits, s'efforçant aussi de prendre votre place, venait de raconter comme quoi, s'étant endormi au bord d'une fontaine, il s'était ensuite égaré et n'avait pu retrouver son chemin que le troisième jour. Il y avait quelques minutes à peine que cela était dit, lorsque vous vous êtes montré. Il était temps, j'en conviens, mais vous méritiez une leçon... Allez, et que cela ne vous arrive plus.

« A ces mots, la protectrice des Kerkariau disparut, laissant mon oncle dans un assez grand embarras ; car, après ce qui était arrivé, il ne savait comment se présenter devant sa femme. Mais tout se passa beaucoup mieux qu'il n'eût osé l'espérer : les jeunes femmes sont si crédules, ou elles ont tant d'intérêt à le paraître !... Madame de Kerkariau ne put pourtant pas entendre jusqu'au bout le récit de son mari sans que de grosses larmes roulassent sur son frais et charmant visage. Quelques jours après, elle fut atteinte d'une fièvre ardente qui la mit en peu de temps aux portes du tombeau, et elle expira dans les bras du chevalier, après lui avoir fait cette recommandation significative :

« — Mon ami, si vous vous remariez, ne vous endormez plus si mal à propos ! »

— Ainsi se termina, Mesdames et Messieurs, cette aventure, qui n'est pas un conte, comme vous m'avez tout l'air de le croire, mais une histoire, à l'appui de laquelle je dois produire les documents les plus irrécusables et les plus curieux. Tels sont les manuscrits celtiques dont je vous ai déjà dit un mot.

— Eh bien, mes chers hôtes ! s'écria le comte de Ploërfen, ne vous ai-je pas dit vrai en vous annonçant que si vous le laissiez entrer dans cette voie, il ne s'y arrêterait plus ! et ne voyez-vous pas que si vous le laissez faire, il va vous raconter toute la mythologie druidique.

— Et il n'y aurait pas grand mal à cela, mon cher comte, répondit le baron, car c'est chose presque entièrement ignorée des lettrés de notre temps, et je pourrais à ce sujet vous citer l'opinion d'un écrivain très compétent ; mais je ne veux pas justifier le dire de monsieur le comte, qui a tout l'air de me signaler comme un impitoyable bavard.

— Baron, dit M. de Ploërfen, vous savez que personne ne vous écoute avec plus de plaisir que moi.

— Quant à nous, monsieur de Kerkariau, dit une dame, nous vous sommes très obligées de nous avoir dit ce joli conte...

— C'est de l'histoire, Madame, ainsi que j'ai eu l'honneur de vous le dire.

— Eh bien, soit; mais c'est de l'histoire qui a toutes les allures du conte, et elle n'y perd rien... Si j'ai bien compris monsieur le baron, les Korrigans appartiennent à la théogonie druidique?

— Cela est incontestable, Madame : les druides avaient une déesse nommée Korrigan dont les prêtresses portaient le même nom; mais c'est une grossière erreur que de croire que l'état de barbarie des Gaulois, avant la conquête de Jules César, était dû aux druides. On n'a fait, dit l'écrivain auquel je faisais allusion tout à l'heure, que des conjectures sur l'origine des druides ; ce qu'on peut dire sans crainte, c'est qu'avant eux la religion gauloise était un culte barbare et grossier, qu'ils détruisirent en partie pour y substituer des doctrines plus élevées, plus douces et plus civilisatrices. Ils arrivèrent probablement dans les Gaules à la suite d'une invasion kimrique, la première de toutes. La religion druidique a un caractère tout pacifique, qu'on est étonné de retrouver dans la celtique à ces époques reculées, et ses dogmes sont empreints d'un remarquable spiritualisme. C'est pourquoi les écrivains, ceux même de l'antiquité, en recherchaient la source dans les antiques religions de l'Orient. Aristote met les druides sur la même ligne que les brahmes. Les druides, dit Pline, sont les mages des Gaulois, qui pourraient passer pour les maîtres de ceux de l'Orient, et

MUSES ET FÉES

G. Staal   Imp. Lemercier Paris.

LA MORRIGAN

VELLEDA

les auteurs modernes ont été souvent amenés à comparer leurs doctrines avec celles des peuples de l'Asie. Comme les philosophes de l'Orient, ils disaient que le monde doit finir par le feu, et posaient en principe que *tout* se change en *tout*, formule évidemment panthéiste à laquelle on a en vain cherché à donner un autre sens. Quant à leur morale, elle était noble et pure ; Diogène Laerce l'a réduite à ces trois articles capitaux : 1° honorer les dieux ; 2° ne rien faire de mal ; 3° être brave et généreux. Que l'on joigne à cela le respect pour les femmes, auxquelles les druides accordaient même des fonctions judiciaires et sacerdotales (1), l'hospitalité érigée en vertu, l'oisiveté prohibée, la fondation des hôpitaux recommandée, et on pourra juger de l'influence salutaire qu'exerça sur les Gaules la religion druidique.

« Les druides eurent longtemps à lutter contre les superstitions enracinées avant eux sur le sol de la Gaule. Ils ne parvinrent pas même à les extirper entièrement, et tout porte à croire que les sacrifices humains furent un des abus qu'ils se virent forcés de tolérer. Mais ils restreignirent considérablement cette barbare coutume, et choisirent les victimes parmi les criminels. Il est même à remarquer que la plus grande de toutes leurs fêtes, celle du gui, était pure de ces abominations. Il ne faut pas oublier, d'ailleurs, que Rome même vit de pareils sacrifices sous le règne des empereurs.

« Les druides adoraient-ils un dieu unique, ou étaient-ils

---

(1) L'illustre Chateaubriand a choisi son héroïne Welleda parmi ces prêtresses.

polythéistes? C'est une question qui a souvent été débattue Il paraît évident que l'existence d'un dieu créateur et incréé était reconnue par les philosophes gaulois, qui n'en étaient pas moins polythéistes. Qu'est-ce, en effet, que le polythéisme? L'individualisation des forces de la nature, hiérarchie immense, au sommet de laquelle trônait un dieu suprême. Ce dieu, chez les Gaulois, était Dis, *le Lumineux,* aussi nommé Teutatès, *le Père des hommes,* dieu à la fois triple et unique, comme le prouve cette inscription qu'on suspendait, à la fête du gui, dans un cercle formé des deux branches du chêne sur lequel on recueillait la plante sacrée :

T

HÈS, TARANIS, BELEN.

T

Hès est le feu primordial, le Démiurge ; Taranis est le tonnerre, c'est-à-dire l'explosion du feu primordial dans la matière chaotique qu'il appelle à la vie, explication qui acquerra un haut degré de probabilité, si l'on se souvient, dans le débrouillement du chaos, de Sanchoniaton, que c'est aussi un coup de tonnerre qui appelle à la vie les animaux encore sous forme ovulaire; Belen, enfin, est le soleil, c'est-à-dire ce même feu principe qui, après avoir tout produit, éclaire, réchauffe, développe et féconde les germes de la création.

« Or, Hès, Taranis et Belen, sont Teutatès émané et manifesté dans le monde ; Teutatès, dont le nom est exprimé par les deux lettres initiales T, qui, par leur position, offrent un sens absolument identique à ces paroles de l'Écriture : Je suis l'alpha et l'oméga, le commencement et la fin !

« Les grands sanctuaires du culte druidique consistaient en enceintes découvertes circulaires et quelquefois carrées. Il nous reste quelques traces des plus importantes à Carnac, à Autun, à Rouvres, dans l'île d'Anglesey. Celui de Rouvres, qui passait pour être le point central de la Gaule, était le plus célèbre. C'était là que se tenait tous les ans l'assemblée générale des druides. A côté de ces sanctuaires s'élevaient les colléges où l'on instruisait la jeunesse.

« Une foule d'autres enceintes plus petites, de forme octogone, et appelées témènes, couvraient le sol de la Gaule. Quelques auteurs primitifs parlent aussi de temples couverts; mais il paraît certain ou qu'ils se sont trompés, ou qu'ils n'ont voulu désigner que des lieux consacrés ; car il est incontestable que les Gaulois croyaient les temples indignes de la majesté divine. Comme les Perses, ils se faisaient un devoir de les détruire dans les pays où ils portaient leurs armes victorieuses.

« Les Romains, maîtres de la Gaule, égorgèrent sans pitié les druides et les druidesses ; mais le druidisme résista longtemps à tous leurs efforts; le christianisme, dont il était le précurseur, ne parvint même à le remplacer que très lentement, et en se confondant en quelque sorte avec lui...

« Mais savez-vous bien, Mesdames, dit en s'interrompant le baron, qu'il est plus de minuit ! »

Tout le monde se leva, et chacun en se retirant remercia M. de Kerkariau de l'agréable soirée qu'il avait fait passer à son auditoire. On dira peut-être qu'il fallait que ces gens-là fussent doués d'une forte dose d'indulgence ; on aura raison sans doute ; mais l'indulgence est chose louable, et l'on ne saurait suivre trop fidèlement les bons exemples.

FIN D'UNE TÊTE BRETONNE.

SYLPHIDE ET WILLIE

I

« Ainsi, c'est un parti pris; c'est de gaieté de cœur que tu renonces à la main d'une femme jeune, jolie et immensément riche... une femme titrée, la veuve d'un boyard !...

— Mon oncle, je vous ai dit mes raisons.

— Et moi je répète que tes raisons n'ont pas le sens commun... Monsieur aime ailleurs ! il aime une sylphide d'Opéra ! Ne voilà-t-il pas un bien terrible obstacle !

— Non pas seulement une sylphide d'Opéra, mon cher oncle, mais une femme divine, une véritable fille de l'air, aux formes si suaves, si délicates..... Ah! mon oncle, vous ne savez pas.....

— Comment, je ne sais pas! Je vous trouve encore bien impertinent de me croire si peu versé dans la connaissance des femmes mythologiques.

— Vous auriez été aimé d'une sylphide? Eh bien, je gagerais que c'est pour cela que vous êtes resté garçon.

— Et vous auriez tort de gager cela, Monsieur, car vous perdriez... Voyons, Charles, parlons raison : ta sylphide ne saurait ressembler à celles dont parlent les mythologues. « Les sylphides, disent ces savants instruits des faits et gestes de tant de créatures qui n'ont jamais existé, les sylphides sont douées d'une jeunesse presque éternelle. Belles, sveltes, gracieuses, et portées sur deux ailes plus brillantes que celles des papillons, plus légères que celles des demoiselles au corselet d'azur et d'émeraude, elles se balancent dans les airs, glissent dans l'atmosphère sur les rayons du soleil, s'enivrent du parfum des fleurs que la brise leur apporte, se baignent dans les perles que la rosée dépose sur la corolle éblouissante des lis et des roses... Les sylphides occupent un degré intermédiaire entre les femmes et les purs esprits; leur corps est composé d'une matière si légère, si ténue, si transparente, que nos sens sont impuissants à la voir et à la toucher... » Voilà ce que disent les gens compétents.

— Ils disent cela, à la vérité; mais les plus instruits ajoutent : « Quelquefois, cependant, revêtant une enveloppe plus rapprochée de la nôtre, elles se rendent visibles à des mortels privilégiés. Ces apparitions sont rares; elles n'ont lieu de la

MUSES ET FÉES

LA SYLPHIDE

part d'une sylphide qu'en faveur d'un jeune homme dont elle s'est éprise. Alors elle perd le privilége de l'immortalité, ses ailes radieuses se détachent de ses blanches épaules, et son destin se confond avec celui de la créature humaine qui lui a inspiré de l'amour.... » Eh bien! mon cher oncle, c'est ce qui est arrivé à mon Aline : l'amour a détaché ses ailes, et notre destin doit se confondre.

— Mais, pauvre fou, tu oublies que ton Aline danse sur les planches de l'Opéra.

— Qu'importe, si je l'aime et si elle doit m'aimer toujours?

— Toujours!... l'amour d'une danseuse de dix-huit ans, toujours! Décidément, mon ami, ta pauvre tête déménage. Charles, je t'en prie, crois-en ma vieille expérience, en persistant dans ta résolution, tu te prépares de vifs regrets : une veuve de vingt ans qui est trois ou quatre fois millionnaire, et qui t'adore...!

— A ce que vous imaginez.

— J'en suis sûr, mon ami; diable! je m'y connais un peu, peut-être!... D'abord, au dernier bal de l'ambassadeur, elle ne t'a pas perdu de vue un instant.

— Vous avez cru voir cela, cher oncle.

— Je l'ai vu, positivement vu, Charles. Il y a plus...

— Voyons le plus.

— Eh bien, non! monsieur l'entêté, vous ne méritez pas qu'on vous le dise, et je me tairai, et je vous laisserai déraisonner tant qu'il vous plaira.

— Il me semble, au contraire, que je raisonne parfaitement.

Voyons : j'ai vingt-trois ans, vingt mille francs de revenu, des goûts simples...

— Des goûts simples, et une danseuse qui te ruine.

— Ah! mon oncle, ne calomniez pas cette bonne Aline : je n'ai pu, jusqu'à ce jour, lui faire accepter que mon portrait.

— Oui! entouré de brillants.

— Il est vrai; mais elle m'a donné le sien, et les diamants qui l'entourent ont dix fois la valeur de ceux que je lui ai donnés.

— Allons, je vois bien que je n'ai plus rien à dire.

— Si; vous devriez me dire la suite de ce *Il y a plus* de tout à l'heure.

— Je devrais me taire plutôt; mais je suis si bon, si faible...

— Je vous en prie, mon bon oncle, voyons ce qu'*il y a de plus*.

— Écoute-moi bien, Charles : il y a, mon ami, que, voyant ta mère si désireuse de cette alliance, je me suis mis en frais près de la charmante comtesse Olga de Chutzalow...

— Vraiment?...

— Pour toi, ingrat!... toujours pour toi... Elle était triste, cette charmante boyarde; elle souffrait; elle avait besoin d'épancher son cœur dans un cœur ami.... Elle avait un immense besoin d'épanchement... toujours à cause de toi, ingrat!... Alors, je me suis fait son ami... tu entends bien, Charles, son *ami*... Il va sans dire que je ne suis pas assez fat pour ne pas savoir que le temps des princesses russes est passé pour moi. Mais l'amitié est de toutes les saisons; donc je suis devenu l'ami, le confident... Comprends-tu, maintenant, toute l'étendue de ton bonheur?

— Eh bien, mon bon oncle, je veux aussi vous faire une confidence.

— Fais, mon garçon, fais!... non pas une, mais dix, cent, mille... La confidence, vois-tu, c'est mon élément; voyons la première.

— Il n'y en a qu'une : c'est que je crois beaucoup moins à l'amour des princesses russes qu'à celui des sylphides.

— Ah! malheureux, quel blasphème!... Mais tu changeras d'avis, c'est moi qui te le dis. En attendant, il ne me reste qu'une chose à te rappeler, c'est que tu te rendrais coupable d'impolitesse, et que tu affligerais beaucoup ta bonne mère, si tu ne te montrais pas ce soir à la fête brillante que donne madame de Chutzalow.

— J'irai, soyez-en sûr; vous savez bien que je ne suis pas homme à chagriner les gens pour si peu, et ma chère et bonne mère n'ignore pas que ses moindres désirs sont des ordres que je n'enfreins jamais.

— Excepté quand il s'agit des nymphes de la rue Lepelletier. A ce soir donc, mauvaise tête. »

Il est très-facile, d'après ce colloque, de se faire une juste idée de la situation de M. Charles d'Arthenai. C'était un attaché d'ambassade en disponibilité, qui, maître à vingt-trois ans d'une assez belle fortune, et heureux de l'amour qu'il avait inspiré à une charmante artiste, ne craignait rien tant que le changement. C'est qu'en effet il était bien véritablement et tendrement aimé de cette jolie sylphide à laquelle l'amour avait coupé les ailes : près l'un de l'autre, ils oubliaient le monde entier, auquel ils semblaient ne plus appartenir.

Nous sentons bien que cela est quelque peu invraisemblable. Une danseuse! dira-t-on... Voilà le monde! il n'admet pas qu'un cœur pur, généreux, puisse battre sous les oripeaux du théâtre; ils ne peuvent comprendre, ces pauvres esclaves de la routine, que la véritable, la seule mission des beaux-arts est d'élever l'âme, d'agrandir le cœur et de développer l'intelligence.

L'oncle de Charles, M. Lucien de Boismireau, était, comme on l'a vu, un de ces routiniers de bonne foi qui, voyant une paille dans l'œil de son voisin, trouvait étrange que son neveu ne voulût pas se marier à vingt-trois ans, lui qui était encore garçon, bien qu'il eût passé la cinquantaine. Il est vrai qu'en cela il obéissait à l'influence de la belle comtesse Olga de Chutzalow, laquelle, veuve d'un puissant boyard, était venue se fixer à Paris, où les fêtes brillantes qu'elle donnait l'avaient promptement mise à la mode. A voir les yeux étincelants de cette femme sous ses blonds sourcils, on pensait involontairement à ces volcans qui grondent sous la neige. La comtesse était en effet une femme ardente, plus passionnée que tendre, une véritable âme italienne sous une enveloppe moscovite. Violemment éprise du jeune attaché d'ambassade, elle n'avait rien négligé pour s'en faire aimer sans pouvoir y réussir, et l'insuccès n'avait fait que rendre sa passion plus ardente. C'était d'ail-

MUSES ET FÉES

leurs une femme à ne reculer devant aucun moyen pour arriver à ses fins, et elle était en cela parfaitement secondée par une espèce d'intrigant adroit, audacieux, capable de tout pour conserver la position qu'il s'était faite près de la belle comtesse, qui avait en lui une confiance illimitée.

« Briou, lui avait-elle dit, il faut que Charles d'Arthenai soit à moi; je le veux, entendez-vous! Ne me parlez point d'obstacles, et ne vous en occupez que pour les renverser... J'ai vu cette femme que, dites-vous, il appelle sa sylphide. C'est une beauté médiocre, de laquelle il doit être facile de le détacher; il y renoncera, ou malheur à lui! car, si elle est sa sylphide, je serai sa willie.

— Sa willie?

— Oui, Briou : les willies sont les sylphides du nord. Elles aussi ont de blanches ailes et le cœur tendre; mais malheur à qui les trahit ou les dédaigne! leur vengeance est d'autant plus implacable que leur amour est plus ardent. Vous comprenez, n'est-ce pas? Mon intendant a reçu ordre de vous donner tout l'argent que vous demanderez. Cette soirée doit être décisive; si mon succès n'est pas complet, je ne compterai plus que sur vous, et alors point de demi-mesures.

— Madame la comtesse sait bien que je ne les aime pas : frapper fort et juste, c'est toujours, et dans tous les cas, le plus sûr moyen de réussir... Bien entendu que la force ne doit pas exclure l'adresse.

— Bien, mon cher Briou; vous êtes un homme précieux.

— Madame, j'ai le triste avantage d'avoir beaucoup vécu et de voir le monde comme il est.

— Que je vous trouve demain à mon lever. »

Briou s'inclina respectueusement et sortit.

« A la bonne heure, se disait-il, il y a du plaisir à se faire l'âme damnée d'une jolie femme de cette humeur-là... Mais comprend-on cet étourneau qui se fait tirer l'oreille pour devenir le seigneur et maître d'une veuve qui possède trois millions !... Après tout, ce n'est pas à moi à me plaindre de ce qu'il fait la petite bouche : plus il sera rétif et mieux cela vaudra pour moi. Il serait même assez bien qu'il se cabrât vigoureusement ce soir... Nous aviserons à cela... Parbleu, mon petit garçon, il y aura bien du malheur si je ne parviens à me faire une bonne part du gâteau que vous dédaignez si niaisement ! »

Et là-dessus le maître coquin se mit à chercher le moyen de brouiller les cartes, afin de se donner le plus beau jeu possible.

II

On a vu que la tendre Olga s'était fait de puissants auxiliaires en se liant avec la mère et l'oncle de l'homme qu'elle aimait. Il fallait en effet que Charles d'Arthenai fût bien réellement et bien sérieusement épris de sa jolie sylphide pour résister à ces forces si adroitement combinées, et tout faisait espérer que cette résistance serait de courte durée. Madame de Chutzalow comptait beaucoup sur cette soirée, où Charles avait promis de se rendre. Il y vint en effet. La comtesse était vraiment ravissante ; jamais sa beauté n'avait brillé d'un si vif éclat : tout l'arsenal des séductions féminines se trouvait réuni en sa personne. Charles en fut ébloui, et il ne put se défendre d'un petit accès d'amour-propre et d'un assez vif sentiment de compassion en songeant que la belle comtesse ne se présentait si radieuse que dans l'espoir de lui plaire ; aussi se montra-t-il très empressé près de cette charmante femme qui faisait tant d'efforts pour se donner un maître, quand il lui était si facile de commander en souveraine.

« Bien, mon garçon ! vint lui dire à l'oreille son oncle Boismireau, très-bien !... Ta mère est enchantée... et la comtesse est au cinquième ciel ; c'est moi qui te le dis, et l'on sait assez généralement que Lucien de Boismireau s'y connaît un peu !... »

Et il disait vrai, le cher oncle : le bonheur se lisait sur les traits et dans tous les mouvements de madame de Chutzalow, et cela commençait à devenir tellement contagieux que Charles ne tarda pas à se laisser entraîner très-loin sur cette voie.

« Diable ! se dit Briou, qui s'était glissé dans les salons, voilà qui va bien... beaucoup trop bien... Doucement, s'il vous plaît, belle dame ! Si l'on vous laissait faire, vous n'auriez besoin de personne, et ce n'est pas là mon compte. »

Quelques minutes après, Charles s'étant approché du buffet, un domestique lui glissa mystérieusement un billet dans la main. Le jeune homme l'ouvrit; il ne contenait que ces mots :

« Un accident affreux vient d'arriver à mademoiselle Aline ;
« elle vous appelle à grands cris. »

D'Arthenai s'élance aussitôt vers l'escalier ; nulle puissance humaine n'eût pu le retenir. Il court, bondit, dévore l'espace. Aline est mourante peut-être, et il l'oubliait près d'une autre ! C'est un crime qu'il a commis sans y penser, et dont son désespoir lui exagère l'énormité. Enfin il arrive : la sueur ruisselle sur son visage, son cœur bat avec violence; c'est d'une main tremblante qu'il pousse le bouton de la sonnette. Il entre enfin... Aline est là souriant devant sa psyché en faisant sa toilette de nuit.

« Ami, dit-elle gaîment, j'ai eu un succès fou ce soir, et vous n'y étiez pas! c'est bien fait!... Embrassez-moi bien vite pour que je vous pardonne.

— Ma chère Aline, quel malheur vous est donc arrivé?

— Je vous l'ai dit, méchant : on m'a applaudie, on m'a inondée de fleurs, et vous n'étiez pas là!

— Mais ce billet, de qui vient-il?

— De quelque mauvais plaisant, sans doute, répondit la jeune fille après avoir lu le billet que lui montrait d'Arthenai. Il vous a effrayé, ami, et je lui en veux pour cela; mais il vous a fait venir, et je l'en remercie. »

Tandis que cela se passait, Briou se frottait les mains en

voyant la comtesse promener un regard inquiet dans les salons.

« Eh! eh! fit-il, je crois qu'il était temps de mettre un peu le doigt entre l'arbre et l'écorce : la comtesse avait tout l'air de commencer à s'apercevoir qu'on ne fait bien ses affaires que soi-même, et pour peu que cela eût duré, elle eût été femme à donner contre-ordre à l'intendant. Heureusement le coup est paré : notre jeune homme se trouve certainement trop bien où il est en ce moment pour n'y pas rester. »

M. Lucien de Boismireau, ne concevant rien à la disparition subite de son neveu, tâchait néanmoins de l'expliquer à la comtesse : il parlait d'un accident de toilette, d'une indisposition causée par la chaleur; il se contredisait, s'embrouillait et donnait mentalement à tous les diables l'étourdi qui courait ainsi le risque de jeter au vent les millions sur lesquels il lui eût été si facile de mettre la main.

De son côté, l'impérieuse comtesse faisait des efforts surhumains pour dissimuler la violence du dépit qu'elle éprouvait; la tâche bientôt dépassa ses forces, et elle se retira le cœur ulcéré, la tête en feu, plus éprise et plus altérée de vengeance que jamais. Elle était presque méconnaissable, lorsque Briou se présenta chez elle vers midi.

« Eh bien, Briou, vous avez vu comment il s'est comporté, le monstre!... Et vous, qu'avez-vous fait?

— Moi, Madame, le voyant s'esquiver, j'ai voulu savoir où il allait, et je le sais.

— Oh! je l'ai bien deviné... Mais il est donc réellement fou de cette fille?

— Fou, madame la comtesse, c'est le mot. Heureusement, plus cette sorte de folie est intense, moins elle dure ; j'ai d'ailleurs trouvé un spécifique infaillible pour la faire passer.

— A l'œuvre donc, mon ami; ne perdez pas une minute.

— Je ne perds pas une seconde, madame la comtesse ; la preuve, c'est que votre intendant m'a déjà remis dix mille francs à compte sur les trente mille que je lui demandais, ne voulant pas, m'a-t-il dit, aller plus loin sans demander de nouveaux ordres.

— En effet, Brion, la somme me paraît forte.

— Que voulez-vous, Madame, les sylphides sont hors de prix cette année, à ce qu'il paraît. Peut-être est-ce pour cela que le jeune homme tient tant à celle qu'il a... ou qu'il croit avoir... Et puis, Madame, une fille de cette sorte, quelque légère qu'elle soit, ne s'enlève pas de Paris à Saint-Pétersbourg sans que cela paraisse un peu lourd.

— Je comprends... Et vous croyez qu'elle consentira à...

— Nous nous passerons de son consentement.

— Prenez garde alors; cela pourrait devenir une grave affaire.

— Qu'importe, Madame, quand il s'agit de vous servir!... Seulement, comme j'avais l'honneur de vous le dire tout à l'heure, la sylphide est en hausse, ce qui vous obligera très-probablement à aller jusqu'à quarante mille, peut-être même à cinquante mille... Quant aux honoraires, madame la comtesse voudra bien les fixer elle-même lorsque l'opération sera complétement terminée à son entière satisfaction.

— Briou, on ne marchande pas avec un homme de votre valeur. Vous avez carte blanche, et l'argent ne vous manquera pas; allez. »

Une heure après, Briou se présentait chez la gentille Aline.

« Mademoiselle, lui dit-il, j'ai appris que vous avez droit à un congé de deux mois, que vous pouvez le prendre dès aujourd'hui, et je viens vous demander s'il vous plairait de faire admirer votre beau talent aux habitants de Londres au prix de deux mille francs par représentation. Vous fixerez vous-même le nombre des représentations quand vous serez à Londres; seulement, pour que ce soit une affaire conclue, je vous donnerai à l'instant le prix des cinq premières. »

L'offre était séduisante, et Aline l'accepta, car elle était réellement en droit de prendre dès ce jour-là le congé annuel que lui garantissait son engagement.

« Il y a un petit inconvénient, reprit Briou en tirant de son portefeuille dix billets de mille francs, c'est qu'il faudrait partir aujourd'hui même.

— Qu'à cela ne tienne, dit la jeune artiste, heureuse d'être si bien appréciée : mes malles seront faites avant la fin du jour.

— J'aurai donc l'honneur de venir vous prendre à huit heures. Demain, au point du jour, nous serons au Havre, car certaines affaires m'obligent à prendre ce chemin; et nous pourrons monter sur le paquebot presque aussitôt. »

Rien n'était plus simple, plus naturel. Aline n'éprouvait qu'une contrariété : c'était de ne pouvoir faire part sur-le-champ à Charles de ce qui lui arrivait. Briou avait pris ses précautions de ce côté, et tandis qu'il se rendait chez la sylphide, d'Arthenai était mandé pour une conférence à l'ambassade de Russie, et retenu à dîner par l'ambassadeur, très-humble serviteur de la comtesse Olga. Elle dut donc se contenter de lui laisser ce simple billet :

« Ami, je suis à Londres ; viens. »

Une heure après, elle montait en wagon, et le lendemain, au point du jour, elle s'embarquait au Havre en compagnie de Briou, qui avait si bien pourvu à tout, que sa jolie compagne n'eut à s'occuper d'aucun soin, d'aucun détail.

« En vérité, disait-elle à sa camériste, voilà un directeur modèle et qui fait admirablement les choses. Nous allons, grâce à lui, arriver à Londres sans presque avoir eu un mot à dire ou un pas à faire ; cela est parfait. »

Briou, de son côté, était très-content de lui-même et de la dextérité avec laquelle il avait levé les difficultés. Il est vrai qu'il avait été jusqu'aux cinquante mille francs, et qu'il entendait bien n'en pas rester là.

III

Le lendemain du départ de la sylphide, M. Lucien de Boismireau recevait une lettre ainsi conçue :

« Monsieur, la sylphide s'est envolée, et c'est en vérité ce qui pouvait arriver de plus heureux à votre famille. Votre cher neveu la croit à Londres, et il va justement l'y aller chercher ; mais il ne l'y trouvera pas, attendu qu'elle a pris une tout autre direction. Il ne tardera donc pas à revenir, désespéré, furieux, maudissant l'infidèle, et impatient de s'en venger. Ce sera le moment de le pousser énergiquement dans la voie que vous seriez heureux de lui voir suivre. Poussez donc ferme, et comptez sur un succès complet. »

M. de Boismireau courut chez son neveu, mais ce dernier était déjà parti ; ne comprenant rien au départ précipité d'Aline, il s'était élancé sur ses traces (il le croyait du moins), et quinze heures après il battait le pavé de Londres et frappait à la porte de tous les théâtres. Hélas ! nulle part on ne savait ce qu'il voulait dire : de mademoiselle Aline, sylphide de l'Opéra de Paris, personne n'avait entendu parler. Charles, exténué de fatigue, alla se jeter sur un lit dans le premier hôtel qu'il aperçut, afin de recommencer ses recherches le lendemain; et en effet, au point du jour, il se remit en marche, chercha, fouilla, sema l'or, le tout sans plus de succès. Il devenait clair que, si Aline s'était rendue à Londres, elle s'y était cachée de manière à ne pouvoir être découverte par personne, et d'Arthenai était au désespoir : être trahi par Aline! son âme, sa vie! une femme qui l'aimait pour lui-même, il en était sûr. (On est toujours sûr de cela dans les premiers temps.)

Le quinzième jour, Charles se demandait ce qui valait le mieux de se faire sauter la cervelle ou de faire un plongeon dans la Tamise avec des pierres dans ses poches, lorsqu'il vit entrer chez lui un policeman qui avait été chargé de découvrir où il logeait, et qui lui remit une lettre de l'ambassadeur de Russie à Paris, le pressant, dans les termes les plus honorables, de revenir sur les bords de la Seine, où une nouvelle combinaison ministérielle allait pouvoir lui faire faire un pas immense dans la carrière diplomatique.

Charles, nous l'avons dit, n'était pas ambitieux; il s'était, au contraire, parfaitement accommodé de sa mise en disponibilité, qui le laissait libre; mais c'est qu'alors il aimait, c'est surtout qu'il était aimé... Hélas! ce bonheur était anéanti, perdu pour toujours; maintenant, il voulait mourir... Hâtons-nous de dire que cette fantaisie fut de courte durée : la lettre de l'ambassadeur suffit pour l'y faire renoncer.

« Son Excellence a raison, se dit-il; un homme comme moi se doit à son pays... Se laisser ainsi abattre par la trahison d'une... fi donc!.. Et dire que j'ai eu la sottise de croire... En

vérité, il y avait de quoi me rendre la risée du monde entier!...
Et ce pauvre bon oncle qui se donnait inutilement tant de peine
pour m'ouvrir les yeux... Mais elle est si jolie, et elle était si
tendre! Chère Aline!... Et puis, elle n'avait aucune raison
pour me tromper... Mais bast! qui peut sonder le cœur de la
femme, cet abîme sans fond, comme disaient nos grands-pères?
Eh bien! oui, je vivrai! je vivrai pour vivre, pour voir, pour
entendre, pour rire des grandes et des petites choses... Voilà
qui est dit; je me fais philosophe... en attendant qu'on me
fasse ambassadeur, bien entendu, l'intérêt général devant toujours passer avant l'intérêt particulier. »

Tout en faisant ces sages réflexions, Charles d'Arthenai
s'habillait; dès qu'il fut habillé, il courut à l'embarcadère du
chemin de fer, et le lendemain il arrivait à Paris.

La première figure qu'il aperçut en arrivant chez lui fut celle
de son oncle, M. de Boismireau, qui ne put maîtriser sa joie en
revoyant ce nouvel enfant prodigue qu'il embrassa avec effusion.

« Mon oncle, dit-il d'une voix tremblante d'émotion, je
suis trahi, cruellement trahi!...

— Je m'en doutais, Charles! mais c'est ici le cas de se montrer fort... En pareille circonstance, c'est toujours le parti que
j'ai pris : je me suis montré fort, très-fort!...

— Ah! mon cher oncle!... Et cela vous est arrivé souvent?

— Quelquefois... par-ci par-là... Je ne dirai pas que cela
ne me fût point pénible... au contraire, je t'avouerai volontiers

que mon pauvre cœur était torturé, broyé; mais alors je me disais : Lucien, c'est le cas de faire preuve d'énergie! Je faisais preuve d'énergie, et tout était dit... Ça n'est pas plus difficile que cela.

— Mais j'ai de l'énergie aussi, moi!

— Parbleu! je le crois bien, le fils de ma sœur! On se ressemble de plus loin.

— Et cependant, reprit Charles, je ne puis oublier Aline!

— Eh vraiment! c'est tout simple, tu n'as encore rien fait pour cela.

— Rien, c'est vrai. Ah! si, pourtant : je suis revenu de Londres.

— Beau commencement, et que tu mènerais loin, si tu voulais.

— Eh bien! je veux, mon cher oncle; je veux puissamment, immensément!

— Dieu soit loué! voilà que tu deviens raisonnable. Ainsi, tu m'acceptes pour guide.

— Je me livre à vous corps et âme!

— Charles, je l'ai toujours dit, tu es d'une nature supérieure... Habille-toi, et nous allons dîner chez madame la comtesse de Chutzalow.

— Cher oncle, je dois ma première visite à l'ambassadeur de Russie, qui...

— Allons donc, enfant! ne comprends-tu pas que l'ambassadeur n'a écrit que pour sécher les larmes de cette femme divine?... Ah! c'est qu'elle t'aime, cette femme, heureux mortel! elle t'aime d'un amour immense, incommensurable... Et elle est si jolie!

— C'est une charmante personne, j'en conviens.

— Et riche!... trois ou quatre millions, sans compter les mines d'or dans les monts Ourals... c'est bien plus beau qu'en Californie, et ça n'est pas si loin.

— Sans doute; tout cela est superbe, mais je ne suis pas invité.

— Cela me regarde, mon garçon... Entre nous, la belle comtesse fait un peu ce que je veux, et tu comprends... »

Charles ne comprenait pas précisément; mais il entrevoyait une sorte d'agencement prémédité qui lui donnait grande envie d'en savoir davantage. Pourtant, comme il paraissait toujours évident qu'Aline l'avait indignement trompé, et qu'il est toujours fort doux de se laisser aimer et de se le laisser dire par paroles, actions, omissions, etc., il se laissa conduire chez la belle comtesse Olga, qui se montra radieuse en l'apercevant, et qui parvint à lui jeter au cœur plus de passion et de désirs qu'il n'en avait jamais ressenti.

La soirée qui suivit le dîner fut un véritable triomphe pour la belle veuve moscovite; elle déploya à la fois tant de tendresse et d'esprit, de grandeur et d'abandon, de douceur, de souplesse, que le pauvre petit diplomate en fut réellement ébloui, transporté, enivré. Il n'y avait pas encore trente-six heures qu'il avait voulu se noyer dans la Tamise, et dès le lendemain il faisait demander solennellement la main de la comtesse Olga de Chutzalow...

L'esprit et le cœur humain sont ainsi faits, et ce n'est la faute de personne.

IV

Ainsi que nous l'avons dit, Briou, Aline et sa camériste étaient arrivés à bord du paquebot sans que ces deux dernières eussent eu à s'occuper le moins du monde du transport des bagages, du prix de passage ni d'aucun autre détail. On eût dit qu'elles n'avaient fait que changer de voiture pour achever un voyage de quelques heures. Cependant, la moitié du jour s'étant écoulée et le paquebot filant toujours :

« Monsieur, dit Aline à Briou, qui venait la chercher pour déjeuner, est-ce que nous n'arriverons pas bientôt ?

— Charmante sylphide, répondit Briou avec toute la désinvolture d'un habitué du café de Paris, si le temps continue à être beau et que nous continuions à faire bonne route, nous serons certainement à Saint-Pétersbourg avant la fin du mois.

— A Saint-Pétersbourg ! s'écria la jolie danseuse en bondissant sur son siége ; avez-vous donc perdu l'esprit, Monsieur ?

— Et pourquoi perdrais-je l'esprit, Mademoiselle ?

— Vous dites Saint-Pétersbourg...

— Eh bien! est-ce que je ne vous ai pas engagée pour un nombre indéterminé de représentations à donner sur le théâtre impérial de cette ville!

— Mais c'est une infamie, une monstruosité! Vous avez dit Londres, Monsieur!... C'est pour danser à Londres que vous m'avez offert cent louis par représentation...

— Mademoiselle, je suis désespéré que votre mémoire soit si peu fidèle; mais j'ai dit Pétersbourg, je vous en donne ma parole d'honneur!

— Non, non!... Je ne veux pas aller en Russie... Je n'irai pas... Qu'on arrête les machines... je cours trouver le capitaine...

— Mademoiselle, je ne m'y oppose pas; mais je vous jure que tout ce que vous pourrez faire sera inutile. Vos réclamations fussent-elles fondées, le capitaine ne pourrait y faire droit : rien, bien certainement, ne pourrait le déterminer à revenir sur ses pas.

— Ah! c'est affreux! dit Aline en fondant en larmes... Et Charles qui, à cette heure peut-être, est parti pour aller me retrouver en Angleterre!

— De grâce, Mademoiselle, calmez-vous. C'est un malentendu déplorable, j'en conviens; mais tout cela s'arrangera, soyez-en sûre.

— Gardez vos consolations, Monsieur... Il y a sûrement des autorités, une justice en Russie... Sans doute, là comme ailleurs le rapt, la séquestration de personne, sont des crimes...

des crimes dont je vous accuse dès ce moment, dont je vous accuserai en arrivant, et dont vous recevrez la juste punition.. Mon Dieu, mon Dieu! aller en Russie quand il est à Londres, *lui!...* Il m'accusera de l'avoir trompé... il sera au désespoir... Pauvre ami! que de chagrins je vais involontairement lui causer... Sortez, Monsieur... ne vous présentez jamais devant moi, car je sens que je ne pourrais résister au désir de vous arracher les yeux!... »

Briou ne se le fit pas répéter, et il alla se mettre à table.

« Allons, allons, se disait-il, l'explosion n'a pas été tout à fait aussi terrible que je le craignais, et j'entrevois qu'avant que nous touchions la terre, la jolie sylphide et moi serons les meilleurs amis du monde. »

Le drôle se trompait : la douleur d'Aline était trop vraie, trop profonde, pour se calmer si facilement. Tant que dura la traversée elle demeura dans sa cabine et elle refusa de voir le misérable qui était cause de son affliction.

« Diable! se disait l'adroit coquin, est-ce que par hasard la petite personne serait capable d'aller, comme elle dit, me dénoncer aux autorités?... C'est que la justice criminelle est expéditive dans ce chien de pays... Il faut absolument parer ce coup-là. »

Il n'y avait pas à temporiser, car on n'était plus qu'à vingt-quatre heures de Saint-Pétersbourg; Briou écrivit à la sylphide qu'il avait à lui faire une communication de la plus haute importance, et qu'il la suppliait, dans son intérêt à elle-même, de lui donner audience; un refus ou une remise pouvant avoir pour elle les conséquences les plus désastreuses.

« Qu'il vienne donc, » dit tristement Aline.

Briou vint, l'air contrit, repentant, la tête baissée, comme un criminel qui comparaît devant son juge.

« Mademoiselle, dit-il, je suis en vérité désespéré de ce qui est arrivé; mais le mal est déjà si grand qu'il ne faudrait pas l'aggraver, et c'est pourtant ce qui arrivera si vous portez plainte contre moi, ainsi que vous m'en avez menacé. Vous direz *Londres*, je dirai *Saint-Pétersbourg*; j'ai un reçu de dix mille francs que je vous ai comptés sur parole, sans engagement écrit; c'est en ma faveur une grande présomption de bonne foi. D'ailleurs il est présumable qu'on ne voudra point vous entendre, car on est très-sévère dans ce pays sur l'article des passeports, et vous n'en avez pas... C'est-à-dire vous en avez un en bonne forme, visé à Paris à la légation russe; mais comme c'est moi qui l'ai demandé en votre nom, moi qui l'ai payé, moi qui l'ai en poche, et que je ne suis pas assez sot pour prêter des armes aux gens qui veulent me battre, je vais tout à l'heure le déchirer en mille pièces et le jeter par-dessus le bord, si vous ne consentez à vous arranger à l'amiable. Je sais bien qu'alors mes dix mille francs seront bien aventurés; mais, ce sacrifice fait, de nous deux je ne serai pas le plus embarrassé.

— Ah! Monsieur, peut-être sans le vouloir, sans le savoir, aurez-vous fait le malheur de ma vie; mais je sens qu'en cherchant à me venger je ne remédierais à rien. Je ne demande qu'une chose, c'est de retourner à Paris le plus tôt possible.

— Voilà qui est parfait; c'est avec le plus vif plaisir que je vous vois dans ces bonnes dispositions. Vous allez voir que je ne suis pas exigeant : vous avez reçu le prix de cinq représentations; eh bien, vous ne donnerez que celles-là, si vous le voulez.

— J'aimerais mieux vous rendre votre argent et n'en pas donner du tout, afin de repartir plus tôt.

— Je comprends; mais c'est que pour moi il n'y aurait pas compensation suffisante, les frais de voyage étant considérables.

— Je les payerai si vous faites en sorte que je puisse repartir sur-le-champ.

— Vous sentez qu'en outre votre beau talent me permettait de compter sur d'assez beaux bénéfices auxquels il me faudrait renoncer. »

La sylphide baissa tristement la tête; la pauvre enfant n'était pas assez riche pour racheter sa liberté au prix qu'en demandait le rusé Briou.

« Mais songez donc, reprit ce dernier : qu'est-ce que cinq représentations? L'affaire de quinze ou vingt jours au plus.

— Vingt jours! c'est un siècle!

— Oui, mais un petit, un tout petit siècle...

— Puisqu'il le faut, dit la pauvre enfant après un assez long silence, je me résigne.

— Votre main, adorable sylphide!... vous êtes un ange!... ange de beauté et de bonté... Vous verrez qu'à l'avenir nous nous entendrons parfaitement.

La paix était ainsi faite depuis quelques heures lorsque Aline et Briou arrivèrent à Saint-Pétersbourg. Briou ne perdit pas un instant; dès le lendemain matin, il obtenait une audience du surintendant des théâtres impériaux, qui était alors le prince de Tz... Notre homme vanta la sylphide, produisit vingt journaux de Paris qui chantaient ses louanges et l'appelaient la reine de l'Opéra. Il n'en fallait pas davantage pour que l'altesse moscovite prît feu; car c'est chose étrange comme, dans ce pays de glace, les passions sont ardentes. Briou obtint de ses cinq représentations un prix fabuleux, et la sylphide eut un succès colossal.

« Eh bien! chère belle, disait le rusé coquin à la jeune fille après la cinquième représentation, que vous semble de ces enfants du Nord?

— Rien, répondit Aline : je ne les ai pas regardés; je ne les ai pas entendus. Mais je recommence à vivre, maintenant que je fais mes malles.

— Quoi! vous partez?...

— Demain à midi, si le bulletin que j'ai fait prendre n'est pas menteur.

— Ingrate! que de malheureux vous allez faire! »

Aline, ici, jeta sur son interlocuteur un tel regard de dédain, ou plutôt de dégoût, que Briou, tout cuirassé qu'il était à l'endroit du cœur, en demeura interdit; il se retira pour sauver les apparences, et deux heures après il était chez le prince de Tz...

« Quoi de neuf, Briou? demanda l'altesse, dont le drôle avait capté la bienveillance.

— Rien de bon, Monseigneur : la sylphide s'apprête à développer ses ailes pour prendre sa volée.

— Qu'est-ce que cela veut dire en français ordinaire, Briou ?

— Cela veut dire, Monseigneur, que demain à midi mademoiselle Aline, la perle de l'Opéra de Paris, sera sur le paquebot faisant voile pour la France.

— Déjà !... mon ami, vous avez donc mis bien peu de glu aux ailes de ce bel oiseau ?

— Monseigneur, j'ai fait des sacrifices énormes, des offres fabuleuses pour la retenir. Mais c'est un parti pris, elle veut absolument s'en aller, et, comme on dit en France, *ce que femme veut, Dieu le veut.*

— Que cela se dise en France, soit ; mais en Russie, cela ne se dit ni ne se fait.

— Il est certain que, si votre altesse voulait...

— Eh bien, mon altesse veut, Briou ! elle veut que mademoiselle Aline nous reste jusqu'au printemps, afin de tempérer un peu les glaces de notre hiver, qui ne sont pourtant pas si terribles qu'on le dit chez vous.

— Ah ! Monseigneur, il n'y a que votre altesse pour avoir de ces idées-là !

— C'est un peu vrai, Briou ; c'est que, quoi qu'on en dise, nous sommes les véritables Français du Nord, et je vais vous en donner une preuve en faisant expédier à l'adresse de la sylphide, comme vous l'appelez, un ordre de l'empereur, signé en toutes lettres *Nicolas*, et lui enjoignant de demeurer au théâtre impérial pour les plaisirs de Sa Majesté... Ah! c'est que nous avons conservé les bons errements, nous autres!... Et voyez-vous, mon ami, c'est à Saint-Pétersbourg que s'est réfugié tout votre beau Versailles d'autrefois. »

L'ordre impérial fut expédié en effet, et il mit Aline au désespoir... La pauvre enfant, ne sachant à quel saint se vouer, courut à l'ambassade française; mais son excellence l'ambassadeur lui déclara qu'il ne pouvait faire d'une affaire de comédie une question diplomatique, et que d'ailleurs son altesse le prince Tz... ayant accepté le chiffre des premières représentations, elle devait être satisfaite.

Aline se retira fondant en larmes; elle avait déjà écrit à Paris, elle écrivit de nouveau. Mais c'était là un bien faible soulagement à ses maux, et puis les semaines et les mois s'écoulèrent sans qu'elle reçût la moindre réponse du bien-aimé.

« Il ne m'aime plus, il m'a oubliée, » pensait-elle.

Et ses larmes recommençaient à couler, et son frais et charmant visage pâlissait. Oh! comme les jours lui semblèrent longs, et quel supplice fut pour elle ce lugubre et interminable hiver qui se traînait si lentement! Chaque jour elle espérait une lettre, et chaque jour son espoir était déçu. Enfin le printemps revint, les glaces fondirent, et la pauvre sylphide put reprendre son vol vers la France; mais là l'attendaient de nouvelles et plus cruelles douleurs.

V

Depuis six mois Charles d'Arthenai était marié. La lune de miel avait été longue, mais elle était passée : non que la belle Moscovite ne fût toujours ardente, passionnée, ou qu'elle eût cessé d'aimer l'homme qu'elle avait si difficilement conquis ; mais Charles, qui n'avait fait que céder au dépit, au désir de sa mère, à une sorte d'entraînement, de fascination, Charles, dans les bras de cette femme qui l'adorait, n'avait pu oublier sa sylphide, son Aline tant chérie, et après avoir vainement tenté de chasser cette image, il s'était trouvé plus amoureux que jamais de cette charmante femme, la seule qu'il eût jamais véritablement aimée. Olga était trop clairvoyante pour ne pas s'apercevoir du plus léger refroidissement, et de là étaient venues quelques scènes d'autant plus vives que la jalousie de l'ex-comtesse de Chutzalow était surexcitée par les lettres d'Aline qu'elle avait interceptées, et dont Charles ignorait complétement l'existence.

On était au moins de juin; les deux époux habitaient, à Auteuil, une délicieuse villa. Un jour, pendant le déjeuner, d'Arthenai ayant jeté les yeux sur un des journaux qu'on venait d'apporter, il ne put retenir un mouvement de surprise.

« Qu'avez-vous, Charles? lui demanda Olga.

— Rien, belle amie... La date du journal vient de me rappeler que j'ai promis à mon oncle de l'aller voir aujourd'hui... Je l'avais vraiment oublié.

Charles mentait; il n'avait rien promis à son oncle, et le mouvement qui lui était échappé n'avait d'autre cause que la rentrée d'Aline à l'Opéra, annoncée par le journal. Il mentait et il rougissait, ce qui prouve, que tout attaché d'ambassade qu'il avait été, il n'y avait pas en lui l'étoffe d'un grand diplomate.

« Et c'est le souvenir d'une promesse faite à votre oncle qui vous cause une si vive émotion? demanda madame d'Arthenai.

— Mais, belle amie, je ne suis pas ému du tout... Ce pauvre oncle! il s'en est peu fallu que je lui aie manqué de parole... Nous devons dîner ensemble et passer ensuite quelques heures de la soirée au cercle Européen, dont il est membre. »

Madame d'Arthenai n'insista pas; mais elle se promit de découvrir la vérité que Charles lui cachait. Rentrée chez elle, elle cherchait les moyens à employer pour y parvenir, lorsqu'on lui annonça Briou, qui entra presque aussitôt.

« Qu'y a-t-il, Briou? demanda l'altière Olga.

— Il y a, Madame, que les ailes que j'avais coupées ont repoussé, et que la Sylphide est revenue.

— Ne m'aviez-vous pas promis de me débarrasser de cette fille?

— Pour un certain temps, c'est vrai, et j'ai largement tenu ma promesse.

— Et pourquoi pas pour toujours?

— Ah! c'est que... je ne dis pas que la chose soit absolument impossible; mais... la question aurait besoin de quelques développements...

— Et vous êtes sûr que cette créature soit revenue à Paris?

— Si bien revenue, qu'elle fait aujourd'hui sa rentrée à l'Opéra.

— J'étais sûre qu'il me trompait, le monstre! s'écria l'impérieuse Moscovite; c'est à l'Opéra qu'il veut aller... Briou, M. d'Arthenai va partir pour Paris, où il doit dîner et passer la soirée. Il faut absolument que je sache tout ce qu'il aura fait.

— Madame sait bien que je lui appartiens corps et âme; je ferai donc tout ce qui sera humainement possible de faire pour la satisfaire.

— Vous pouvez, si cela est nécessaire, faire préalablement une visite à mon intendant. Allez. »

Cependant d'Arthenai était dans une grande agitation : il allait revoir Aline; c'était un désir, un besoin trop impérieux pour qu'il essayât de le combattre. Comment en serait-il accueilli? Était-il possible que le cœur de cette charmante enfant n'eût rien gardé de l'amour qu'il y avait fait naître? Que dirait-elle? Tenterait-elle d'expliquer sa conduite, de se justifier... Se justifier! ah! si cela était possible... si réellement elle était innocente!...

Toutes ces pensées se heurtaient dans le cerveau du jeune mari, lorsque vers quatre heures il monta en voiture. Une demi-heure après, il mettait pied à terre sur le boulevard, et après avoir renvoyé voiture et domestique, il entrait dans un café d'où il écrivait à la jolie sylphide :

« Aline, votre trahison m'a fait commettre une faute irrépa-
« rable; je suis marié... et je dis que c'est une faute, parce
« que votre image est restée dans mon cœur, malgré tous les
« efforts que j'ai faits pour l'en arracher. J'apprends votre
« retour, et me voici à votre porte. N'aurez-vous pas un mot
« de consolation pour celui que vous avez tant fait souffrir? »

Quelques minutes après, il recevait cette réponse où les traces de deux grosses larmes tenaient lieu de signature :

« Viens, ami, je t'attends. »

Il accourut, et à peine Aline l'eut-elle aperçu qu'elle vint se jeter dans ses bras.

« M'accuser de trahison! dit-elle en sanglotant, moi qui ai tant pleuré, tant souffert!... Ah! Charles, c'est trop de cruauté!

— Mais pourquoi cette disparition subite? pourquoi me tromper en me faisant courir à Londres?

— Ami, ne vous ai-je pas plusieurs fois écrit tout cela?

— Vous m'avez écrit?

— Oh! bien souvent! n'était-ce pas mon unique consolation pendant ce long exil?.... Je serais morte si je n'avais pu écrire.

— Et je n'ai pas reçu une seule de ces lettres!... Il n'y a plus à en douter, nous avons été victimes de quelque affreuse machination. »

Aline raconta alors toutes les circonstances de son voyage forcé en Russie.

« Et qu'est devenu le misérable qui vous a si indignement trompée? demanda Charles.

— Je l'ignore; il y avait déjà quelque temps qu'il avait quitté Saint-Pétersbourg lorsque la liberté me fut rendue. »

Ce misérable n'était pas loin; il entrait en ce moment chez le portier d'Aline pour s'assurer qu'elle demeurait toujours dans cette maison, et, deux heures plus tard, il s'asseyait, à l'Opéra, dans la stalle voisine de celle où s'était placé d'Arthenai.

La rentrée d'Aline fut brillante; la jolie sylphide était si heureuse d'avoir revu le bien-aimé, de savoir qu'il était là qui l'admirait, qu'elle fit de véritables prodiges; il y eut des tonnerres de bravos et des pluies de fleurs : ce fut un véritable triomphe.

A minuit, les deux amants montaient dans une voiture de place.

« Je puis donc encore espérer de beaux jours, disait Charles frissonnant de bonheur.

— A moins que nos ennemis n'en ordonnent autrement; car il faut que nous en ayons de bien puissants, puisqu'ils ont pu faire concourir l'empereur de Russie lui-même à l'exécution de leurs projets.

— Mon bel ange, ces sortes de gens ne sont plus dangereux quand on les connaît.

— Tu les connais, ami?

— Je crois les avoir devinés, et mes soupçons seront bientôt éclaircis. »

En ce moment, ils arrivèrent à la porte d'Aline.

« Déjà se quitter! dit la charmante jeune fille.

— Il le faut, tendre amie... à moins que... Voyons, la nuit est superbe; nous entrerons par la petite porte du bois. Je te laisserai un instant dans le jardin, afin de faire une courte apparition chez moi; puis je reviendrai, et nous passerons le reste de cette belle nuit au milieu des fleurs. La voiture attendra, et au point du jour elle te ramènera... Oh! ne dites pas non, ma sylphide bien-aimée! L'air et les fleurs, ne sont-ce pas vos domaines? »

Aline cacha son charmant visage en le penchant sur l'épaule de son amant, et elle accepta le programme.

VI

Le lendemain, un peu avant midi, Briou était chez madame d'Arthenai.

— Et vous êtes bien sûr de ce que vous dites? demandait cette dernière.

— Parfaitement sûr, Madame; j'ai tout vu et entendu.

— Même ce qui s'est dit pendant le trajet de Paris ici?

—Même pendant ce trajet; car je l'ai fait en véritable laquais, derrière la voiture. J'avouerai que la corvée a été rude : sur le point d'arriver, j'ai dû me tenir à l'écart et ne pas bouger, de peur d'éveiller l'attention du cocher, et la faction a duré près de trois heures.

— Et vous pensez que cette misérable reviendra?

— Cela est hors de doute, puisque, en la quittant, M. d'Arthenai lui a donné sa clef.

— C'est bien, Briou; mais la première fois que cela arrivera, ne manquez pas de m'en avertir sans retard, à quelque heure que ce soit. Je donnerai des ordres pour que vous soyez toujours reçu et introduit sur-le-champ. »

Briou, comme de coutume, protesta de son dévouement, et il se retira. Alors la jalouse et vindicative Olga put laisser éclater la fureur qui l'étouffait.

« L'infâme! disait-elle, il ose parler de trahison, lui qui trahit avec tant d'impudence ses devoirs et ses serments!... De quoi suis-je donc coupable, si ce n'est de l'avoir trop aimé?... Est-ce assez de tortures et d'humiliation!... O vengeance! vengeance! que tu me seras douce! »

Cependant les amants continuaient à se voir. Leur bonheur, il est vrai, n'était pas aussi complet qu'autrefois; mais ils ne s'en aimaient pas moins, et l'amour faisait disparaître les scrupules. Charles, d'ailleurs, avait acquis la certitude par son oncle, M. de Boismireau, qu'Olga était le véritable auteur de la machination qui avait fait disparaître Aline pendant si longtemps, et il se sentait assez fort de ce grief pour braver tous les événements qui pourraient résulter de sa conduite. Il allait maintenant à Paris sans se donner la peine de chercher un prétexte, et il n'en revenait que tard. Olga ne s'en plaignait pas.

« Bon! pensait d'Arthenai, elle se réfugie dans sa dignité ; c'est, ma foi, ce qu'elle a de mieux à faire, car je la déteste, et elle ne m'inspire seulement pas de pitié. Et quelle pitié, en effet, pourrais-je avoir pour cette femme qui a détruit mon bonheur! Peut-être vaudrait-il mieux qu'elle se plaignît ; je l'écraserais alors sous le poids de mes trop justes récriminations, et il s'ensuivrait une rupture qui me rendrait une partie de ma liberté... Oui, il faut que cela arrive... »

Et sous l'empire de cette idée, d'Arthenai traitait la belle Moscovite avec un dédain affecté qui excitait chaque jour davantage la soif de vengeance dont elle était dévorée.

« Madame, vint dire un jour Briou à Olga, il y aura rencontre au jardin la nuit prochaine.

— Comme toujours, vous êtes bien sûr de ce que vous me dites?

— Je ne saurais avoir le moindre doute : la sylphide a un coupé de remise au mois, et je me suis fait l'ami de son cocher; car pour vous servir, Madame, je ne recule devant rien, et si vous aviez été plus explicite ou plus confiante lorsque je suis allé en Russie, je n'aurais pas aujourd'hui le chagrin de voir pâlir votre radieux visage...

— Assez, Briou ; mon visage n'a rien à démêler avec le résultat de vos observations, et je suis confiante et explicite autant qu'il me plaît de l'être. Vous me parliez d'un cocher dont vous vous êtes fait l'ami ; restons sur ce terrain. »

Briou se mordit les lèvres ; c'était l'âne de La Fontaine qui avait voulu faire le petit chien.

« Oui, Madame, reprit-il d'une voix un peu plus brève qu'auparavant, et j'ai cru pouvoir ajouter que c'était là de ma part un acte de dévouement. Grâce à cet homme, je sais toujours où va la personne que vous savez, et je puis monter sans crainte derrière la voiture... Ce sont là des détails dans lesquels je suis obligé d'entrer pour vous prouver que je ne puis me tromper. Je sais donc que la sylphide a donné ce matin congé à son cocher pour toute la journée, et lui a recommandé d'être à sa porte à minuit précis.

— Mais cela ne dit pas où elle veut aller, à cette heure.

— Non ; mais ce qui le dit, c'est un petit billet que M. d'Arthenai a déchiré ce matin en se promenant au bois, et dont voici les morceaux ; il est très-facile de lire en les rapprochant : *A ce soir, près du bassin.* »

Une sueur froide perla sur le visage de madame d'Arthenai quand elle eut jeté les yeux sur le billet ; ses membres furent agités d'un mouvement convulsif.

« A ce soir donc ma vengeance ! » dit-elle d'une voix étouffée.

Puis s'efforçant de paraître calme :

« Merci, Briou, je suis contente de vous. »

Les heures s'écoulèrent, la nuit vint, minuit sonna. Vingt minutes plus tard, la voiture d'Aline s'arrêtait dans le bois, près de la petite porte dont nous avons parlé. La sylphide ouvrit cette porte et s'élança joyeuse dans le jardin. En approchant du bassin, elle crut apercevoir comme une forme humaine derrière un massif de rosiers.

« Est-ce toi, ami? » dit-elle à demi-voix.

On ne lui répond point, mais au même instant une femme bondit vers elle et lève le bras pour la frapper. Aline veut fuir ; ses pieds mignons se heurtent contre le marbre, et elle tombe dans le bassin en jetant un cri d'effroi. L'eau étant peu profonde, elle fait un effort pour se relever ; mais alors l'infortunée se sent retenue par une force invincible. Elle se débat quelques instants, puis ses membres se détendent, son cœur cesse de battre, ses yeux se ferment, elle expire.

Tandis que cette horrible scène se passait, d'Arthenai tentait inutilement d'ouvrir la porte de sa chambre à coucher, qui était fermée à l'extérieur. Il se passa un assez long temps sans qu'il appelât son valet de chambre, parce qu'il ne voulait mettre personne dans la confidence de ses promenades nocturnes. Enfin il se décida à sonner ; un domestique vint, la porte s'ouvrit, et Charles prit son élan vers le lieu où il devait être attendu. A quelques pas du bassin, il croit voir des vêtements de femme, un voile flottant au vent.

« C'est toi, ma bien-aimée sylphide? » dit-il.

A peine a-t-il prononcé ces mots qu'il reconnaît Olga; ses yeux lancent des éclairs; un poignard étincelle dans sa main.

« La sylphide est morte, dit-elle d'une voix stridente, et la willie se venge! »

Au même instant, Charles tombe atteint d'un coup de poignard dans la poitrine.

Ce fut au lever du soleil seulement que le jardinier aperçut le cadavre d'Aline sur l'eau, et qu'il trouva son maître évanoui sur le sable. De prompts secours furent donnés à ce dernier; mais la blessure était mortelle, et il ne survécut que peu de jours à l'infortunée dont il avait causé la mort.

Quant à la vindicative fille du Nord, elle avait disparu. Qu'était-ce donc que cette femme? Nul n'eût pu le dire d'une manière certaine; mais on l'avait entendue s'écrier : « Les « willies sont les sylphides du Nord; elles aussi ont de blanches « ailes et le cœur tendre; mais malheur à qui les trahit ou les « dédaigne! » Or, d'après la mythologie du Nord, les willies, démons du soir, sont des fiancées mortes abandonnées, qui entraînent dans leurs rondes nocturnes leurs amants infidèles, objets de leur implacable vengeance, et ne les abandonnent qu'après les avoir vus tomber et expirer de fatigue. Pourquoi la willie vengée ne serait-elle pas retournée au pays des neiges?

FIN DE SYLPHIDE ET WILLIE.

ÉPILOGUE

Nous allions déposer la plume, non pas sans éprouver une assez vive inquiétude, car nous nous rappelions les promesses contenues dans notre exposition, et nous demandions si nous n'avions pas un peu trop enduit de miel les bords de la coupe, et si la fantaisie ne nous avait pas fait dévier du programme outre mesure. Enfoncé dans les réflexions que cette crainte faisait naître, nous sentîmes bientôt nos paupières s'appesantir, tandis que notre imagination, lancée dans les espaces infinis, passait en revue les personnages surnaturels dont nous venions d'esquisser l'histoire. Tout à coup, un peu au delà du point jusqu'où s'étendaient les rayons de notre lampe, nous vîmes surgir de dessous terre une espèce de petit nain, haut de dix-huit pouces tout au plus, borgne, bossu, tortu, les cheveux roux, le teint terreux et les doigts crochus. Après nous avoir regardé insolemment pendant quelques instants de l'œil qui lui restait, il sourit d'un air narquois, et d'une voix aigre comme le son d'une crécelle, et en indiquant du geste le manuscrit que nous venions de terminer, il dit :

« Et voilà justement comme on écrit l'histoire !

— Laid mirmidon, lui répondîmes-nous, profondément blessé dans notre amour-propre, ce qui, comme on sait, est la partie sensible de tout homme passant sa vie à mettre du noir sur du blanc ; laid mirmidon, tu es bien osé de pénétrer ainsi furtivement chez les gens.

— Je pénètre où il me plaît, répliqua le petit monstre sans paraître intimidé le moins du monde par notre apostrophe, et il serait heureux pour toi, monsieur l'historien, de jouir du même privilége, car alors tu ne parlerais pas de certaines choses comme un homme qui les a vues par le trou d'une bouteille, et tu n'omettrais pas de parler d'une foule d'autres que tu n'as pas vues du tout. »

Cela fut dit avec une telle assurance, un tel air de supériorité, que nous nous sentîmes profondément humilié, et que l'envie nous prit de jeter notre encrier à la tête du petit drôle qui traitait avec si peu de cérémonie un homme qu'on imprime tout vif et qu'on lit quelquefois ; mais nous réprimâmes ce mouvement en pensant que cet insolent mirmidon devait être doué de quelque pouvoir surnaturel, puisqu'il parlait si pertinemment d'une œuvre que nous n'avions encore lue à personne, et que sa visite pourrait nous être utile. Changeant donc de ton comme un poltron qui a menacé plus fort que lui :

« Qui êtes-vous donc, monsieur le nain, pour parler comme si vous l'aviez lu d'un ouvrage que nous n'avons communiqué à qui que ce soit, et à quoi devons-nous l'honneur de votre visite à une heure où l'on ne reçoit guère que celle des voleurs et des songes?

— Je suis, répondit-il, le roi des Gnomes, et je viens de ma capitale, située au point central des entrailles de la terre.

— Vraiment! alors Votre Majesté doit être bien fatiguée?

— Et pourquoi Ma Majesté devrait-elle être fatiguée, s'il vous plaît?

— Mais c'est que, si nous ne nous trompons, la terre ayant neuf mille lieues de circonférence, et par conséquent trois mille lieues de diamètre, votre capitale, se trouvant au centre, doit être dans tous les sens à quinze cents lieues de la surface.

— Peste! s'écria le nain, vous comptez comme un familier du Bureau des Longitudes! Cela, toutefois, ne vous empêche pas de raisonner comme une huître. Comment, mon ami, vous écrivez sur la mythologie, et vous supposez qu'un génie puisse être fatigué pour avoir fait quinze cents lieues! Sur mon âme, on voit que vous avez bien étudié la matière!... »

Ces insolentes paroles nous donnèrent de nouveau une envie démesurée de nous mettre en colère, et nous l'eussions certainement fait, s'il ne nous était venu subitement à l'esprit que nous pourrions bien n'être pas le plus fort, et qu'un gaillard qui fait quinze cents lieues sans se fatiguer doit avoir nécessairement des jarrets d'acier, ce qui suppose des bras et des poignets de même métal. Nous tâchions donc de faire taire notre indignation avant de répliquer, lorsque le nain reprit :

« Si vous aviez quelque peu de logique, ce qui ne nuit jamais, même aux gens qui passent leur temps à faire des contes à dormir debout, vous ne seriez pas plus étonné de me voir faire quinze cents lieues en une seconde, que d'apprendre que j'ai lu par-dessus votre épaule ces carrés de papier que vous avez pris tant de peine pour métamorphoser en chef-d'œuvre.

— Par-dessus notre épaule ! dîmes-nous en souriant et en mesurant du regard notre interlocuteur.

— Hélas oui ! j'étais, moi, le roi, perché sur le dossier de votre fauteuil, et je suivais du regard cette plume avec laquelle vous avez libellé tant de si belles choses, qui ont l'immense mérite de n'avoir pas le sens commun. J'étais curieux de voir ce que vous disiez des Gnomes, mes sujets ; mais il paraît que notre histoire est pour vous lettre close.

— Ma foi, dîmes-nous impatienté par ce luxe d'impolitesse, nous y avons pensé ; mais la chose ne nous a pas paru en valoir la peine. Et puisque vous nous avez lu, vous devez savoir que nous avons annoncé, dans notre exposition, l'intention de passer sous silence les faits et gestes des personnages mythologiques de peu d'importance.

— Ah ! nous sommes des personnages de peu d'importance, nous qui avons dans nos domaines tous les trésors de la terre ! nous à qui appartiennent toutes les mines d'or, d'argent, de diamants, de pierres précieuses de toutes sortes !... Nous sommes des mendiants, peut-être, nous qui faisons l'aumône aux hommes en leur permettant de ramasser, à la sueur de leur front, les miettes de notre table!..... Mais alors, puisque vous ne voulez rien dire des génies de l'intérieur de la terre, pourquoi avez-vous consacré tant de pages aux fées?

— Parce que ce sont des femmes mythologiques délicieuses. Quoi de plus gracieux, de plus éblouissant, de plus ravissant que ces souveraines du monde invisible, éternellement jeunes et belles, qui trônent dans des palais d'or et de cristal, qui, sur un char de feu traîné par des dragons, traversent en un instant des espaces immenses pour secourir et défendre leurs protégés, et qui, d'un coup de la puissante baguette qui leur sert de sceptre, produisent des merveilles dont l'imagination ne se lasse jamais!... Oui, nous avons parlé des fées, et notre regret est de ne pas leur avoir consacré un espace digne d'elles, et de n'avoir rien dit en particulier de Mélusine, cette protectrice de la maison de Lusignan, qui eut du comte de Forez, son mari, huit fils : le premier, Urian, roi de Chypre, qui avait un œil rouge et l'autre bleu, le visage court et large, et de longues oreilles; le second, Odon, roi d'Arménie, qui avait une oreille plus longue que l'autre; le troisième, Guion, duc de Luxembourg, dont l'œil droit était très-grand et l'œil gauche très-petit; le quatrième, Antoine, roi de Bohême, qui eût été très-beau s'il n'eût eu une griffe de lion sur chaque joue; le cinquième, Renault, roi de Bretagne, qui lisait à une distance de plus de vingt lieues, bien qu'il n'eût qu'un œil; le sixième, Geoffroy, seigneur de Lusignan, qui eût été un cavalier d'une beauté parfaite, s'il n'eût eu une dent en forme de défense, comme les sangliers; le septième, Froimond, comte de Parthenay, qui avait le nez velu; et le huitième, qui ne voulut pas se marier et se fit moine, parce qu'il avait trois yeux, dont un au milieu du front. Voilà, vous en conviendrez, cher petit monsieur, des personnages qui méritent que l'on s'occupe d'eux. Aurions-nous dû ne point parler de la Korrigan, cette charmante fée bretonne à laquelle il suffit de peigner ses longs et beaux cheveux d'or pour attirer autour d'elle une foule d'adorateurs?

— Et les Ondines, que vous encensez?

— Toujours à cause de leur sexe et de leurs charmes.

— Mais ignorez-vous donc que si les Sylphes ont leurs Sylphides, les Ondins leurs Ondines, nous avons, nous, nos Gnomides?

— Nous n'ignorons pas cela.

— Et qu'elles sont toutes riches, puissantes, couvertes de la tête aux pieds de diamants en comparaison desquels ceux de vos princes ne sont que des grains de sable?

— Nous le savons.

— Pourquoi donc les exclure de cette galerie?

— Qu'elles le demandent à leurs miroirs.

— Des fées charmantes, dont aucune ne cède en beauté à son souverain!

— C'est ce que nous voulons dire.

— Insolent! »

Pour le coup, c'était trop fort! nous voulumes nous lever

ÉPILOGUE.

pour prendre Sa Majesté par les oreilles; mais une force invincible nous retenait sur notre fauteuil. Alors, sur un signe du Gnome, ce fauteuil se changea en une espèce de char attelé de taupes qui nous emportèrent avec la rapidité de l'éclair dans l'intérieur de la terre, laquelle semblait s'entr'ouvrir tout exprès pour nous livrer passage. Nous arrivâmes ainsi dans une ville de lilliputiens, tous borgnes, boiteux, bossus, ni plus ni moins que Sa Majesté Gnomique, et qui montaient la garde autour d'énormes monceaux d'or vierge.

« C'est ici la région de l'or, nous dit le roi des Gnomes, et nous vous permettons d'en prendre autant que vous pourrez en emporter, à condition que vous traiterez dans votre œuvre les génies de la terre aussi favorablement que ceux de l'air et des cieux. »

La condition nous parut difficile à remplir, car enfin nous ne pouvions faire que les Gnomes et Gnomides ne fussent tous difformes et laids comme le péché; mais notre charge d'or pour quelques coups d'encensoir! la tentation était trop forte, et nous commençâmes à emplir nos poches.

Certainement cela était mal et péchait contre la délicatesse; un puritain ne l'eût point fait sans doute; mais il paraît que nous n'avions en ce moment aucune prétention au puritanisme, et cela était très-heureux, car cette vertu chez nous eût été mise en cette circonstance à une bien terrible et dangereuse épreuve.

Dès que nos poches furent pleines, le char reprit sa course, et au bout de quelques instants nous aperçûmes des collines brillant d'un tel éclat, que nos yeux en furent éblouis.

« Nous voici dans la région des diamants, dit le roi des Gnomes. »

Nous fûmes saisis d'admiration et ne pûmes nous empêcher de nous écrier :

« Quoi ! toutes ces collines resplendissantes sont composées de diamants !

— Et des plus beaux que vous ayez sûrement jamais vus », répondit le roi.

Et il disait vrai ; car les plus petits étaient gros comme des avelines, les moyens avaient la grosseur de belles noix, et quelques-uns celle des œufs d'autruche.

« N'y a-t-il pas là de quoi acheter tous les royaumes du monde? dit le roi.

— C'est parfaitement vrai.

— Et aussi tous les historiens, y compris les mythologues et les biographes? » reprit Sa Majesté.

Ces paroles nous causèrent quelque confusion, et peut-être rougîmes-nous un peu; mais en y réfléchissant, nous convînmes mentalement que ce vilain Gnome avait raison, et que s'il eût voulu l'entreprendre, il eût tout acheté, voire même les puritains, qui se fussent peut-être vendus un peu moins cher que les autres. Le roi, à ce qu'il paraît, prit notre silence pour une affirmation, car, sans nous répondre, il ajouta :

« Je vous permettrais volontiers d'emporter votre charge de ces diamants, si vous vouliez dire dans votre œuvre que nos Gnomides sont aussi jolies, aussi gracieuses, et même un peu plus fraîches que les Sylphides et les Ondines dont vous avez un peu trop exagéré les charmes.

— Ah! Sire, Votre Majesté est vraiment magnifique, et jamais munificence de souverain n'égala la vôtre; mais vous comprendrez facilement que nous ne pouvons dire ce que sont les sujettes de Votre Majesté sans les avoir vues.

— Avez-vous donc vu des Ondines et des Sylphides? demanda le malin nain.

— Il est vrai, Sire, que nous n'avons pas eu cet honneur, et qu'il nous a fallu les juger d'après leur réputation.

— Et la nôtre est loin de ressembler à la leur, n'est-ce pas?

— Sire, les choses et les personnes peuvent être également louables avec des mérites différents.

— Bon, bon, vous voudriez tâter des diamants en toute sûreté de conscience, n'est-ce pas? Eh bien! ne vous gênez pas; je vous donne ma parole royale que nos Gnomides sont réellement plus belles, plus sveltes, plus suaves, plus gracieuses que n'ont jamais été Ondines, Elfines, Péris et Sylphides; il ne s'agit que de savoir les regarder. Cette parole de roi est une garantie qui vaut bien une réputation plus ou moins usurpée; mais je ne prétends pas que vous vous en contentiez, et je veux tout à l'heure vous introduire dans mon harem, où vous verrez des beautés telles qu'il n'en est jamais apparu à vos yeux. »

Sur cette assurance, nous commençâmes à jeter notre or et à le remplacer par des diamants de toute dimension; et lorsque nos poches furent pleines, nous en mîmes dans nos chausses et dans notre bonnet de nuit ; car notre départ avait été si précipité, que nous n'avions pu nous mettre en toilette de voyage, ainsi qu'on doit se le rappeler. Le roi des Gnomes nous voyant si âpre à la curée, riait dans sa barbe ; mais notre préoccupation était trop vive pour que nous fissions à cela une grande attention.

Dès que nous fûmes lesté de manière à plier sous le poids, les taupes reprirent leur allure, et après quelques secondes, nous aperçûmes les murs d'enceinte du harem de Sa Majesté, lesquels étaient en marbre blanc incrusté de rubis, d'émeraudes, de topazes, de turquoises, qui formaient les plus admirables arabesques qu'il soit possible d'imaginer. Les sentinelles qui veillaient au dehors portaient des armes d'or et d'argent tout étincelantes de pierres précieuses. Les portes qui s'ouvrirent devant nous étaient en or massif, et le jardin où nous pénétrâmes était traversé en tous sens par des allées de sable d'or.

Au signal donné par le roi, nous vîmes accourir de toutes parts une nuée de petites Gnomides. Hélas ! quels furent notre désappointement, notre douleur, lorsque nous vîmes de près ces chétives créatures au teint cuivré, aux yeux ronds et petits, aux cheveux roux et crépus, dont les jambes bistournées rendaient la marche inégale, et dont la plupart étaient un peu plus bossues que le roi leur maître !

Nous faillîmes nous laisser aller au désespoir, car il n'y avait pas de terme moyen : ou il fallait vanter les charmes de ces petits monstres, ou il fallait rendre les diamants et nous en retourner comme nous étions venus, et peut-être beaucoup plus difficilement ; il était douteux, en effet, que, si nous blession l'amour-propre de Sa Majesté, elle nous laissât disposer de son char et du merveilleux attelage qui lui faisait franchir l'espace avec une si prodigieuse rapidité. Heureusement le malin sire nous vint en aide.

« Qu'est-ce donc, monsieur l'historien ? nous dit-il ; il semble que vous soyez devenu muet et aveugle.

— Hélas ! Sire, il y a des moments où l'on serait heureux d'être l'un et l'autre.

— Je vois ce que c'est : vous aurez regardé nos charmantes Gnomides comme il ne faut pas.

— Sire, permettez-moi de vous dire que je ne les ai que trop bien vues.

— Mon cher philosophe, vous allez, j'en suis sûr, reconnaître sur-le-champ votre erreur : tenez, voici comment il faut regarder les femmes de ce séjour. »

A ces mots, de chacune de ses mains il porta à chacun de nos yeux, en guise de lorgnette, un énorme diamant, ce qui changea si complétement notre *manière de voir* que les Gnomides, tout à l'heure si hideuses, nous parurent autant d'esprits célestes, d'une beauté si parfaite, que nous fûmes sur le point de nous prosterner devant elles.

« Voilà, nous dit le roi des Gnomes, comment les vrais philosophes doivent regarder les choses et les personnes.

— Ah ! Sire, quel délicieux harem !

— Ainsi vous tenez le marché ? »

La question faillit nous désillusionner, mais nous avions dans nos poches d'excellentes raisons pour que cela n'arrivât point, et nous répondîmes par une inclinaison significative; après quoi nous témoignâmes le désir de rentrer dans nos foyers, ce que Sa Majesté nous accorda de très bonne grâce.

« Cependant, dit-elle, comme vous n'avez vu qu'une partie de mon empire, et qu'il peut vous être très-utile de le parcourir dans son entier, nous prendrons, si vous le voulez bien, le chemin le plus long, ce qui vous permettra de faire d'assez nombreuses observations au profit de vos lecteurs; car, indépendamment des Gnomes qui sont mes sujets, l'intérieur de la terre a diverses populations qui sont mes tributaires, et dont il serait assez rationnel qu'un faiseur de mythologie dit quelque chose. »

Nous confesserons humblement que la proposition ne nous parut pas très satisfaisante; car l'empire des Gnomes, malgré ses immenses richesses, était toujours, à nos yeux, un lugubre séjour. Et puis, pourquoi ne l'avouerions-nous pas? nous étions tellement impatients de mettre en sûreté la riche cargaison dont nos poches étaient alourdies, que nous eussions volontiers renoncé à faire les observations dont parlait notre loyal guide, sauf à nous attirer quelques critiques, sinon de votre part, lectrices et lecteurs, qui nous avez habitué à votre bienveillance; du moins de celle des éplucheurs de livres, gens hargneux de leur nature, mais qu'il est toujours facile d'empêcher de mordre en ouvrant la main à propos. Nous hésitions donc à répondre, cherchant un prétexte pour nous tirer d'affaire, lorsque Sa Majesté souterraine, prenant sans doute notre silence pour un acquiescement, donna le signal du départ, et notre char fut de nouveau emporté avec cette rapidité merveilleuse dont nous avons parlé.

Bientôt, nous pénétrâmes dans de longues, étroites et lugubres galeries; un bruit sourd et des chants monotones se faisaient entendre autour de nous sans que nous vissions personne.

« Nous voici, nous dit le roi, sur les domaines des Cobolds ou Kolki, que l'on nomme aussi Knokkers.

— Ah! fîmes-nous.

— Peut-être sont-ce des gens de votre connaissance?

— Euh! euh! »

La vérité est que nous n'en avions jamais entendu parler, et que *ah!* et *euh! euh!* n'étaient qu'un moyen adroitement employé pour dissimuler notre ignorance et sauver notre amour-propre; mais le malin Gnome ne nous donna pas la satisfaction que nous en attendions.

« Puisque vous ne les connaissez pas, reprit-il, je veux bien vous dire, pour parfaire votre éducation mythologique, que ce sont les génies gardiens des mines. Ils sont espiègles, méchants; ils se plaisent à tourmenter les hommes : ce sont les plus implacables ennemis des mineurs, auxquels ils font tout le mal possible, ce qui est d'ailleurs très légitime, puisqu'ils ne font, en cela, que défendre leurs domaines incessamment envahis par ces hommes de pics et de pioches. Le feu grisou est la foudre dont le maître des dieux les a armés; ils en font parfois un terrible usage, et l'on a vu quelquefois trente, quarante mineurs renversés et broyés par une seule explosion.

— Nous connaissons cela, dîmes-nous avec un ton de suffisance que nous crûmes propre à nous réhabiliter dans l'esprit du monarque.

— C'est-à-dire que vous connaissiez l'effet, et que maintenant vous connaissez la cause. Ce sont encore les Cobolds qui causent, dans les mines, les éboulements, les inondations subites, qui éteignent les lampes des mineurs, dérobent leurs outils... Mais vous allez les voir de près, car en voici une légion qui vient au devant de nous. »

Ces paroles nous causèrent une assez vive émotion, car nous avions de fortes raisons pour craindre les voleurs. Le roi, qui lisait probablement dans notre pensée, se hâta de nous rassurer.

« La crainte qui vous agite, dit-il en fronçant le sourcil, est une insulte dont, en tout autre cas, je tirerais certainement vengeance ; mais je veux avoir pitié de votre faiblesse comme de votre ignorance. Sachez donc que d'un signe je puis faire fuir cent légions de ces génies jusque dans leurs retraites les plus inaccessibles, et les forcer d'y demeurer pendant des siècles. La protection que je vous accorde est donc suffisante pour vous garantir de leurs attaques.... Tenez, les voici ! »

Le roi des Gnomes avait à peine prononcé ces dernières paroles que nous crûmes apercevoir à une certaine distance une multitude de petites lampes ambulantes ; c'étaient, comme nous le vîmes un instant après, les Cobolds : du sommet de la tête de chacun d'eux s'élevait une petite flamme qu'on eût pu prendre de loin pour une lampe de mineur, et dont la lumière nous permit de bien voir ces divinités souterraines inférieures. Notre impartialité nous oblige à déclarer que nous n'avions encore rien vu de si laid. Qu'on s'imagine, en effet, des nains noirs, velus, hideux, ridés, trapus, aux cheveux crépus, aux yeux creux, petits et brillants comme des escarboucles, ayant pour pieds des cornes de bouc et pour mains des griffes de chat. Les Gnomes, à côté de ces petits monstres, auraient pu passer pour des modèles de beauté ; aussi le roi se dressa-t-il sur ses pointes dès qu'ils furent à une certaine distance, et, de l'air le plus majestueux qu'il put prendre, il leur fit signe de s'arrêter. Tous se prosternèrent aussitôt, et Sa Majesté profita de ce mouvement pour nous faire remarquer les différentes castes de ces esprits souterrains.

« Voyez, dit-il, au premier rang sont les Cobolds proprement dits ; ce sont d'assez gentils sujets qui payent régulièrement le tribut qu'ils me doivent, et qui défendent loyalement leurs domaines.

« Derrière eux sont les Kolfi, qui joignent à l'amour du pouvoir la ruse, le mensonge, la cruauté ; ce sont eux qui vont, sur la terre, à la recherche des voyageurs isolés, les entourent en dansant des rondes pour les égarer, et ne les abandonnent qu'après les avoir vus expirer de fatigue.

« Viennent ensuite les Knokkers. Ceux-ci sont plus traitables ; ils ont souvent pitié des pauvres mineurs, et ils les laissent alors dans leurs rudes travaux, pourvu que ces derniers n'aient pas la prétention de pénétrer trop avant dans les domaines des Cobolds.

« Enfin, derrière tous les autres, vous pouvez apercevoir les Duz, qui sont les plus intraitables de tous. Grands amateurs de toutes sortes de métaux, ils forgent également le fer, le cuivre, l'or et l'argent ; mais ce sont en même temps les plus insignes fripons de tous mes États, et bien qu'ils aient à leur disposition la plus grande partie des régions d'or et d'argent, leur plus agréable passe-temps est de faire de la fausse monnaie. Chacun d'eux, comme vous pouvez le voir, porte suspendue à sa ceinture une grande bourse qui semble parfaitement garnie, et qui ne contient, en réalité, que des pièces de mauvais aloi fabriquées tout exprès pour tromper les ho mme. »

Malgré le sourire sardonique qui semblait stéréotypé sur les lèvres de notre royal cicérone, nous l'écoutions avec une satisfaction que nous ne cherchions pas à dissimuler, en convenant mentalement que tout cela valait bien la peine qu'on en dît quelque chose.

« Sire, lui dîmes-nous dans l'espoir d'en obtenir quelque nouveau renseignement, votre puissance est telle que nous nous étonnons qu'il se commette tant de méfaits dans votre empire sans qu'ils soient sévèrement réprimés ; ces Kolfi qui égarent et font périr les voyageurs, et ces Duz, coupables de fabrication et d'émission de fausse monnaie, ne sont-ils donc pas les justiciables de Votre Majesté ?

— Ils le sont en effet ; mais les hommes étant nos ennemis naturels, je ne puis trouver mauvais, hors quelques cas exceptionnels, qu'on leur fasse le plus de mal possible. C'est d'ailleurs un droit qui leur a été concédé par les dieux scandinaves en récompense du service que leur ont rendu ces infatigables forgerons.

— La récompense est vraiment singulière, et il fallait en effet que le service rendu fût d'une nature extraordinaire.

— Et il l'est en effet. Ainsi que l'a dit un de vos *trois dieux à table d'hôte*, Loki, souverain des enfers scandinaves, a engendré le serpent Midgard, qui de ses nombreux replis embrasse le monde entier ; Héla ou la Mort est à ses ordres, et le loup Fenris, génie du mal, est toujours prêt à les seconder. Les dieux, redoutant ce dernier à cause de sa force prodigieuse et de la rage de destruction dont il est atteint, l'avaient enfermé dans le palais de Valhalla, afin de le surveiller de plus près.

« Malgré tous les soins qu'on prenait pour rendre douce sa captivité, Fenris devenait de plus en plus terrible et menaçant, au point que Thor, le dieu de la guerre, était le seul qui osât l'approcher et lui donner sa nourriture. Le ciel scandinave était dans de continuelles alarmes ; Odin lui-même tremblait en songeant que c'en était fait de sa puissance si ce monstre horrible parvenait à recouvrer la liberté : il convoqua donc les dieux en assemblée générale afin de délibérer sur ce qu'il y avait à faire pour n'avoir plus à craindre cette catastrophe qui paraissait imminente.

« Malheureusement les dieux du Nord ne sont pas ce qu'il y a de plus ingénieux parmi les immortels. Après avoir très-longuement conféré, ils ne trouvèrent rien de mieux que de prier Fenris de vouloir bien se laisser enchaîner. Ce dernier trouva la proposition un peu saugrenue; mais Odin et Thor l'ayant assuré que ce n'était qu'un essai, une manière de juger de la force de certains liens, et qu'on se hâterait de les lui ôter après l'expérience, le terrible loup, qui, au fond, ne manquait pas d'une certaine bonhomie, consentit à se laisser garrotter avec une énorme chaîne fabriquée tout exprès.

« Voilà qui est bien, dit Fenris; mais il ne faut pas que le jeu dure trop longtemps.

« — Cela durera tant que nous le voudrons, lui répondit Thor, qui croyait n'avoir plus rien à craindre. Vous êtes bien ainsi, et vous y resterez.

« — C'est ce que nous allons voir, répliqua Fenris. »

« Et raidissant aussitôt ses muscles puissants, il brisa la chaîne et la jeta aux pieds du dieu de la guerre, assez peu rassuré sur les suites de cette affaire. Par bonheur pour ces imprudents, Fenris était dans un de ses bons moments; il se contenta de railler ses adversaires, et leur dit que si c'était là tout leur savoir-faire, ils étaient fort peu redoutables. Profondément blessé dans son amour-propre, Thor, qui avait particulièrement travaillé à la fabrication de la chaîne, lui répondit qu'une autre fois on prendrait mieux ses mesures. Le loup le mit au défi, et une seconde chaîne cent fois plus forte que la première fut immédiatement fabriquée, et Fenris la brisa sans plus de difficulté que la première.

« La consternation des dieux était grande; ils se demandaient avec effroi si le temps n'était pas proche où tout devait périr.

ÉPILOGUE.

« Tout le mal, dit Odin, vient de ce que nous avons voulu forger n'étant pas forgerons. Que ne nous sommes-nous adressés au roi des Gnomes pour qu'il mît en réquisition les Kolfi et les Duz? Ces forgerons d'élite, qui possèdent à fond la science métallurgique, nous eussent fait une chaîne comme il nous la fallait.

« — L'observation est juste, dit Thor, et j'aurais dû y penser, moi pour qui ils ont forgé de si bonnes armes! Mais ce qu'on n'a pas fait un jour peut se faire un autre. Je vais de ce pas trouver le roi des Gnomes. »

« Il vint en effet, et je le reçus d'autant mieux que nous sommes un peu parents, comme vous le savez sans doute.

— Oui, répondîmes-nous, parents à un degré éloigné.

— A un degré très-rapproché, au contraire! Ne dit-on pas chez vous que l'or est le nerf de la guerre? Donc Thor ne pourrait rien sans moi qui possède tout l'or du monde, et ce n'est qu'à raison de notre parenté que je me crois obligé de lui venir en aide.

— Oh! vraiment, nous n'avons garde de douter de la divinité de votre origine. Que Votre Majesté veuille donc bien achever son intéressant récit.

— Je comprends; les diamants sont lourds, dit le petit monarque en accompagnant ces paroles de son infernal sourire qui nous transperçait comme une épée de flamme. Ah! grands philosophes qui allez répétant que vous faites plus de cas du savoir que de la fortune, vous êtes de bien impudents menteurs! »

Indigné de cette injurieuse exclamation, nous fûmes tenté de jeter nos diamants au nez de Sa Majesté; mais nous réfléchimes que peut-être ce nain ne connaissait pas bien la valeur des mots ; nous nous abstînmes donc de toute hostilité envers le Gnome, qui reprit ainsi son récit :

« Sur la demande de Thor, j'assemblai les Kolfi et les Duz, lesquels s'engagèrent à forger une chaîne tellement forte, bien que grosse à peine comme le petit doigt, que le soleil même ne pourrait la briser, si on la passait autour de son orbe lumineux, lorsqu'il s'élance dans les hauteurs du firmament. Ils tinrent parole, et muni de ce lien merveilleux, Thor retourna auprès de Fenris, auquel il proposa de se laisser garrotter de nouveau. Fenris, jugeant de la force de la chaîne d'après son peu de volume, y consentit, en vue d'humilier encore une fois le dieu de la guerre ; mais ce fut en vain, dès qu'il fut enchaîné, qu'il fit tous ses efforts pour se dégager du lien de fer qui l'étreignait ; après s'être longtemps débattu, il sentit ses forces s'épuiser ; alors il s'avoua vaincu, et supplia Thor de le délivrer ; mais ce dernier, sous le prétexte de vouloir le dégager à l'insu des autres dieux, l'entraîna dans une caverne où il l'enferma, après avoir scellé l'extrémité de la chaîne dans le roc. C'est à raison de cet heureux événement, dû à l'excellence de leur travail, que les Kolfi et les Duz furent autorisés à traiter les mortels à leur fantaisie, autorisation dont je pourrais régler l'usage, si vous en valiez la peine, vous autres. »

Pendant que le roi des Gnomes parlait, le char continuait à parcourir avec la même rapidité le ténébreux séjour, et déjà

ÉPILOGUE.

nous étions bien loin des Cobolds, des Kolfi, des Knokkers et des Duz, lorsque nous ressentîmes tout à coup une chaleur suffocante.

« Nous voici dans la région du feu, nous dit le roi, et bientôt vous allez voir les Salamandres, qui sont les génies de cet élément. »

A peine ces paroles sont-elles prononcées que nous arrivons au milieu d'une salle immense qu'éclaire une lumière rougeâtre ; au-dessus d'une vaste fournaise qui tient toutes matières en fusion, voltigent de petits génies brillants, vifs, joyeux, qui se jouent dans les flammes comme des papillons dans l'air : ce sont les Salamandres. Un d'eux vient se poser sur notre genou, ce qui nous cause une vive douleur...

En ce moment le jour commença à poindre, le coq chanta ; nous ouvrîmes les yeux, et nous reconnûmes qu'une étincelle partie de notre foyer venait de mettre le feu à notre robe de chambre.

Nous étions revenu du pays des Gnomes ; les diamants avaient disparu, mais ce voyage complétait notre œuvre, et en compensation de tant de richesses évanouies, il nous reste l'espérance d'un succès. Puisse ici la réalité remplacer l'ombre qui nous échappe, et que les dieux soient loués !

FIN.

TABLE DES MATIÈRES

CONTENUES DANS CET OUVRAGE.

	Pages.
INTRODUCTION.	1
EXPOSITION.	1
VOYAGE AU CIEL DES GRECS.	7
PREMIÈRE JOURNÉE. — Le Destin. — Le Ciel. — Cybèle ou Vesta. — Titan. — Saturne. — Rhée ou Rhéa	7
DEUXIÈME JOURNÉE. — Saturne. — Cybèle. — Jupiter. — Les Titans. — Les Vestales. — Janus.	15
TROISIÈME JOURNÉE. — Jupiter. — Pandore. — Épiméthée. — Danaé. — Antiope. — Léda. — Ganymède. — Hébé	23
QUATRIÈME JOURNÉE. — Junon. — Io. — Argus. — Latone. — Niobé	31
CINQUIÈME JOURNÉE. — Apollon. — Esculape. — Daphné. — Clytie. — Leucothoé. — Hyacinthe. — Perséis. — Bolina. — Laomédon. — La Sibylle de Cumes. — Cassandre.	41
SIXIÈME JOURNÉE. — Apollon. — Clymène. — Castalie. — Les Muses. — Marsyas. — Midas. — Phaéton	55
SEPTIÈME JOURNÉE. — Diane. — Endymion. — Bacchus. — Silène. — Les filles de Minée. — Mercure. — Androgyne. — Vénus. — Les Heures. — Vulcain	65
HUITIÈME JOURNÉE. — Mars. — Vénus. — Apollon. — Adonis. — Proserpine. — Thémis. — Gallus. — Vulcain. — L'Amour. — L'Hymen. — Thétis et Pélée. — Sémélé. — Ariane	79

	Pages.
ÉPILOGUE. — Divinités de la terre, des mers et des enfers.	91
TROIS DIEUX A TABLE D'HOTE.	99
§ I. — Mythologie des Indous.	101
§ II. — Mythologie des Perses ou Persans.	125
§ III. — Mythologie des Scandinaves	132
UNE MOMIE ÉGYPTIENNE	139
UNE TÊTE BRETONNE.	163
SYLPHIDE ET WILLIE	225
§ I	225
§ II	232
§ III.	239
§ IV	244
§ V.	252
§ VI.	257
ÉPILOGUE.	263

FIN DE LA TABLE DES MATIÈRES.

TABLE DES DESSINS

CONTENUS DANS CE VOLUME.

Le Frontispice . . . . Entre le faux titre et le titre
Les Vestales. . . . . Pages   9
Cybèle. 19
Vénus 25
Diane 37
Les Génies de l'Olympe. 55
Les Heures. 75
Les Nymphes. 93
La Péri 129
Les Houris. 130
Les Ondines 135
Isis 155
La Dame Blanche. 216
La Korrignan 220
Welleda 221
La Sylphide 226
La Willie  231
La Fée 267

TABLE ALPHABÉTIQUE

DES PERSONNAGES ET DES LIEUX MYTHOLOGIQUES

MENTIONNÉS DANS CET OUVRAGE.

A

	Pages.		Pages.
Achéron.	94–96	Amschaspands	126 à 130
Actéon.	67	Androgyne.	74
Admète	45—73—74	Anubis.	157
Adonis	83—84	Antiope.	27
Ahriman.	126	Apis	159
Alcithoé.	71	Apollon.	36 à 84
Alcyons.	94	Arcas.	67
Althée	67	Argus.	34—35
Altfader.	132	Ariane.	86
Amalthée	15–19	Asope.	53
Amathonte.	86	Astérie.	37—38
Amour.	85 à 88	Atropos.	96
Amphitrite.	48–94	Audumbla.	132

B

Bacchanales.	71—72	Bolina.	48
Bacchantes.	72	Bor.	132—133
Bacchus.	62-69 à 72—85—86	Bouddha.	113
Balder.	134	Braga.	134—137
Battus	64	Brahma.	103—104—105
Bellérophon.	97	Brahman	104
Béotie.	71	Briarée.	20
Bhavani.	101—105—106	Byblos.	157–158

C

Cadmus.	69	Clotho	96
Calisto	66	Clymène.	56—71
Calliope.	58	Clytie.	45 à 47
Calydon.	67	Cobolds	275
Caron.	96	Cocyte	94
Cassandre.	52—53	Cœlus	8 à 13
Castalie.	56	Cœus	37
Castor et Pollux.	97	Comus	92
Cerbère.	94	Corybantes	15
Cérès.	8 à 13—91 à 95	Crète	15
Champs-Élysées	96	Cumes (sibylle de).	50
Chypre.	73—86	Cupidon.	73—86
Chronus.	155	Cybèle.	8 à 19—92—94
Ciel.	92	Cyclopes	8—21—43—77
Clio.	59	Cythère.	86

D

	Pages.		Pages.
Dame blanche	214	Destin	8 à 17—26 à 31
Danaé	26—29	Deucalion	38
Danaïdes	95	Diane	37 à 40—65 à 69
Danaüs	95	Discorde	85—95
Daphné	44	Doris	94
Delos	38	Dryades	93
Delphes	64	Druides	165—221
Ders	126	Duz	278

E

	Pages.		Pages.
Eaque	96	Epiméthée	25
Echo	93	Eole	94
Elfes	136	Erato	50
Elfines	135	Erèbe	92
Elysée	95	Erichthon	77
Empyrée	23	Eridan	63
Encelade	20	Esculape	42—43
Endymion	67—68	Euménides	96
Enfers	84—94—96	Europe	27—29
Envie	93	Eurythe	20
Ephèse	69	Euterpe	60
Ephialtes	20	Eyra	134

F

	Pages.		Pages.
Faunes	93	Fortune	95
Fées.—Mélusine	164—165—267	Freya	134
Fenris	136	Freyr	134
Flore	13 92	Frigga	134
Fortate	134	Furies	35—96

G

	Pages.		Pages.
Gallus	84	Gnomes	265 à la fin
Ganymède	27—36	Gnomides	267 à 272
Ginongapap	132	Gorgades	89
Glaucus	94	Gorgones	89
Gnide	86	Grâces	75—86

H

	Pages.		Pages.
Hamadryades	93	Heures	75
Hariman	125	Hippolyte	42
Harpies	94	Hippocrène	61
Hébé	27—36	Hiranya	109
Hécate	66	Horus	158—159
Heimdall	134	Houris	135
Héla	136	Hyacinthe	47—48
Hercule	24—37—97	Hymen	85 86
Hermès	159		

I

	Pages.		Pages.
Io	33—35	Ixion	95
Isis	37—71	Izeds	126—130
Iris	147—151—154 à 159		

TABLE ALPHABÉTIQUE.

J

	Pages.
Janus	18—19
Jason	97
Jeux	86
Junon	21 à 43 - 67 à 93
Jupiter	12 à 48—57 à 92

K

Knokkers	275
Kolki	275
Korrigan	166 à 224

L

Lachésis	96
Lanka	111—112
Laomédon	48—49
Lares	97
Latone	36 à 41—95
Léda	27—29
Lemnos	76
Lesbos	86
Léthé	94
Leucothoé	46—47
Loi	92
Loki	136
Lycurgue	71

M

Mages	126
Mahabali	109 110
Mars	36—73 à 85
Marsyas	62
Méduse	89—90
Méléagre	67
Melpomène	60
Mercure	24—31—35—73—74
Mérou	105
Midas	62—70—71
Midgard	136
Mimas	20
Minée	71
Minéides	71
Minerve	24—61 à 89
Minos	96
Mithra	126 à 130
Mnémosyne	57
Momus	92
Morphée	92
Muses	57—58
Muspelheim	132

N

Naïades	93
Napées	93
Narcisse	93
Némésis	93
Neptune	13 à 49 - 61 à 94
Nérée	94
Néréides	94
Niffleim	135
Niobé	40
Niord	134
Nymphes	13 à 19

O

Océan	8—48—94
Odin	131 à 136
Œnée	67
Olène	35
Olympe	23—27
Ondines	135
Orchame	46
Orchomène	71
Oréades	93
Ormuzd	125 à 130
Osiris	135 à 139
Othus	20

P

Pactole	71
Paix	92
Pallas	33—89—93
Pan	62—93
Pandore	24 à 26
Paphos	86
Pâris	37—93
Parnasse	56 61
Pausanias	69
Pégase	61 - 62
Pélée	85—93
Pélops	95
Pénates	97
Pénée	44
Pauthée	71
Péris	135
Perséis	48
Phaéton	56—63
Phébé	69
Phlégéthon	94
Phœbus	42
Plaisirs	86
Platée	35
Pluton	13—16—84 à 96
Plutus	93
Polymnie	60
Pomone	13—92
Priam	52
Prométhée	23 à 25
Proserpine	84 à 95
Protée	94
Psyché	86 à 88
Python	38—39

R

	Pages.		Pages.
Rakchaça	107	Rhéa	135
Rama	111	Rhée	9
Renommée	93	Rhodes	81
Rhadamanthe	96	Ris	86

S

Saisons	13	Silène	70
Salamandres	283	Sisyphe	95
Samos	32	Sita	111—112
Saturne	8 à 19—92 à 94	Siva	103 à 109
Satyres	93	Styx	51—94
Schadukian	130	Sylphide	226 à 262
Sémélé	69—70	Sylvains	93
Sérapis	159	Syrènes	94

T

Tantale	95	Thétis	85
Tartare	16—96	Thor	134
Temps	13	Thrace	71—85
Terpsichore	60	Titans	8 à 79
Terre	8—38	Tityus	95
Thalie	59	Tritons	94
Thémis	22 · 84	Troie	37—48—93
Ténare ou Tartare	95	Tros	27
Thésée	42—97	Typhée	20
Thessalie	21—43	Typhon	155 à 159
Téthys	894	Tyr	134

U

Uller	134	Uranie	61

V

Valhalla	135	Vertus	28
Vali	134	Vesta	8 à 18
Valmiki	104	Vichnou	103 à 127
Vamana	110	Vidar	134
Ve	133—134	Vili	133—134
Védas	104	Volupté	88
Vénus	24—37—43—73 à 93	Vulcain	21—24—33—43—73 à 88
Vertumne	92		

W

Walkyries	135	Willies	231 à 262
Welléda	221		

Y

Ymer . . . . 132—133

Z

Zéphyre	47—75—92	Zoroastre	126 à 133
Zervane-Akérène	125		

FIN DE LA TABLE ALPHABÉTIQUE.

1862 — PARIS, IMPRIMERIE DE ÉDOUARD BLOT, RUE SAINT-LOUIS, 46.

CONDITIONS DE LA SOUSCRIPTION :

Les Muses et Fées, Histoire des femmes mythologiques, formant un beau volume grand in-8° de plus de 300 pages d'impression, illustré de 18 dessins rehaussés d'or et de couleur, sont publiés en 50 livraisons à 25 centimes.

Il paraît deux ou trois livraisons par semaine ; elles sont composées suivant les exigences de l'impression. Le souscripteur est prié de croire, lorsqu'il recevra un cahier qui ne contiendra qu'un certain nombre de feuilles ou de gravures, qu'il n'en aura pas moins, à la fin de la souscription, l'ouvrage complet composé du nombre de pages et de gravures annoncé ci-dessus. — La souscription est permanente.

LA BIBLIOTHÈQUE RICHE

Souscription permanente à 25 centimes la livraison

SE COMPOSE DES VOLUMES SUIVANTS

LES FÊTES DU CHRISTIANISME

PAR

L'ABBÉ **CASIMIR**, CURÉ DU DIOCÈSE DE PARIS

ILLUSTRATIONS

D'APRÈS LES CHEFS-D'ŒUVRE DE L'ART CHRÉTIEN

50 LIVRAISONS — 1 volume, 12 fr. 50

DROLERIES VÉGÉTALES
L'EMPIRE DES LÉGUMES

J. J. GRANDVILLE, CONTINUÉ

PAR

AMÉDÉE VARIN

TEXTE PAR

EUGÈNE NUS et ANTONY MÉRAY

50 LIVRAISONS — 1 volume, 12 fr. 50

LES PAPILLONS

J. J. GRANDVILLE, CONTINUÉ

PAR

AMÉDÉE VARIN

TEXTE PAR

EUGÈNE NUS et ANTONY MÉRAY

100 LIVRAISONS — 2 volumes, 25 fr.

LES FLEURS ANIMÉES

PAR

J. J. GRANDVILLE

TEXTE PAR

ALPHONSE KARR et TAXILE DELORD

100 LIVRAISONS — 2 volumes, 25 fr.

LES FEMMES MYTHOLOGIQUES

PAR

G. STAAL

Texte par **MÉRY** et le comte **FOELIX**

50 LIVRAISONS — 1 volume, 12 fr. 50

LA PHYSIOLOGIE DU GOUT

PAR

BRILLAT-SAVARIN

Introduction par Alph. **KARR** ; illustrations par **BERTALL**.

50 LIVRAISONS — 1 volume, 12 fr. 50

LES PERLES ET PARURES

PAR

GAVARNI

Texte par **MÉRY** et le comte **FOELIX**.

100 LIVRAISONS — 2 volumes, 25 fr.

LES ÉTOILES

PAR

J. J. GRANDVILLE

Texte par **MÉRY**

50 LIVRAISONS — 1 volume, 12 fr. 50

PARIS. — IMPRIMERIE DE ÉDOUARD BLOT, RUE SAINT-LOUIS, 46

www.ingramcontent.com/pod-product-compliance
Lightning Source LLC
Chambersburg PA
CBHW070841170426
43202CB00012B/1905